# 橡胶沥青及公路工程应用

杨人凤　王铁庆　姚泽琛　著

科学出版社

北京

# 内 容 简 介

本书介绍了橡胶沥青的定义、起源、作用机理及发展历程；研究了橡胶沥青试验方法、试验仪器和评价指标；阐述了橡胶粉加工及橡胶沥青生产的相关设备、工艺，建立了橡胶沥青生产过程动态质量监控模型；分析了橡胶沥青特性随胶粉目数、胶粉掺量、发育温度、发育时间等关键参数的变化规律；探索了橡胶沥青公路工程应用的可行性和优越性。书中详细介绍了橡胶沥青桥面防水封层、橡胶沥青黏结层、橡胶沥青应力吸收层和橡胶沥青混合料在炎热区、严寒区的工程应用，以及橡胶沥青连续密级配混合料、橡胶沥青间断级配混合料和温拌橡胶沥青混合料路面的设计施工成套技术和工程应用实例。

本书可供道路建材、防水材料、公路工程领域科研人员和工程技术人员阅读和参考，也可供大专院校相关专业师生使用。

**图书在版编目(CIP)数据**

橡胶沥青及公路工程应用/杨人凤，王铁庆，姚泽琛著. —北京：科学出版社，2023.1

ISBN 978-7-03-073153-1

Ⅰ.①橡… Ⅱ.①杨… ②王… ③姚… Ⅲ.①橡胶沥青-应用-道路工程-研究 Ⅳ.①U41②TE626.8

中国版本图书馆 CIP 数据核字(2022)第 168488 号

责任编辑：杨 丹／责任校对：崔向琳
责任印制：张 伟／封面设计：迷底书装

**科学出版社** 出版
北京东黄城根北街 16 号
邮政编码：100717
http://www.sciencep.com

**北京中石油彩色印刷有限责任公司** 印刷
科学出版社发行 各地新华书店经销
\*
2023 年 1 月第 一 版 开本：720×1000 1/16
2023 年 1 月第一次印刷 印张：17
字数：340 000
**定价：168.00 元**
(如有印装质量问题，我社负责调换)

# 前　言

近年来，随着我国经济水平的提高，汽车的生产量和保有量大幅增加。与此同时，废旧轮胎的回收与处理引发众多关注。据不完全统计，2019 年我国废旧轮胎的数量达到了 3.3 亿条，位居世界第一，且数量仍在增加。然而我国的废旧轮胎回收率却不足 50%，已经面临发达国家早期遇到的大量废旧轮胎的处理问题。

废旧轮胎具有很强的抗热、抗机械、耐腐蚀性，极难降解 (在自然状态下数十年，甚至数百年都难以降解)。早期通常通过露天堆存或掩埋的方式来处理这些废旧轮胎，不仅需要占用大量的土地，而且极易滋生蚊虫，传播疾病，危害人类健康。同时，长期大量堆积的废旧轮胎在阳光的照射下极易自燃，燃烧后将产生二噁英、呋喃及其他短期内难以消散的有机污染物，以及镍、铅等重金属污染物。由此可见，传统处理方式如掩埋、堆积及焚烧，都会造成二次污染。人们期望找到一种可以无害化、资源化利用废旧轮胎的方法，但是目前废旧轮胎的回收与处理仍是世界性的技术难题，也是环境保护亟待解决的难题。

废旧轮胎属于一种资源，含有许多可以改善沥青性能的成分，将废旧橡胶轮胎制成橡胶粉是国际上公认的废旧轮胎资源化利用和无害化处理的方法。废旧轮胎的主要成分是天然橡胶和合成橡胶 (如丁苯橡胶、顺丁橡胶、异戊橡胶等)，此外还包含炭黑、硫、氧化铁、氧化硅、氧化钙等添加剂成分。橡胶和沥青都是高分子有机类材料，有较好的亲和性，废旧轮胎中的这些成分大多可以作为性能优良的沥青改性剂，改善沥青的多种路用性能，同时可以减少路面厚度、提高路面寿命、降低路面噪声等。因此，把废旧轮胎用于沥青路面，不但能够很好地解决废旧轮胎的处理问题，而且可以改善沥青路面材料的使用性能、降低改性沥青的成本，具有非常显著的经济效益和社会效益，是筑养路行业的一项绿色环保技术。

然而，由于缺乏经验和规范性的系统要求，橡胶沥青技术在试验仪器、试验方法、生产工艺、评价指标以及橡胶沥青混合料的组成设计、施工技术及质量控制等方面还处于探索阶段。本书以橡胶沥青材料为研究对象，介绍了橡胶沥青的定义、起源、作用机理及发展历程；阐述了橡胶粉及橡胶沥青生产设备的标准组成和规范生产工艺；建立了橡胶沥青生产过程动态质量监控模型、生产质量预警系统和生产质量预测模型；特别关注了成本低廉的粗颗粒橡胶沥青的公路工程应用；介绍了不同用途的橡胶沥青设计方法、试验仪器、试验方法、生产工艺和橡胶沥青评价体系；探索了将橡胶沥青胶结材料广泛应用于桥面防水封层、应力吸收层及混合料路面工程的可行性，并详细介绍了由此形成的橡胶沥青桥面防水封层、橡胶沥青应力吸收层、橡胶沥青混合料路面、温拌橡胶沥青路面以及特殊气候区域的橡胶沥青混合料的设计方法、施工工艺和施工质量控制技术；提出了便于公路施工现场操作的、更适用于橡胶沥青这种固液两相体材料的完整的橡胶沥青评价体系。该评价体系既适用于粗颗粒胶粉形成的橡胶沥青，也适用于细颗粒胶粉形成的橡胶沥青，并经数十个公路实体工程验证了正确性和工程实用性，为我国今后大面积开展橡胶沥青应用奠定了基础。

王道峰、付强、安海超、彭俊威、吕纯修、王照鲁、亢炜、石拓等研究生参与了与本书研究内容相关的多个橡胶沥青课题和实体橡胶沥青工程，协助完成了大量的实验室试验和现场试验工作，以及数据处理分析工作。书稿撰写过程中，安海超还承担了部分文字整理工作，在此表示诚挚的谢意。

限于作者水平，书中不足之处在所难免，欢迎读者批评指正。

作　者

2022 年 9 月

# 目　　录

# 第 1 章 绪 论

根据美国试验与材料学会标准 (ASTM D8) 的定义 [1]：橡胶沥青 (asphalt rubber) 是一种由沥青、废旧轮胎橡胶粉和某些添加剂组成的混合物，其中回收轮胎橡胶粉在混合物中的占比在 15% 以上，并与热沥青充分发生反应，胶粉颗粒呈现溶胀现象。

## 1.1 橡胶沥青起源

废旧轮胎橡胶粉应用于公路工程的起源及早期的主要推动力来自材料和铺面工业对廉价高弹性路面材料的探索，几个专利性产品是其应用发展的里程碑 [2,3]。

20 世纪 40 年代，美国橡胶回收公司制造出了脱硫橡胶沥青混合料改性颗粒。20 世纪 50 年代，美国公路局将 14 种不同的橡胶粉和 3 种不同的沥青进行了一项试验研究，评估不同的材料对石油沥青性质的影响；随后还进行了"橡胶沥青混合料摊铺"的试验研究 [4]，采用了广泛的硫化橡胶材料、非硫化橡胶材料、废旧轮胎材料、天然橡胶材料、丁苯橡胶材料、聚丁二烯橡胶和反硫化的再生橡胶材料等；在工艺上，尝试了湿法工艺和干法工艺。1960 年，美国沥青研究所在芝加哥召开了第一次橡胶沥青研讨会，把橡胶沥青的研究工作从实验室拓展到了工程项目上，从此拉开了橡胶沥青工程应用的序幕。

20 世纪 60 年代，美国的 Charles McDonald 发明 Overflex$^{TM}$ 橡胶沥青被用于应力吸收层；瑞典的两个公司 Skega AB 和 ABV 使用干法工艺生产的橡胶粉改性沥青混合料 Rubit$^{TM}$，70 年代后期引入美国，改进后由四季铺面公司 (All Seasons Surfacing Corporation) 申请了专利 (PlusRide$^{TM}$)[5]。70 年代，亚利桑那州的精炼公司制造出了脱硫胶粉改性沥青。

## 1.2 橡胶沥青制备

橡胶沥青的加工工艺主要有干法工艺 (图 1.1) 和湿法工艺 (图 1.2) 两种 [6,7]。工程应用实践是从干法工艺开始的。干法工艺是指将橡胶粉 (简称胶粉) 颗粒作为填料直接加入拌锅的热集料中，掺入量为集料质量的 3%～5%，与集料一起拌和 10～15s，然后再加入沥青继续拌和，直至形成橡胶粉改性沥青混合料。

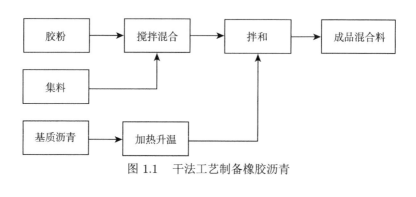

图 1.1    干法工艺制备橡胶沥青

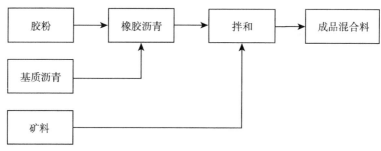

图 1.2    湿法工艺制备橡胶沥青

干法工艺橡胶粉添加方法简单，拌和工艺与常规混合料基本相同，无须添置专门的设备。干法工艺制备过程相对来说比较简单，并且由于胶粉的掺配比例较高，增加了路面的弹性和阻尼性能，因此在路面减震和降低行车噪声方面效果比较显著。但由于干法工艺拌和时间较短，橡胶粉与沥青之间只能产生较少的反应，胶粉难以发生充分的溶胀作用，因此生产的混合料性能不及湿法工艺，设计不当易导致路面松散。目前干法工艺生产的沥青混合料一般摊铺在路面的中下面层或更低的层位，较少摊铺在表面层。"干法"橡胶沥青技术由瑞典的 Skega AB 和 ABV 公司研发的商标为 Rubit 的橡胶粉改性沥青混合料开始起步，随后瑞典的 4 家公司将其引入美国，在阿拉斯加一带应用较多，20 世纪 70~80 年代，仅这一区域就铺筑了十多个试验路段。在美国较有影响的干法工艺的工程应用实例就是"改善行驶系统"(Improving Driving System)，它采用了 1.6~6.4mm 的粗颗粒橡胶粉作为集料的一部分直接加入，在车轮的碾压下，利用粗颗粒橡胶粉的弹性破除路表面的薄冰，达到改善行驶状况的目的。广义的干法还包括将橡胶粉颗粒撒布到刚刚摊铺后的沥青混合料路面上再共同碾压的工艺等。因为干法工艺生产的混合料性能不如湿法工艺，所以其在美国的使用并不广泛。

湿法工艺与干法工艺几乎是在同一时期起步的。湿法工艺的理念是利用橡胶粉对基质沥青进行改性，形成高性能的橡胶沥青，即将橡胶粉与热沥青先进行混合或混炼，以混合或混炼生成的橡胶沥青作为胶结料再与矿料进行混合搅拌形成橡胶沥青混合料的生产工艺。广义的湿法还包括用于稀浆封层的胶粉改性乳化沥青等，湿法工艺条件相对复杂，需要有专门的橡胶沥青生产设备，加工、储存、使用成本相对较高，但可以显著提高沥青混合料的性能。

按照橡胶沥青工艺和性能不同，湿法又可分为现场加工和集中生产两种方式。现场加工的橡胶沥青，橡胶粉用量一般在 15% 以上，采用粒径较大的胶粉，路用性能良好，是沥青混合料和应力吸收层中使用最多的橡胶沥青类型，但由于胶粉颗粒较粗，储存期间容易发生离析，一般需要现场加工使用。集中生产采用较细的橡胶粉 (80 目左右)，采取集中式生产工艺，可以实现产品稳定供应和较长时间存储，在美国又称为终端拌制 (terminal blend) 工艺。由于橡胶粉细，能较好地熔融、分散于沥青中，可远距离运输施工。虽然这种工艺的胶粉掺量通常在 10% 以下，混合料的性能低于橡胶沥青混合料，但也属于橡胶粉改性沥青的范畴。

湿法工艺中最著名的是"McDonald"工艺。它是由亚利桑那州炼油公司 (Arizona Refinery Company，ARC) 和 Sahuaro 共同申请的专利，其具体工艺满足以下条件：① 基质沥青必须加热到 190~218°C 的高温；② 橡胶粉的用量必须在黏结剂质量的 15% 以上；③ 橡胶粉的颗粒应较粗，通常为 1~2mm；④ 橡胶粉颗粒在上述高温的基质沥青中至少反应 45min，使它们充分溶胀，但仍保持着固体颗粒的核心。该工艺在橡胶沥青生产中广泛应用。McDonald 因将橡胶沥青黏结剂用于热拌混合料和路面表面处置而在此技术上享有盛誉。

## 1.3 我国橡胶沥青技术研究现状

我国废旧轮胎胶粉在公路工程中的应用研究始于 20 世纪 80 年代初。为了改善基质沥青的性能，同济大学研究了废旧轮胎胶粉与沥青共熔反应的黏度变化规律及其对路用性能的影响，1980 年左右分别在江西省的铅山县和贵溪县，采用贯入式和表面处治工艺，修筑了橡胶沥青试验路段 [8]；1982~1986 年还在四川省铺筑了若干条试验路段 [3]。此后，我国的研究主要集中在常规苯乙烯-丁二烯-苯乙烯 (styrene-butadiene-styrene，SBS) 改性沥青上。

20 世纪 90 年代以后，随着汽车保有量的增长和橡胶粉加工业的发展，胶粉和道路建材供应商看好橡胶粉的路用前景，资助了一些有关废轮胎胶粉路用研究的项目 [3]。1993~1995 年，沈阳市政集团工程公司修筑了 1000 多平方米的橡胶沥青混合料路面试验段；在五爱路至浑河大坝间铺筑了近 3 万平方米的胶粉改性沥青混合料试验路面。2001 年，交通运输部公路科学研究院将胶粉沥青应用于钢桥桥面的铺装 [9]；立项了"废旧胶粉用于筑路的技术研究"的课题，研究了干法、湿法工艺对胶粉沥青胶结料和混合料性能的影响[10]，并在广东中山、山东德州、河北沧州、四川成都等地铺筑了总长近 30km 的试验路段。

2004 年，广州金邦公司引进了美国橡胶沥青移动式加工装备，并于 2005 年在中山市实施了首段橡胶沥青水泥路面罩面（"白＋黑"）8 万 m² 的项目[3]。2006 年，在四川省蜀南竹海景区公路"白改黑"工程中，修筑了约 25km 的废胎胶粉改性沥青路面[6]。2007 年，江苏宁常高速公路 22 标上面层 28.9km 全线采用了断级配橡胶沥青混合料 AR-AC13，消耗了约 1 万 t 橡胶沥青[11]，同年，湖北沪蓉西高速公路铺筑了约 5 万 m² 的橡胶沥青混凝土路面。2009 年，在北京八达岭高速公路改造工程和长安街大修工程中也应用了橡胶沥青技术。2010 年，在厦门市湖边水库金边路的路面工程中，修筑了 3000m² 胶粉改性沥青混合料路面[12]，交通运输部把橡胶沥青技术列入了"材料节约和循环利用专项行动计划"。

2007~2016 年，陕西省开始了大规模橡胶沥青碎石封层、橡胶沥青层间黏结和橡胶沥青混合料工程的应用，以西安咸阳国际机场专用高速特大桥桥面防水封层为典型示范工程，拉开了陕西高速公路橡胶沥青应用工程的大幕，这些工程中橡胶沥青方面的技术支撑正是作者研究团队提供的。2011~2013 年，广西的隆百高速公路全线 177km 及钦州至崇左高速公路连线 72km 也采用了橡胶沥青路面材料。

我国橡胶沥青技术已取得了一定的研究与应用成果，但是还没有完全发展成熟，存在以下一些问题：

第一，橡胶粉质量直接影响橡胶沥青及由其铺筑的沥青路面质量。橡胶沥青对于胶粉的原料来源、生产设备、加工工艺和质量的稳定都有较为严格的要求。当前我国橡胶粉加工企业虽然不少，但是专门生产供应路用橡胶粉的企业几乎没有。

第二，橡胶沥青的生产设备、工艺流程和生产过程质量控制比较薄弱。我国现行橡胶沥青设备多为在移动式 SBS 改性沥青设备上改造而来的小型生产设备，技术含量偏低，尤其是在基质沥青的快速升温、胶粉准确计量以及充分搅拌溶胀方面存在着一些薄弱环节，还不能真正满足稳定生产高质量橡胶沥青的要求。

第三，在橡胶沥青评价标准和体系上，较多地沿用和依赖于 SBS、SBR 类聚合物改性沥青的评价标准，而固液两相混融状态的橡胶沥青与 SBS、SBR 等聚合物改性沥青有着显著的不同，这就决定了橡胶沥青的技术评价标准应有其特殊性。国内现行的聚合物改性沥青评价体系并不完全适合评价橡胶沥青的技术性能，特别是对粗颗粒胶粉形成的橡胶沥青，亟待研究出适合的评价指标，确立相应的试验仪器、试验检测方法以及各评价指标工程应用的允许波动范围等。

针对上述问题，本书从橡胶沥青配方设计、实验方法、实验仪器、评价指标等理论体系，橡胶沥青设备组成、生产工艺、生产质量实时监控，橡胶沥青防水封层、橡胶沥青粘层、橡胶沥青应力吸收层、橡胶混合料工程以及温拌橡胶沥青混合料应用等方面进行全面系统的研究。

# 第 2 章　橡胶沥青的作用机理与技术特性

## 2.1　橡胶沥青的作用机理

废旧轮胎橡胶粉具有多种有效的化学成分，这些成分在高温条件下与沥青作用会产生某种程度的相互作用和反应，其反应过程和相互作用机理非常复杂 [13-17]。橡胶沥青的作用机理有物理作用机理、化学作用机理、网络填充学说等 [18,19]。

### 2.1.1　物理改性

物理改性包括胶粉相容性改性、溶胀性改性及胶粉颗粒增强作用 [20]。

1. 胶粉相容性改性

在高温基质沥青中，有极少量的废旧胶粉微粒会因吸附基质沥青中的轻质组分而发生溶解，这样就会在胶粉颗粒的表面形成一层凝胶膜。这种物质可以将胶粉颗粒黏结成半固体连续相体系，从而改善橡胶沥青的性能。

2. 溶胀性改性

因为废旧轮胎胶粉大多是亲油性的，所以当废旧胶粉添加到加热的沥青中，在高温和机械搅拌的情况下会吸收沥青中的油性组分。随着废旧胶粉不断地吸收基质沥青中的油性组分，它的体积会发生膨胀，一般可增加 30%～50%。在胶粉作用下，沥青中的轻质组分含量降低，这改变了原有沥青成分的组成比例，使得沥青变得更为黏稠，即黏度增大。胶粉在吸收油性组分后发生溶胀，又使得其重新恢复一定黏性。因此，在基质沥青和废旧胶粉分别发生成分和结构的变化后，溶胀形成的橡胶沥青在低温抗裂、抗疲劳、弹性恢复性能方面都有了显著的改善，从而达到较好的改性效果。

图 2.1 为橡胶沥青的溶胀改性机理，橡胶粉在与沥青高温充分混合状态下吸收沥青轻质组分而溶胀。图 2.2 为胶粉颗粒与沥青拌和前后形状的变化，胶粉颗粒吸收沥青中的轻质油分，体积明显增加，同时橡胶粉内部结构也变得蓬松 [21]。

3. 胶粉颗粒增强作用

添加到沥青中的胶粉颗粒，凝胶膜会黏结成一个黏度很大的半固态连续相体系，胶粉分子自由基相互结合和交联，形成网络结构，使沥青材料结构得到加强，呈现出较好的弹塑性。

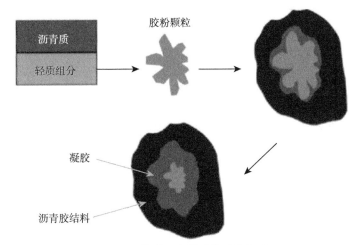

图 2.1　橡胶沥青的溶胀改性机理

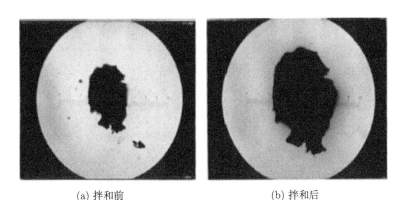

(a) 拌和前　　　　　　　　　　　(b) 拌和后

图 2.2　胶粉颗粒与沥青拌和前后形状的变化

## 2.1.2　化学改性

化学反应机理体现在废旧胶粉的脱硫、降解反应和废旧胶粉中所含化学物质引起的对基质沥青的改性。沥青中不仅有烷属烃、烯属烃和芳香烃，还含有极性和非极性化合物，存在着羟基、脂基等有机官能团，可以和许多物质发生化学反应，产生化学交联或化学合成，生成新的化学键的结合[22]。

### 1. 废胎胶粉的脱硫和降解

在废胎胶粉与基质沥青发生物理作用的同时，胶粉颗粒自身会伴随脱硫、降解等化学反应。在胶粉与沥青混合过程中，部分胶粉颗粒分裂解体，分子变小，小颗粒橡胶会与沥青轻质油分结合。脱硫是指橡胶分子间相互作用的 C—S 断裂，使胶粉颗粒恢复了一定的天然橡胶的柔韧性，从而失去了硫化橡胶该有的弹性，这使橡胶沥青黏性增加。降解则是橡胶分子间的 C—C 断裂，分子量降低。脱硫降解过程会使橡胶沥青的黏度增加而弹性有所降低，它与反应时间与反应温度关系很大。

2. 废胎胶粉中化学物质的作用

制备橡胶沥青所需的原材料——废胎胶粉，通常来自废旧轮胎，而厂家在制造轮胎时，除了天然橡胶或人工合成橡胶以外，往往还要添加一些其他化学物质，如硫化剂、炭黑、抗氧化剂等。硫化胶粉是由黏性物质 (天然橡胶和人工合成橡胶)，经与硫化剂 (硫、过氧化物等)、硫化活化剂 (硬脂酸等)、炭黑、油分、增塑剂以及添加剂 (如抗氧化剂、抗臭氧剂) 等化学反应而形成的弹性体。这些物质会在脱硫降解过程中进入沥青胶体体系从而发生化学反应，因此，可以改善橡胶沥青的低温特性和抗老化性能。

### 2.1.3 网络填充学说

网络填充学说是指在聚合物加入沥青中后，聚合物分子受到沥青中油分和芳香分的作用而被分开，发生溶胀作用和部分溶解过程，然后是扩散或溶胀团粒的分散过程，聚合物以微粒或丝状随机均匀地分布在沥青基体中。聚合物分子自由基相互结合和交联，形成松弛的网状结构存在于沥青基体中，见图 2.3 [23]。

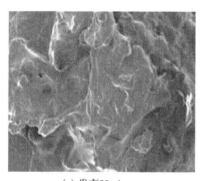
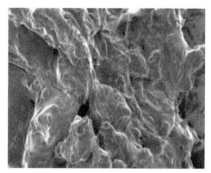

(a) 发育30min            (b) 发育60min

图 2.3    橡胶沥青 SEM 照片

从图 2.3 能够看到，随着发育时间的增长，胶粉颗粒相互之间联结的机会越来越多，当持续到一定程度就形成了一个网状体系，同时胶粉颗粒与沥青的共同存在，使得这个网状结构体呈现出固液两相状态。由于聚合物和沥青各自形成连续的网络结构而相互贯穿，在流动时，只能处于介稳定状态，随着温度的下降，沥青和聚合物的黏度变大,成为半固体或固体。这种互穿的网络结构则保存了下来,增加了聚合物分子的可流动性,使沥青呈现出很好的塑性和弹性。

废胎胶粉和沥青在高温下共混合成橡胶沥青,废胎胶粉与沥青之间的作用十分复杂,这些机理和学说所论及的相互作用,在其共混过程中都有可能存在,只是程度不同而已。对经过加工的橡胶沥青采用 40 目 (0.6mm) 和 200 目 (0.075mm) 2 级过滤网,基本能过滤出橡胶沥青中的胶粉颗粒,说明胶粉在橡胶沥青中有物理填充的作用;在过滤前不同掺量橡胶粉在橡胶沥青中的物理表现相当稳定,表明橡胶粉颗粒在沥青中分布状况良好;过滤后的橡胶沥青密度增大,说明橡胶粉对沥青的化学成分有一定的影响,其间存在化学作用。

## 2.2 橡胶沥青的技术特性

橡胶沥青拥有较强的高温稳定性、低温抗裂性以及抗老化、抗疲劳、抗水损坏等性能。把橡胶沥青应用于道路建设中,可以表现出多方面的技术特性 [24-27]。

### 1. 高温稳定性

通过试验研究得出,橡胶粉的加入使沥青材料的性能发生了很大变化,突出表现为针入度降低、软化点上升、黏度大幅度提高、沥青的弹性性质大大增强。这些指标的变化,明显地反映出沥青胶结材料的高温性能得到改善 [28]。胶结材料的高温性能又在一定程度上决定了由其所形成的混合料的高温性能,由高温性能好的混合料形成的路面,其抗车辙性能大大增强,因而能显著提高路面的抗高温变形能力。其中特别表现为胶粉对沥青黏度的提高,可达 8~9 倍。混合料试验结果显示,橡胶沥青混合料与 SBS 改性沥青混合料的高温车辙接近,都显著优于普通沥青混合料。通常在温度较高的地区,普通沥青铺筑的路面容易出现车辙等损坏,而由橡胶沥青铺筑的路面则很好地改善了高温出现车辙的病害。

### 2. 低温性能

低温性能包括两个方面:低温脆性和低温抗裂性能。相比于普通沥青,橡胶沥青在改善低温脆性和低温抗裂性能这两方面都有显著的提高。相关试验研究得出,橡胶沥青的低温模量仅是普通沥青的一半。采用较细胶粉制备橡胶沥青时,它在低温下表现出了很好的柔韧性,在 4℃、25px/min 的试验条件下能获得很大的延度值。因此,在气候寒冷的地区,橡胶沥青能很好地提升路面的性能及使用寿命。

### 3. 抗老化性能

在废旧轮胎的成分中含有一定量的抗老化剂,包括抗氧剂、热稳定剂、变价金属抑制剂、紫外线吸收剂和光屏蔽剂,以及对光屏蔽非常有效的炭黑填充剂等。

橡胶沥青中含有大量的轮胎橡胶粉，相应的抗老化能力也得到了明显的改善，这是一般高聚物改性沥青所没有的。轮胎橡胶宽广的弹性温度工作区间和橡胶沥青的高橡胶粉体积含量，决定了橡胶沥青混合料是一种在很宽的温度范围能保持柔性特征的路面材料，进而决定了橡胶沥青路面拥有较好的抗老化性能，且已经得到充分的实践验证。

4. 抗疲劳性能

沥青中掺加橡胶粉后，对其抗疲劳性能有明显的影响，这主要是由于废旧轮胎中含有一定的抗老化剂成分。国内外专家学者开展了大量的橡胶沥青混合料疲劳试验研究[29]，总的来说，橡胶沥青混合料的抗疲劳性能明显好于一般的普通沥青混凝土。

橡胶沥青路面在厚度减半的情况下，其路面抗疲劳破坏的性能仍远胜于普通密级配沥青混凝土。之所以能具有较高的抗疲劳性能，除了橡胶沥青黏结剂本身抗疲劳性能的提高外，还源于沥青路面材料中沥青混合料油膜厚度的增加（黏结剂用量增加）。

5. 抗反射裂缝

橡胶沥青除了应用在沥青混凝土类型外，还适用于应力吸收层，这也是橡胶沥青最早应用的类型。橡胶沥青应力吸收层采用碎石封层模式：用热橡胶沥青喷洒在现有的路表面，然后立即撒布单一粒级的封层集料，再进行碾压，将集料嵌入沥青膜。橡胶沥青应力吸收层可以单独作为预防性养护措施或低等级交通道路路面，也可以作为新旧罩面间的界面层次，橡胶沥青应力吸收层还起到黏结层、防水层的作用。

在白改黑及旧路面养护罩面中，铣刨、填缝、整治、调平后的旧路面上铺装橡胶沥青应力吸收层 (stress absorbing membrane inter-layer，SAMI) 是国际公认的抗反射裂缝非常有效的解决方案，因为橡胶沥青拥有很高的黏性，可有效地解决加铺层与水泥路面的粘接问题，同时高用量的橡胶沥青与单一粒径的碎石强力黏结，形成约 1cm 厚弹性很好的防裂层，有效地遏制了原先路面上的裂纹继续传播与扩展，从而延长了路面的使用寿命。

6. 抗水损坏和黏结作用

橡胶粉和沥青的共溶反应中，橡胶沥青溶胀会提高沥青质等活性组分的含量，降解或者脱硫以后的橡胶具有更强的黏结力。另外，橡胶在制造过程中含有如金属氧化物或胺类物质 (硫化剂、助剂和抗氧化剂) 等，这些物质对于改善胶结料和石料界面的黏附性非常有用。除此以外，橡胶沥青应用于混合料时，胶结料用量明显大于普通沥青混合料，沥青膜厚显著增大，使橡胶沥青混合料具有更好的水稳定性。

橡胶沥青应力吸收层，也是一个良好的防水层[30]。首先该层橡胶沥青用量较大，在原路面上形成 1~2mm 厚的沥青膜，完全可以防止雨水的向下渗透，对下面层起到保护作用。其次，在上面摊铺沥青混合料面层时，橡胶沥青应力吸收层顶部的橡胶沥青会二次熔化，经路面压实后会充分填充面层混合料底部的缝隙，可有效地解决水渗透问题。

### 7. 降低噪声

橡胶沥青道路是国际公认的噪声最小的道路，在不断提高行车舒适性要求的情况下，橡胶沥青的降噪功能也越来越突出了。橡胶沥青中掺有 18% 以上的轮胎橡胶粉，这些橡胶粉均匀地分布在橡胶沥青中，当行驶中的汽车轮胎与路面接触时，接触到大量的橡胶粉，橡胶粉极具弹性，并与轮胎属同种材料，与轮胎接触时相对不会产生较大的噪声，也就降低了行车噪声。

### 8. 提高行车安全性

橡胶中的炭黑能够使橡胶沥青路面黑色长期保存，与白色 (或黄色) 标线形成很大的对比度，使标线看起来更清楚鲜亮；橡胶沥青路面摩擦力比普通沥青路面摩擦力大，刹车阻力也大，尤其是在下雨天气和雪水路面上，橡胶沥青路面的抗滑能力显著地增加，能提高车辆在湿滑路面上的行驶安全性，有效地减少交通事故的发生。

### 9. 减薄路面厚度、降低建造成本、缩短建设工期

无论是按承载能力标准还是减少反射裂缝的标准，使用橡胶沥青混凝土面层的厚度大约都可减少 30%。当沥青结构层中使用橡胶沥青的应力吸收层时，厚度还可以进一步减少。橡胶沥青用于沥青混合料时，由于施工厚度薄，施工迅速，可减少施工时间，降低建设成本，缩短建设工期。

### 10. 延长使用寿命、节省养护成本

优异的抗疲劳性提高了路面的耐久性能，胶结料含量高、油膜厚度大以及轮胎中含有一定的抗氧化剂，使得橡胶沥青混合料路面可显著提高道路抗老化、抗氧化能力，从而使道路的养护费用显著降低。

从国内外多年的应用经验来看，橡胶粉用于路面工程，不仅能够解决废旧轮胎带来的社会和环境问题，而且具有良好的高低温性能、抗老化、抗疲劳、抗裂、抗反射裂缝、抗水损坏性能；还可以减薄路面、延长路面使用寿命、降低行车噪声，这无疑会是解决我国当前面临的重载交通、早期损坏问题的有效途径之一，因而具有良好的推广应用前景[31]。

# 第 3 章  橡胶沥青试验方法及性能评价体系

## 3.1  试 验 仪 器

橡胶沥青的试验仪器主要包括制备橡胶沥青胶结料的仪器和成品橡胶沥青性能指标的检测仪器[10]。

### 3.1.1  橡胶沥青制备仪器

1. 胶粉检测仪器

(1) 标准筛：橡胶粉采用标准筛进行筛分。筛分时应采用干筛法 (其中可以添加橡胶粉质量 3%的滑石粉) 进行试验，以防止胶粉颗粒相互黏结。

(2) 烘箱：对胶粉进行烘干加热用。

(3) 橡胶球：对胶粉进行筛分时将其放入，具体要求为：$\phi$ (24.5±0.5)mm；(8.5±0.5)g；肖氏硬度 50±5。

(4) 滑石粉：普通滑石粉，化学成分为碳酸钙。

2. 倾注密度试验仪器

试验方法按照《橡胶用造粒炭黑　第 1 部分：倾注密度的测定》(GB/T 14853.1—2013)，通过称取已知体积橡胶粉质量，计算倾注密度。试验仪器如下。

(1) 倾注密度杯：体积 1000cm³，直径 (100±10)mm。要求倾注密度杯高度均一，不变形，无倾出唇口 (注：也可采用其他容积的密度杯，但要求测试结果与规定容积的密度杯一致)。

(2) 直尺和刮刀：长度至少为 130mm。

(3) 天平：精确至 0.1g。

3. 视密度试验仪器

试验方法按照《公路工程集料试验规程》(JTG E42—2005) T0328，使用容量瓶法进行橡胶粉的密度测试，试验仪器如下。

(1) 天平：称量 300g，感量不大于 0.0001g。

(2) 容量瓶：50mL。

(3) 煤油：普通煤油。

4. 筛余物测定仪器

筛余物的测定可以使用手工筛选的方法测定，测定仪器如下。

(1) 标准筛：不锈钢或黄铜制造，直径是 200mm (约 7.9in[①])，有盖子，有底盘。

(2) 天平：感量是 0.0001g。

(3) 刷子：尼龙刷。

(4) 口瓶：容量是 500mL，大开口。

(5) 滑石粉：粒径为 325 目以上的化学纯试剂。

(6) 镊子：实验室用尖嘴镊子。

5. 水分测定仪器

橡胶粉水分的测定使用以下仪器。

(1) 称量瓶：$\phi\,40\text{mm}\times35\text{mm}$。

(2) 干燥箱：内装无水氯化钙或变色硅胶。

(3) 恒温箱：配备温度均衡自控装置。

(4) 天平：感量为 0.0001g。

6. 灰分测定仪器

试验方法按照《橡胶　灰分的测定　第 2 部分：热重分析法》(GB/T 4498.2—2017)，方法要点是将已称量试样放入坩埚中，在硫酸存在下用调温电炉 (或本生灯) 加热，然后放入马福炉内灼烧，直至含碳物质被全部烧尽，并达到质量恒定。包含仪器如下。

(1) 硫酸：分析纯，$\rho = 1.84\text{g/cm}^3$。

(2) 坩埚：容积约为 $50\text{cm}^3$ 的瓷坩埚、石英坩埚或铂坩埚，对于合成生橡胶，可用每克试样至少 $25\text{cm}^3$ 容积的坩埚。

(3) 石棉板：为 100mm 见方，厚约 5mm，中央开有放坩埚的圆孔，使坩埚约 2/3 的部分露于此板之下。

(4) 马福炉：装有烟道并能控制通入炉内的气流，备有控温装置，使炉温保持在 $(550\pm25)$℃ 或 $(950\pm25)$℃。

7. 金属含量测定

随机抽取试样 50g (精确到 0.002g)，放置于无磁性的平坦平面上，将一小型马蹄形磁铁放在样品上 60s，然后用毛刷清除马蹄形磁铁上的吸附物，直至清除干净后称取金属吸附物的质量 (精确到 0.001g)，计算出金属含量百分比。该试验要求 3 次平行试验。

———————————

① 1in=2.54cm。

8. 纤维含量测定

按照筛余物测定的试验方法，筛网和接收盘中纤维会形成纤维球，将聚集在各层筛网中的纤维球用尖嘴镊子取出，"纤维球"很可能裹着胶粉，先置于平板玻璃板上，晃动平板，将缠裹在纤维球中的细胶粉去除。称取纤维的质量 (精确到 0.001g)，计算出纤维含量百分比。观察纤维性状，确定纤维没有结绳，纤维的长度保证在路用纤维的长度要求范围内。具体纤维的指标参照路用纤维的指标和试验方法测定。

9. 橡胶烃含量测定仪器

根据测量原理和方法的不同，国标中有几种方法，实验室可以根据自身的条件，选用相对容易的热重分析法 (GB/T 14837.3—2018)。具体说明如下。

(1) 干燥的氮气：含量为 999.999% 以上。

(2) 干燥的空气或氧气。

(3) 碳酸钙 (HG3-1066—1990)：分析纯。

(4) 标准参比炭黑 (GB/T 9580—2009)。

(5) 热重分析仪：按该方法工作的热分析仪必须按规定的程序进行检验。

(6) 微商热重法 (DTG) 辅助元件：该方法推荐使用 DTG 辅助元件。

(7) 分析天平：分度值 0.1mg。

10. 橡胶炭黑含量测定仪器

使用橡胶炭黑含量的测定热解法 (GB/T 3515—2005)，所用试剂如下。

(1) 氮气：干燥且不含有氧。

(2) 氧气或空气：干燥气体。

(3) 二甲苯：化学纯。

(4) 丙酮：化学纯。

(5) 乙醇–甲苯共沸物 (ETA)。

混合 7 体积无水乙醇和 3 体积甲苯或 7 体积工业乙醇和 3 体积甲苯，然后与无水氧化钙 (或生石灰) 煮沸回流 4h，蒸馏共沸物，同时收集共沸物沸点和不超过共沸物沸点 1℃ 的馏分，用于试验。所用试验仪器如下。

(1) 石英舟：长 50~60mm，一端带柄。

(2) 管式炉装置见图 3.1。

(3) 燃烧管：由石英制得，其内径应足以令石英舟容易推入或取出。燃烧管至少比管式炉长 30cm，管子的一端应备有氮气充入系统，另一端应备有热解过程中产生气体的导出装置。

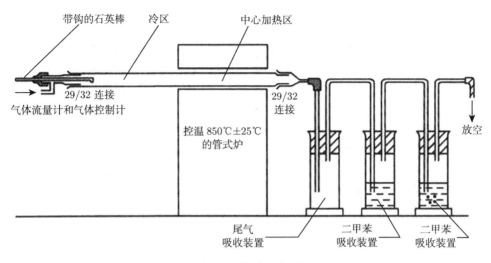

图 3.1　管式炉装置

(4) 水平管式炉：其内径应足以令燃烧管伸入到管式炉的加热部分。管式炉由电加热，可控温在 (850±25)℃，并配备有温度指示装置。

(5) 带钩的石英棒：应有足够的长度可以整个穿过燃烧管和进气管，石英棒应与进气管中的橡胶管紧密接触。

(6) 进气管：进气管供氮气，另配有短橡胶管可以紧紧插入石英棒，但仍可以推入和拉出燃烧管，进气系统所用管材应由增塑 PVC 或其他对氧和水蒸气低渗透的材料制成。

(7) 气体吸收装置：包括与燃烧管出口相连接的橡胶管，橡胶管另一端与易凝聚的气体吸收器 (2 个加二甲苯的气体洗涤瓶) 相连。

(8) 抽出装置：应符合 GB/T 3516—2017 的规定。

(9) 干燥器。

(10) 马福炉，电加热，可控温在 (850±25)℃。

11. 丙酮抽出物测定仪器

试验按照《橡胶溶剂抽出物的测定》(GB/T 3516—2017) 要求执行。将试样用合适溶剂抽提，称量抽出物或抽提后的试样质量。试剂有丙酮、三氯甲烷、甲醇、异丙醇、丁酮、甲苯、无水乙醇、丙酮–三氯甲烷混合溶剂、32 份丙酮和 68 份三氯甲烷 (体积比) 混合。处理混合溶剂时应特别小心，防止和碱反应形成爆炸性混合物；无水乙醇–甲苯混合溶剂：70 份无水乙醇和 30 份甲苯 (体积比) 混合。仪器有快速抽提器，见图 3.2。

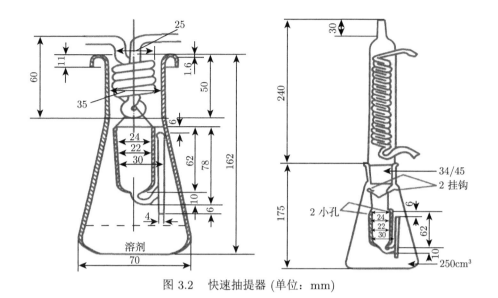

图 3.2    快速抽提器 (单位：mm)

12. 实验室用橡胶沥青拌和机

实验室用橡胶沥青拌和机应具备以下功能：

(1) 有自动加热和温控装置，最高加热温度不低于 230℃；

(2) 拌和机的驱动功率和输出扭矩应略大于普通沥青拌和机的驱动功率和输出扭矩；

(3) 拌和机搅拌转子的转速应能自动无级调节，最高转速不低于 2000r/min；应能设置并自动控制拌和时间；

(4) 拌和机的容量不应小于 3L。

13. 橡胶沥青制备用其他仪器

(1) 温度计：量程为 0~250℃，分度为 1℃。

(2) 搅拌棒：玻璃或金属制成的圆棒，制备橡胶沥青时使用。

(3) 盛样器：带盖和具有金属丝提手的盛沥青的容器，容量不小于 3L。

(4) 热源：制备橡胶沥青的过程需使用的加热源，应具有温度自动控制器。

### 3.1.2 橡胶沥青性能检测仪器

1. 便携式黏度测定仪器

橡胶沥青黏度测量包含以下的检测仪器和附件。

(1) 手持式黏度仪：适用于在实验室或橡胶沥青生产现场测定橡胶沥青结合料的黏度。国内外常用的便携式黏度计的品牌有 Rion 和 Haake，见图 3.3。Haake

黏度仪 (或 Rion 黏度仪) 是一种手持式的旋转黏度仪，在现场测定黏度时使用非常方便。测量精度：指示值的 ±10%。黏度计可为模拟或数字式，模拟式黏度计应带有指针和刻度盘显示，分度为 1dPa·s，数字式黏度计应带有读数显示屏，分辨率 0.1dPa·s。转子：直径 (24±0.1)mm，高 (53±0.1)mm，带有通气孔和一长 (87±2)mm 的主轴。

图 3.3　Rion 黏度仪 (左) 和 Haake 黏度仪 (右)

(2) 温度计：数字式，精度 0.1℃。

(3) 盛样器：带盖和金属丝提手，容量为 3L。

(4) 标准黏度液：1000~5000 mPa·s 的三种黏度的标准液，用于标定手持式黏度仪。

(5) 具有温控功能的加热热源，可以使结合料保持在 (190±1)℃。

(6) 水平支架：可以调节放置盛样器的水平面，并容许热源加热盛样器内的结合料。

(7) 搅拌棒：玻璃或金属制成的圆棒。

2. 锥入度试验仪器

橡胶沥青的锥入度检测包括以下仪器和附件。

(1) 锥入度仪。锥入度仪见图 3.4(a)，应能测定圆锥体贯入试样的深度，精确至 0.1mm，其圆锥贯入器应能上、下移动，使圆锥体的尖端精确地安放在试样表面。当释放圆锥贯入器时圆锥体能在没有明显摩擦的情况下，自由贯入试样。锥入度试验可以用锥入度仪，也可用针入度仪，只是需要将一圆锥贯入器来取代标准的试针。

(2) 圆锥贯入器。圆锥贯入器的尺寸和技术要求应符合图 3.4(b) 的规定，整个运动体 (包括圆锥体和锥入度仪的主轴与附件) 的总质量应为 (150±0.1)g。圆锥贯入器尺寸公差为 ±1.6mm，锥体表面应光洁和抛光，其粗糙度的均方根值应在 0.10~1.12μm。

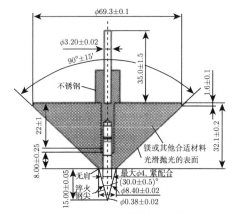

(a) 锥入度仪                                  (b) 标准锥的形状及尺寸(单位：mm)

图 3.4    锥入度仪和标准锥的形状及尺寸

(3) 盛样皿。容积为 177mL 的金属制圆形平底容器，内径为 70mm，深 45mm。

3. 回弹恢复试验仪器

测定橡胶沥青回弹恢复能力的仪器和附件如下。

(1) 球形贯入仪。回弹恢复试验可借助于图 3.4(a) 的锥入度仪来进行，只需用一个球形贯入器来取代标准的圆锥体。

(2) 球形贯入器。球形贯入器的尺寸应符合图 3.5 的规定，贯入器运动部分的总质量 (包括球形贯入器和贯入仪主轴与附件) 应为 (75±0.01)g。

(3) 盛样皿。容积为 177 mL 的金属制圆形平底容器，内径为 70mm，深 45mm。

4. 软化点检测仪器

橡胶沥青的软化点试验按照常规的环球法试验方法 (GB/T 4507—2014) 进行，试验仪器为标准的环球法软化点试验仪，见图 3.6。

5. 测力延度仪器

对橡胶沥青的低温特性检测，采用 5℃ 测力延度来表示。由于橡胶沥青是固液两相体系，含有较粗的胶粉颗粒，因而在进行 5℃ 低温延度试验时，不可能像经过高速剪切的单相体 SBS 改性沥青一样被拉伸得很长，但其产生单位形变所需的力很大。该试验包括以下仪器及附件。

(1) 测力延度仪：由普通延度仪、测力计、数据采集与输出装置等组成，见图 3.7。

(2) 配套试模：与测力延度仪配套使用的橡胶沥青的盛样试模。

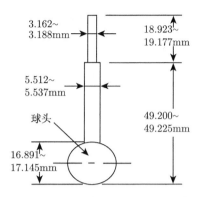

图 3.5　回弹试验的球形贯入器示意图

图 3.6　环球法软化点试验仪

图 3.7　测力延度仪

## 3.2　试 验 方 法

在介绍橡胶沥青的试验方法前，会涉及橡胶沥青的实验室制备，因此先介绍橡胶沥青的实验室制备方法。

### 3.2.1　实验室制备方法

本方法适用于在实验室制备橡胶沥青，以供在实验室内对橡胶沥青进行配方设计及性能检测试验使用。

在实验室制备橡胶沥青时应按下列步骤进行：

(1) 将基质沥青在烘箱中加热至 175℃ 左右。

(2) 将存放橡胶沥青的容器放在电子秤上，用减量法将加热好的基质沥青按规定重量徐徐加入搅拌容器中，如图 3.8 所示。

图 3.8　实验室制备橡胶沥青

(3) 开启搅拌器的可控制热源将基质沥青快速加热至 200~210℃，加热温度应根据所加橡胶粉的比例而定，所加入的冷橡胶粉数量多，则基质沥青的加热温度应高一些，反之则可低一些。在加热过程中搅拌器应不断地搅动基质沥青以防止罐底的沥青结焦。

(4) 当基质沥青的温度达到规定要求时将称好重量的橡胶粉徐徐倒入搅拌容器，边投入边搅拌。当橡胶粉全部投入后，将温度控制在设定温度 (如 180℃)。

(5) 温度保持在设定温度的状态下，让基质沥青与橡胶粉反应 45~60min，在整个反应时间内，应不停地对掺和的结合料进行搅动，使其受热均匀。

(6) 配制好的橡胶沥青应及时使用，如在短时间内不能马上使用，结合料仍应保持在设定温度，并不断地进行搅动。制备好的橡胶沥青保存的时间不得超过4h，超过时应重新检测各项指标，决定是否能用。

### 3.2.2　手持式黏度试验方法

1. 标定校准方法

在测定黏度前，手持式黏度仪应在三种已知其黏度的标准液体中 (黏度范围为 1000~5000mPa·s) 进行标定。标定时应严格执行标定条件，当标定值与标准黏度之差小于 300mPa·s 时，则认为黏度仪的准确度是可以接受的，但应根据标定结果对测量值进行修正。标定试验应在标准黏度液制造商规定的标准温度下进行，或者按制造商提供的黏度修正表根据测量温度对标准黏度进行修正。

2. 试验方法

测量橡胶沥青黏度时应按以下步骤进行：

(1) 将盛有橡胶沥青的容器放在热源上方适当的高度处，并不断地搅动以防止结焦或着火。

(2) 将手持式黏度仪的 1 号转子从容器边部徐徐放入热的橡胶沥青试样内，注意不要塞住它的通气孔。

(3) 在边上停留 1min 左右的时间，使转子有一适应的过程，以便使转子的温度上升至 150℃ 左右。

(4) 在适应的过程中试样应充分地被搅动，并测量试样的温度。

(5) 然后将转子移至容器的中央，准备进行黏度的测量。

(6) 测量时手持式黏度仪应取正确的手持位置，使转子的轴线垂直于被测物质的液面和黏度仪的水平面，此时当转子旋转时会形成一水平的旋涡，同时转子应浸没至试样内，其深度应在转子轴上标志的刻度范围内。

(7) 一旦准备好了正确的定位，开动转子旋转，并在黏度仪刻度盘上与 1 号转子相应的刻度上读取峰值黏度 (注：峰值读数代表了橡胶沥青系统的黏度，因为当转子旋转时，它会"钻入"试样中，即它会将橡胶沥青中的胶粉颗粒甩出测量的区域之外，此时黏度仪测出的读数将只是橡胶沥青系统液相的黏度，并伴随着读数的下降)。

(8) 测量应进行三次，每次测量后应将转子移至容器的边上 (不必将它从试样中取出)，并重新充分搅动试样，使胶粉颗粒较均匀地分布在橡胶沥青试样中。

(9) 取三次测量的平均值作为被测橡胶沥青的黏度，对数据进行记录。

(10) 试验结束后，将转子悬挂在适宜的溶剂中，洗去橡胶沥青，擦干后以便下次再用。

3. 试验报告

试验报告应至少包括以下内容：

(1) 橡胶沥青的类型和料源。

(2) 手持式黏度计和转子的型号。

(3) 试验温度和相应的测量黏度。

(4) 采样和试验的时间。

(5) 试验责任人。

### 3.2.3　锥入度试验方法

锥入度试验是用来替代针入度试验的，这是因为在橡胶沥青中存在着固体的胶粉颗粒，针入度试验的测量值很难准确地反映出这种固液两相材料的真实性能。

本方法适用于测定橡胶沥青在常温下的稠度，也可用于测定其他沥青材料在常温下的稠度。稠度是表征沥青材料在应力作用下抵抗流动的一种特性 (流动性)，能准确地反映橡胶沥青这样的两相材料在常温下的流动性。

1. 锥入度试验步骤

(1) 将配制好的橡胶沥青倒入试验专用的盛样皿内，并一直装填至盛样皿的边缘，让试样在标准的室温 [(23±2)℃] 下养生冷却 2h。

(2) 将盛样皿放入 (25±0.1)℃ 的恒温水槽中养生 2h，并及时取出进行试验，吸干试样表面水分，在试样表面径向相隔 120℃ 的线上进行三次试验，每个试验点应落在试样中心至边缘的一半处。试样的表面应干燥、没有灰尘、气泡等杂质。

(3) 小心地将圆锥头移向试验点，在适当的灯光下观察圆锥顶尖，使之正好与试样的表面接触。

(4) 释放圆锥贯入杆，让圆锥贯入试样，同时计时 5s，停止贯入，并测量贯入的深度。

(5) 同样的试验应进行三次，每次试验后应将圆锥顶点清洁和擦干。

(6) 将三次试验结果的平均值作为锥入度值，记入试验报告，单位为 0.1mm。

在整个试验进行时应保持实验室的环境温度在标准室温 [(23±2)℃] 下，试样的温度应始终控制在 (25±0.5)℃。

2. 试验精密度或允许差

试验结果在 40 (0.1mm)~80 (0.1mm) 时，在同一试验员、同一试验条件下，重复性试验允许差为 3 (0.1mm)，在多个实验室条件下，复现性试验的允许差为 9 (0.1mm)。

3. 试验报告

试验报告应至少包括以下内容：被测材料的类型和料源；锥入度仪的型号；试验的温度和相应测量的锥入度；采样和试验的时间；试验责任人。

### 3.2.4　回弹恢复试验方法

回弹恢复试验是用来评价橡胶沥青的弹性恢复能力，以及测量橡胶沥青在受到挤压后的回弹能力。

1. 试样准备

将配制好的橡胶沥青注入试验专用的盛样皿，并一直装填到盛样皿边缘，让试样在标准的室温 [(23±2)℃] 下养生冷却 2h。

2. 试验方法

(1) 将盛样皿放入 (25±0.1)℃ 的恒温水槽中养生 2h，并及时取出进行试验。吸干试样表面的水分，在试样表面上均匀地洒上一些滑石粉，使表面材料轻微地为滑石粉裹覆，用吹风机吹去多余的滑石粉 (试样不能在水中进行)。

(2) 将试样皿放在针入度仪的平台上，调节指示器刻度盘为零。慢慢放下球形贯入器，在适当的灯光下观察球头，使之正好与试样表面接触。

(3) 释放针入度仪主轴，使球形贯入器贯入试样 5s 的时间，将此时指示器的读数记为球入度 $P$ (0.1mm)。

(4) 继续加压球形贯入器 (不必将刻度盘调至零位) 以均匀的速度在 10s 内贯入试样至附加的 100 单位 (1 单位 = 0.1mm)。

(5) 重新啮合止动器使球形贯入器保持在这一位置 5s，并在这一时间内调整指示器刻度盘至零。

(6) 释放止动器，让球形贯入器自由回弹 20s，并将指示器最终读数记为 $F$ (0.1mm)。

(7) 升起球形贯入器，此时球头应自由地离开试样表面 (不应黏结和拉起试样材料)，否则此试验结果应作废，并重新撒布滑石粉和重做试验。

在整个试验进行时应保持实验室的环境温度在标准室温 [(23±2)℃] 下，试样的温度应始终控制在 (25±0.5)℃。同样的试验进行三次，每次的试验点应落在试样表面相隔 120° 的径向线上，并距离试样表面边缘至少 13mm 处。

3. 试验结果表达

按以下公式计算残余变形和回弹恢复系数。

残余变形：

$$X = P + 100 - F$$

回弹恢复系数 $C$：

$$C = [F/(P + 100)] \times 100\%$$

式中，$X$ 为残余变形 (0.1mm)；$P$ 为球入度 (0.1mm)；$F$ 为回弹值 (0.1mm)。

4. 精密度或允许差

在同一试验员、同一试验条件下，重复性试验的允许差为 4 个回弹单位。

5. 试验报告

将三次试验结果的平均值作为回弹试验值，记入试验报告。

试验报告应至少包括以下内容：橡胶沥青的类型和料源；锥入度仪的型号；试验的温度和相应的回弹值或回弹恢复系数；采样和试验的时间；试验责任人。

## 3.2.5　软化点试验方法

橡胶沥青的软化点试验采用环球法，并按常规环球法试验方法 (JTG/T 0606—2011) 进行，这里不再赘述。

## 3.2.6　测力延度试验方法

橡胶沥青测力延度试验温度为 5℃，采用 1cm/min 的拉伸速率，具体试验要求按照 JTG/T 0605—2011 的方法进行。仪器自动记录试件拉伸过程中拉伸长度–拉力之间的关系，进而得到延度及相应的最大拉力等指标。

# 3.3 橡胶沥青性能评价体系

近些年来，随着我国橡胶沥青技术研究与应用的进步，陆续出台了一些相应的行业标准、地方标准和技术应用指南[32]。但是，和国外的橡胶沥青技术评价标准相比，我国的技术评价标准体系仍然存在着一定的局限性。国外应用较多的橡胶沥青性能指标评价体系[33]汇总见表 3.1。

表 3.1  国外主要橡胶沥青技术指标评价体系汇总

| 项目 | 美国试验与材料学会 | 美国联邦公路总局 | 亚利桑那州 | 得克萨斯州 | 加利福尼亚州 | 佛罗里达州 | 智利 | 南非 | 意大利 |
|---|---|---|---|---|---|---|---|---|---|
| 黏度 | ✓ | | ✓ | ✓ | | ✓ | ✓ | ✓ | ✓ |
| 针入度 | ✓ | ✓ | ✓ | | | | ✓ | | ✓ |
| 锥入度 | | | | ✓ | ✓ | | | | |
| 软化点 | ✓ | ✓ | ✓ | ✓ | ✓ | | ✓ | ✓ | ✓ |
| 延度 | | ✓ | | | | | | | |
| 回弹恢复 | ✓ | ✓ | ✓ | ✓ | ✓ | | | | |
| 老化试验 | ✓ | ✓ | | | | | | | |
| 密度 | | | | | | ✓ | | | |

从表 3.1 可知，国外主要把黏度 (手持式黏度)、针入度或锥入度、软化点及回弹恢复指标作为橡胶沥青的技术性能评价指标。和基质沥青、聚合物改性沥青的评价指标体系相比，国外的橡胶沥青技术评价体系没有对延度和老化指标提出较多的要求。

目前我国部分省市推出的橡胶沥青技术性能评价体系汇总见表 3.2[33]。从表 3.2 可以看出，我国目前采用的橡胶沥青技术评价体系，主要包括黏度 (布氏黏度)、25℃ 针入度、软化点、弹性恢复和 5℃ 延度这五项技术指标，基本上沿袭了以 SBS 为代表的聚合物改性沥青技术评价体系，同时也参考了国外一些关于橡胶沥青的技术标准。

通过对国内和国外主要国家、地区的橡胶沥青技术性能评价体系进行综合研究可知，橡胶沥青技术性能的主要评价指标涉及了黏度、软化点、针入度、锥入度、弹性恢复 (JTG/T 0662—2019)、回弹恢复 (ASTM D5329-09) 及延度。其中，针入度和锥入度指标都是用来评价橡胶沥青软硬程度的技术性能指标，这两个指标有一定相似性，弹性恢复和回弹恢复都是用于表征橡胶沥青弹性恢复性能的技术评价指标，两者也有一定的相似性。橡胶沥青的这两对性能评价指标哪个能更准确地反映橡胶沥青的特性，值得更深入地研究。

表 3.2　我国橡胶沥青技术指标评价体系汇总

| 项目 | 交通运输部公路科学研究院 | JT/T 798—2011(行标) | 北京市 | 河北省 | 江西省 | 上海市 | 天津市 [①] |
|---|---|---|---|---|---|---|---|
| 黏度 | √ | √ | √ | √ | √ | √ | 175℃ 动力黏度 |
| 25℃ 针入度 | √ | √ | √ | √ | √ | √ | √ |
| 针入度指数 | | | | | | | √ |
| 软化点 | √ | √ | √ | √ | √ | √ | √ |
| 弹性恢复 [②] | √ | √ | √ | √ | √ | √ | √ |
| 5℃ 延度 | √ | √ | √ | √ | √ | | √ |
| 闪点 | | | | | | | √ |
| 离析试验 | | | | | | | √ |
| 薄膜烘箱老化 | | √ | | | | | √ |

注：① 天津市的规范适用对象为橡胶改性沥青，注重剪切、研磨、发育、辅以化学助剂等过程，制备出的最终产品与其他指南、标准与地标中的橡胶沥青有本质区别，在此仅作对比参考。
② 我国的弹性恢复试验主要采用的是《公路工程沥青及沥青混合料试验规程》中 T0662 的试验方法，不同于国外采用的试验方法。

　　相对于国外橡胶沥青评价标准，国内的评价标准存在一定的局限性。与国外的橡胶沥青技术评价标准相比，我国各地出台的橡胶沥青技术评价标准表现出过多依赖于 SBS、SBR 类聚合物改性沥青的评价标准，橡胶沥青由于其独有的生成机理和特殊的两相混融状态，与 SBS 等聚合物改性沥青相比有明显的不同，这就决定了橡胶沥青的技术评价标准应有其特殊性。国内现行的沥青与改性沥青评价体系并不完全适合评价橡胶沥青的技术性能。

### 3.3.1　橡胶沥青针入度和锥入度对比

　　在橡胶沥青的主要技术指标中，针入度或锥入度反映了橡胶沥青的稠度以及材料在应力作用下抵抗流动的特性，代表了橡胶沥青的软硬程度。国内和国外不同国家、地区采用的橡胶沥青性能评价指标中，针入度和锥入度均有采用。
　　我国在橡胶沥青技术的应用以及相关地方标准中大多采用的是与聚合物改性沥青一致的 25℃ 针入度指标，而国外如美国加利福尼亚州、得克萨斯州等则用 25℃ 锥入度代替了针入度，认为对于橡胶沥青这种固液两相材料，锥入度能更好地表征其在常温下的流动性，可以更真实地反映其在常温下的稠度[5]。依托橡胶沥青路面实际施工项目，作者从微观和宏观多方面进行了橡胶沥青的针入度和锥入度对比试验，研究了针入度和锥入度在评价橡胶沥青性能影响方面的特点，如试验数据离散性、试针/试锥贯入深度差异、贯入过程的动力学状态以及锥入度在评价橡胶沥青性能特性方面的优势，为优化橡胶沥青的技术指标评价体系和橡胶沥青技术在实践中的科学应用提供研究基础。

1. 针入度和锥入度对比试验研究一

利用 SEM 对不同目数橡胶粉所形成的橡胶沥青进行微观结构形态研究 [34]。

(1) 试验仪器：FEI Quanta FEG 250FESEM 扫描电子显微镜 (简称扫描电镜)。

(2) 原材料：原材料为东海 90# 石油沥青和西安中轩 40~80 目橡胶粉，橡胶粉的掺量为 20%(外掺)。发育温度为 180℃，发育过程不断进行搅拌，发育搅拌时间为 45min，制成橡胶沥青试样。

(3) 试验结果，利用扫描电镜观察所制橡胶沥青试样的微观结构形态及胶粉颗粒在沥青中的分布情况，见图 3.9。

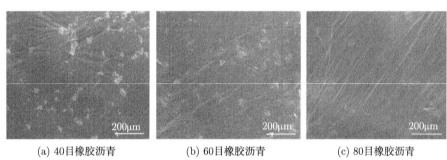

(a) 40目橡胶沥青　　　　　　(b) 60目橡胶沥青　　　　　　(c) 80目橡胶沥青

图 3.9　　橡胶沥青扫描电镜图片

图中浅色颗粒即为橡胶粉。从图 3.9 (a) 中可看出，40 目橡胶沥青中存在许多较为明显的胶粉颗粒核心，呈现出鲜明的固液两相性。随着橡胶粉目数的提高，橡胶沥青的固液两相性逐渐减弱。图 3.9 (c) 中的 80 目胶粉所制备的橡胶沥青在当前放大倍数下基本看不出橡胶粉颗粒，已近似为单相体。这是因为一方面高目数的橡胶粉颗粒本身较小，另一方面胶粉目数越高，其比表面积越大，脱硫裂解反应加剧使橡胶粉的有效粒径不断减小，所以在扫描电镜下几乎已观察不到明显的胶粉固体核心。低目数胶粉由于胶粉颗粒本身粒径较大，经过溶胀脱硫的物理化学反应后仍然能够保存明显的固体颗粒核心。

因此对于 40 目及以下目数的粗颗粒橡胶沥青进行稠度试验检测时，橡胶粉固体核心的存在会对检测仪器提出不同的要求，若仍使用与单相体相同的检测仪器，必然会对试验结果产生较大的影响。

结论：从微观角度利用显微镜技术对橡胶沥青的研究情况来看，在检测低目数粗颗粒橡胶粉形成的橡胶沥青稠度时，由于试锥与被测材料的接触面积较大，因而检测结果稳定；试针则由于与被测材料的接触面积很小，当针尖触碰橡胶粉颗粒和未触碰橡胶粉颗粒所得出的检测数据相差很大。所以，锥入度较针入度能更准确地反映真实情况。

2. 针入度和锥入度对比试验研究二

(1) 试验仪器和方法：按照 T0604—2011 的要求 [35,36]，针入度试验方法用于测量沥青材料的针入度，以 0.1mm 计。其标准试验温度为 25℃，试验时的贯入总质量 (包括标准针、针连杆组合件和附加砝码) 为 (100±0.05)g，贯入时间为 5s。盛样皿采用内径为 55mm、深度为 35mm 的小盛样皿。锥入度试验仪器和试验方法见 3.2 节。

(2) 试验原材料：制备橡胶沥青的基质沥青采用韩国 SK、壳牌、东海等道路石油沥青，其各项技术指标的检测结果见表 3.3。

表 3.3  基质沥青各项指标检测结果

| 检验项目 | | 测定值 | 规范要求 | 试验方法 |
|---|---|---|---|---|
| 针入度 (25℃)/(0.1mm) | | 92.0 | 80~100 | T0604 |
| 针入度指数 | | −0.8 | −1.5~+1.0 | T0604 |
| 软化点 (TR & B)/℃ | | 46.5 | ⩾ 45 | T0606 |
| 动力黏度 (60℃)/(Pa·s) | | 190.0 | ⩾ 160 | T0620 |
| 延度 (10℃)/cm | | > 100 | ⩾ 20 | T0605 |
| 延度 (15℃)/cm | | > 100 | ⩾ 100 | T0605 |
| 含蜡量 (蒸馏法)/% | | 1.2 | ⩽ 2.2 | T0615 |
| 闪点/℃ | | 281 | ⩾ 245 | T0611 |
| 溶解度/% | | 99.8 | ⩾ 99.5 | T0607 |
| 密度 (15℃)/(g/cm$^3$) | | 1.019 | ⩾ 1.01 | T0603 |
| TFOT(或 RTFOT) 后残留物 | 质量变化/% | −0.2 | ±0.8 | T0609 |
| | 针入度 (25℃)/% | 66 | ⩾ 57 | T0609、T0604 |
| | 延度 (10℃)/ cm | 9 | ⩾ 8 | T0609、T0605 |

废旧轮胎胶粉采用不同厂家 (陕西高速、西安中轩、湖南合得利) 生产的 30 目常温研磨粉碎的大货车子午线轮胎胶粉，其技术指标检测结果见表 3.4 (表中含量为质量分数)。

表 3.4  废胎胶粉技术指标检测结果

| 检测项目 | 单位 | 检测结果 | 技术要求 |
|---|---|---|---|
| 密度 | g/cm$^3$ | 1.18 | 1.10~1.30 |
| 含水量 | % | 0.75 | <1.00 |
| 金属含量 | % | 0.00 | <0.05 |
| 纤维含量 | % | 0.01 | <1.00 |
| 灰分含量 | % | 7.0 | ⩽ 8.0 |
| 丙酮抽出物含量 | % | 7.0 | ⩽ 16 |
| 炭黑含量 | % | 28 | ⩾ 28 |
| 橡胶烃含量 | % | 60 | ⩾ 42 |

(3) 试验方案和试验结果。

为了检验两种试验方法应用于粗颗粒橡胶沥青时的差别,以上述四种胶粉与基质沥青组合在 20% 胶粉掺量下制备了橡胶沥青试样,并分别对其锥入度及针入度进行了 10 次检测,所得试验结果见图 3.10。

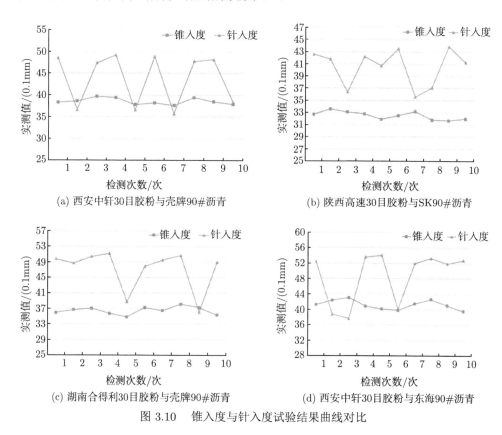

图 3.10　锥入度与针入度试验结果曲线对比

由图 3.10(a) 可以看出,在 10 次检测所得结果中锥入度曲线的波动较为平缓,而针入度曲线则呈不规则形状波动,试验数据的离散性大,且有些检测值已经超出了技术要求的下限,并非橡胶沥青性能真实情况的反映。这与橡胶粉的加入,尤其是粗颗粒橡胶粉的加入有着密切的关系。针入度试验时所用的试针较轻,针尖较细,在自由下落过程中不可避免地会扎到粗胶粉颗粒,从而使得试验结果偏低,误差较大。采用锥入度指标进行检测时,所用的锥头相对试针较重,试验过程中受到粗胶粉颗粒的影响较小,因而检测数据的离散程度低,可以较为准确地反映橡胶沥青的真实性能情况。

由图 3.10(b) 可以看出,该组合下橡胶沥青在 10 次检测所得结果中锥入度曲线虽有一定的波动,但较为平顺,而针入度曲线出现了阶跃状跳动,说明检测数据发生了离散。在 10 次针入度试验中有 3 次试验结果可能由于针尖扎到粗颗粒胶粉而出现了偏差，低于了技术要求的下限。其余 7 次试验结果的均值与实测值较为接近。然而在实际试验过程中往往因为时间紧张而只进行 3 次试验检测，无疑增大了奇异点出现的概率，对正常的判断造成了干扰。通过锥入度试验进行检测，则很好地避免了这一问题。

由图 3.10(c) 可以看出，在锥入度的 10 次检测结果中未出现较大偏差的数据点，试验结果相对稳定，准确度高。针入度曲线则有 2 个数据点的值过低且超出了技术要求范围，但从其余 8 次试验结果的均值上判断，此次检测的 2 个数据点属于检测数据中的坏点，应予以舍弃。相比锥入度，进行针入度检测虽然可以通过统计分析方法来提高试验结果的可信度，但需要以多次试验为基础，尤其当某日生产批次较多时，不仅需要较多的试验模具，还会增大试验人员的工作量，延长了工作时间，进而延误了后续工序的正常进行，不利于生产效率的提高。

在图 3.10(d) 中，锥入度 10 次检测结果中未出现奇异点，各数据点的分布也较为理想，且各数据点的连线与前三种组合下的橡胶沥青锥入度曲线基本一致，能够达到真实反映橡胶沥青性能的目的。但针入度曲线则有 3 个数据点的值出现了较大偏差，其中 2 数据点低于下限，1 数据点处于下限值上，且前 3 点中出现了 2 个奇异点，这对于一般要求由 3 次平行试验进行结果判定的试验过程造成了严重干扰。从其余 7 次试验结果的均值上判断，此次检测的 3 个奇异数据点也应当舍弃。

(4) 试验结果分析。

用针入度来检测粗颗粒橡胶沥青性能容易造成判断错误，从而给工程施工带来不可估量的损失。要想进行多次试验，则无形中增加了施工成本，且过长的试验时间也会使橡胶沥青在高温发育罐内的贮存时间增长，加大了沉淀离析及沥青老化的风险。综上所述在进行粗颗粒橡胶沥青性能检测时应选用锥入度试验方法来代替针入度试验方法。

3. 针入度和锥入度对比试验研究三

该研究是通过对试针与试锥贯入橡胶沥青受力过程进行分析，建立贯入过程的动力学模型，从理论的角度分析针入度与锥入度检测橡胶沥青稠度时的差异 [34]。

(1) 试验仪器和方法同试验二。

(2) 原材料：原材料为东海 90# 石油沥青和西安中轩 20 目橡胶粉，橡胶粉的掺量为 20%(外掺)。发育温度为 180℃，发育过程不断进行搅拌，发育搅拌时间为 45min，制成橡胶沥青试样。

(3) 试验结果：对所制备的 20 目橡胶沥青进行针入度和锥入度试验，试验结果见图 3.11。

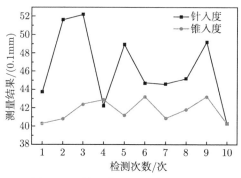

图 3.11　针入度和锥入度试验结果

从图 3.11 可以看出，针入度试验检测值的波动显著大于锥入度试验检测值的波动，即对于 20 目粗颗粒橡胶粉形成的橡胶沥青，用针入度仪器检测，准确性较差。

(4) 从图 3.11 中可看出，相较于锥入度，针入度试验结果曲线波动较大，其极差和标准差分别为 1.19mm 和 0.37mm，表明橡胶粉固体颗粒核心的存在易引起针入度试验结果的偏差，这与试验研究一、试验研究二的结论一致。这是因为在 25℃ 下橡胶粉的模量大于沥青模量，同时试针较轻且尖端角度较小，所以当试针触碰橡胶粉时，试针贯入深度偏小；反之，试针未触碰橡胶粉颗粒时，试针贯入深度则偏大。试验发现：贯入深度与试针触碰橡胶粉的时间存在一定的关系，若在贯入过程的早期触碰橡胶粉时，最终贯入深度较浅；而在贯入的后期触碰橡胶粉时，对贯入深度影响不大。最终贯入深度 5.22mm 是针入度试验结果中的最大值，认为试针在整个贯入过程没有触碰到橡胶粉；4.03mm 是最小值，认为试针在贯入的初期触碰了橡胶粉；当试验结果在 4.03～5.22mm 时，认为试针在中间的某一时刻触碰到了橡胶粉。

(5) 试针与试锥贯入过程的力学模型。

试针与试锥的几何结构见图 3.12，假设试针与试锥在贯入过程中总是沿垂直方向运动，贯入过程可分为 2 个阶段，如图 3.13 所示。图中 *l* 是针尖垂直方向长

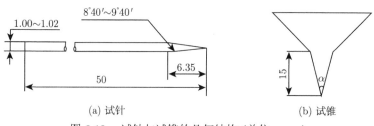

图 3.12　试针与试锥的几何结构 (单位：mm)

度；$p$ 是圆锥面上法向应力；$f$ 是圆锥面上的剪应力；$\phi$ 是针尖角度的一半。根据贯入过程的受力分析，可得出贯入的总轴向力 $F$。

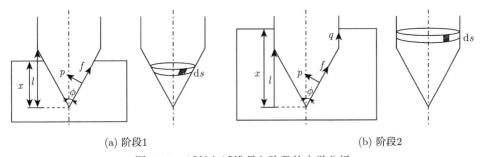

(a) 阶段1　　　　　　　　　　　　　　　　(b) 阶段2

图 3.13　试针与试锥贯入阶段的力学分析

阶段 1 $(x < l)$：只有针尖与橡胶沥青接触，阻力集中在圆锥面上，见图 3.13(a)。试针所受的轴向阻力为

$$\mathrm{d}F_1 = (p\sin\phi + f\cos\phi)\mathrm{d}s \tag{3.1}$$

轴向阻力为

$$F_1 = \iint \mathrm{d}F_1 = \iint (p\sin\phi + f\cos\phi)\mathrm{d}s = \pi x^2 \frac{\tan\phi}{\cos\phi}(p\sin\phi + f\cos\phi) \tag{3.2}$$

阶段 2 $(x > l)$：试针的圆锥面和圆柱面都受到阻力的作用，见图 3.13(b)。总轴向阻力为

$$F = F_1 + F_2 = \pi l^2 \frac{\tan\phi}{\cos\phi}(p\sin\phi + f\cos\phi) + 2\pi q l \tan\phi(x - l) \tag{3.3}$$

式中，$F_1$ 是圆锥面所受的阻力；$F_2$ 是圆柱面所受的阻力；$F$ 是总阻力。根据式 (3.2) 和式 (3.3)，得到了试针在贯入过程中的轴向阻力模型，可看出 $p$、$q$、$f$ 受橡胶沥青材料的黏弹性影响，为了简便求解微分方程，采用 Kelvin 模型 (图 3.14) 进行分析，本构关系：$\sigma = E\varepsilon + \eta\dot{\varepsilon}$。

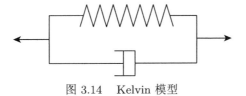

图 3.14　Kelvin 模型

如图 3.15 所示，对位移 $x$ 进行分解，假设变形前材料的原始长度为 1mm，得

$$F_1 = \pi x^2 \frac{\tan \phi}{\cos \phi} \left[ (\eta_1 \dot{x} + E_1 x) \sin^2 \phi + (\eta_2 \dot{x} + E_2 x) \cos^2 \phi \right] \tag{3.4}$$

$$F = \pi l^2 \frac{\tan \phi}{\cos \phi} \left[ (\eta_1 \dot{x} + E_1 x) \sin^2 \phi + (\eta_2 \dot{x} + E_2 x) \cos^2 \phi \right]$$
$$+ 2\pi l \tan \phi (\eta_3 \dot{x} + E_3 x)(x - l) \tag{3.5}$$

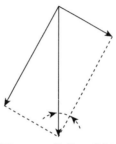

图 3.15　位移 $x$ 分解

试锥的分析过程与试针类似。在贯入过程中试针与试锥有可能触碰橡胶粉，由于在橡胶沥青的反应过程中，橡胶粉吸收了沥青中的轻质成分，已经不再是纯粹的弹性体，为了简化分析，将橡胶粉视为模量高于橡胶沥青的黏弹性体。

(6) 动力学模型。

根据前面的分析及试验结果建立试针贯入过程的动力学模型，因为贯入深度较浅 (<6.35mm)，所以不需要阶段 2 的分析。当试针在重力作用下下降，根据牛顿第二定律，得到方程

$$mg - \pi x^2 \frac{\tan \phi}{\cos \phi} \left[ (\eta_1 \dot{x} + E_1 x) \sin^2 \phi + (\eta_2 \dot{x} + E_2 x) \cos^2 \phi \right] = m\ddot{x} \tag{3.6}$$

由前分析可知，最大贯入深度 5.22mm 代表了试针没有触碰橡胶粉，最小贯入深度 4.03mm 代表试针在较短的时间内触碰了橡胶粉，这里假定其在 0.5s 时触碰了橡胶粉，利用模量的增加来模拟试针触碰到橡胶粉。如表 3.5 所示，$\eta_1$、$\eta_2$、$E_1$、$E_2$ 是由最终贯入深度 5.22mm 拟合而来，$\eta_1^*$、$\eta_2^*$、$E_1^*$、$E_2^*$ 是由 0.5s 时触碰橡胶粉的最终贯入深度 4.03mm 拟合而来。

表 3.5　黏弹性参数

| $\eta_1$ | $\eta_2$ | $E_1$ | $E_2$ | $\eta_1^*$ | $\eta_2^*$ | $E_1^*$ | $E_2^*$ |
|---|---|---|---|---|---|---|---|
| 0.468 | 0.468 | 0.0468 | 0.0468 | 0.69 | 0.69 | 0.069 | 0.069 |

利用 Matlab 来求解公式 (3.6) 的微分方程，图 3.16 显示了在 0.5s、1s、1.5s、2s 时试针触碰橡胶粉和不触碰橡胶粉的贯入深度及速度随时间的变化情况，图 3.17 为利用相同的黏弹性参数分析试锥的贯入过程，其中虚线代表贯入深度，实线代表贯入速度。从图 3.16 和图 3.17 可看出，试针与试锥触碰到较高模量的橡胶粉时，位移、速度曲线会发生突变，速度值显著降低，橡胶粉对最终贯入深度的影响随触碰时间的推迟而减小，在 2s 及以后的时刻触碰到橡胶粉，速度已基本趋于 0，贯入深度不再有明显的变化。

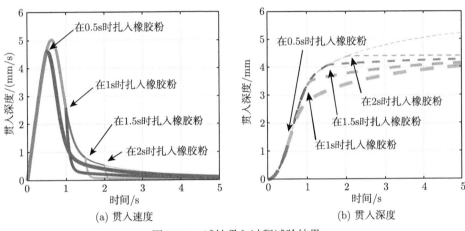

(a) 贯入速度　　　　　　　　　　(b) 贯入深度

图 3.16　试针贯入过程试验结果

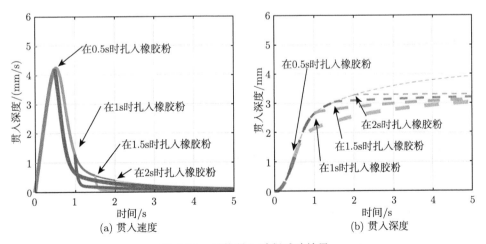

(a) 贯入速度　　　　　　　　　　(b) 贯入深度

图 3.17　试锥贯入过程试验结果

表 3.6 显示了试针与试锥在不同时刻触碰橡胶粉和没有触碰的最终贯入深度，计算得试针、试锥没有触碰橡胶粉时的最终贯入深度与在 0.5s 时触碰橡胶粉的最终贯入深度之差分别为 1.19mm、0.89mm，说明在以相同的黏弹性参数定义沥青和橡胶粉的条件下，试锥在触碰到较高模量的橡胶粉时，其贯入深度受到的影响相对较小，在其他时刻触碰橡胶粉时情况也是类似的。究其原因，试锥体积较大且质量较重，在试验过程中触碰到较高模量胶粉颗粒核心所引起轴向阻力的增加对其最终贯入深度结果产生的影响相对较小，因此可能更适宜于评价具有明显固体核心的粗颗粒橡胶沥青。

**表 3.6　试针与试锥在不同时刻触碰胶粉的最终贯入深度**

| 项目 | 触碰橡胶粉颗粒的时刻/s | | | | |
| --- | --- | --- | --- | --- | --- |
| | 0 | 0.5 | 1 | 1.5 | 2 |
| 试针最终贯入深度/mm | 5.22 | 4.03 | 4.15 | 4.27 | 4.40 |
| 试锥最终贯入深度/mm | 3.93 | 3.04 | 3.14 | 3.21 | 3.31 |

结论：在检测粗颗粒橡胶粉形成的橡胶沥青稠度时，锥入度较针入度更能准确地反映真实情况。

4. 针入度和锥入度对比试验研究四

从概率方面，研究试针与试锥触碰胶粉的概率差异来分析使用锥入度检测橡胶沥青的合理性。根据上述分析，橡胶粉目数为 20，橡胶粉掺量为 20%，假设橡胶粉在发育过程中会膨胀一倍且在试样中是随机分布的，橡胶粉的形状为球形，选取上一小节中试针贯入深度的最大值 5.22mm 来计算触碰橡胶粉的概率。试样皿的尺寸规格和概率计算的相关参数分别见表 3.7 和表 3.8。

**表 3.7　试样皿尺寸规格**

| 针入度范围/(0.1mm) | 直径/mm | 深度/mm |
| --- | --- | --- |
| 小于 40 | 33～55 | 8～16 |
| 40～200 | 55 | 35 |
| 200～350 | 55～75 | 45～70 |
| 350～500 | 55 | 70 |

**表 3.8　概率计算的相关参数**

| 参数 | 参数值 |
| --- | --- |
| 试针贯入深度 $L_1$ | 5.22mm |
| 试锥贯入深度 $L_2$ | 4.32mm |
| 试针尖端角度的一半 $\Phi_1$ | 4.5° |
| 试锥尖端角度的一半 $\Phi_2$ | 15° |
| 20 目橡胶粉直径 $d$ | 0.83mm |
| 试样皿直径 $D$ | 55mm |
| 试样皿深度 $H$ | 35mm |

试针触碰胶粉的概率分析如下。

试针贯入试样皿的体积为

$$V_1 = (1/3)\pi L_1 (L_1 \tan \varPhi_1)^2 \tag{3.7}$$

每个橡胶粉的体积

$$V_{\mathrm{R}} = (8/3)\pi (d/2)^3 \tag{3.8}$$

试样皿的体积

$$V_{\mathrm{S}} = \pi H (D/2)^2 \tag{3.9}$$

橡胶粉的总体积

$$V_{\mathrm{RS}} = 2 \times \frac{V_{\mathrm{S}}/\rho_r}{\left(\dfrac{5}{\rho_a}\right) + \left(\dfrac{1}{\rho_r}\right)} \tag{3.10}$$

为了精确地计算触碰橡胶粉的概率，将每个橡胶粉的体积看作一个最小单元，将其他体积按照最小单元进行分割。总的单元数为

$$E = V_{\mathrm{S}}/V_{\mathrm{R}} \tag{3.11}$$

试针贯入体积的单元数为

$$E_1 = V_1/V_{\mathrm{R}} \tag{3.12}$$

所有橡胶粉体积的单元数为

$$E_{\mathrm{R}} = V_{\mathrm{RS}}/V_{\mathrm{R}} \tag{3.13}$$

联立式 (3.7) ~ 式 (3.13) 并代入表 3.8 中的数据，针入度试验贯入体积中没有胶粉的概率为

$$p_1 = \prod_{E-E_{\mathrm{R}}}^{E} \frac{i - E_1}{i} \times 100\% = 57.77\% \tag{3.14}$$

由式 (3.14) 可得，试针在贯入过程中触碰橡胶粉的概率为 42.23% ，即在针入度试验中易出现试针触碰橡胶粉或不触碰橡胶粉的情况，可能会对针入度试验结果产生影响。

试锥触碰胶粉的概率分析：以表 3.8 中试锥贯入深度的最大值 4.32mm 来计算试锥触碰到橡胶粉的概率，试锥贯入试样皿的体积为

$$V_2 = (1/3)\pi L_2 (L_2 \tan \varPhi_2)^2 \tag{3.15}$$

试锥贯入体积的单元数为

$$E_2 = V_2/V_{\mathrm{R}} \tag{3.16}$$

联立式 (3.8) ∼ 式 (3.11)、式 (3.13)、式 (3.15) 和式 (3.16) 并代入表 3.8 中的数据，锥入度试验贯入体积中没有触碰橡胶粉的概率为

$$p_2 = \prod_{E-E_{\mathrm{R}}}^{E} \frac{i-E_2}{i} \times 100\% = 2.72\% \tag{3.17}$$

由式 (3.17) 可得，试锥触碰橡胶粉的概率为 97.28%，即在锥入度试验中试锥触碰橡胶粉的概率非常大，不触碰到橡胶粉属于小概率事件，这就是锥入度试验结果的离散性明显小于针入度试验的原因之一。

为了直观地表达试针与试锥贯入过程的不同，利用 Matlab 软件随机生成溶胀两倍后的球形橡胶粉分布 (试样大小：10mm×10mm×10mm，掺量：20%)。从图 3.18 (a) 试针贯入过程中可以看出，试针由于针尖较细且体积较小，在贯入过程中易出现触碰和未触碰橡胶粉的情况，进而影响试验的结果。值得说明的是，不论是试针触碰橡胶粉 (贯入深度较浅) 还是未触碰橡胶粉 (贯入深度较深)，都没有真正地评价出粗颗粒橡胶沥青的稠度，因为它作为一种固液两相的混溶体系，不论是其液相还是固相都代表着一部分的性能，若不能兼顾两者，则说明其具有一定的局限性。如图 3.18(b) 所示试锥贯入过程，试锥的尖端角度和体积都较大，与橡胶沥青接触面积也较广，在贯入过程中易同时接触到多个橡胶粉颗粒，一方面能够检测到更多的橡胶沥青试样，另一方面，试锥不仅能起到类似试针的剪切效果，更关键的是它还能对橡胶沥青试样产生压应力，以较大接触面积的抗压效果来评价橡胶沥青稠度，可以减少橡胶沥青固液两相性对试验结果的影响，同时更多的是对橡胶沥青材料本身抗压特性或弹性特性的评价，因此更适宜于评价具有明显固体核心的粗颗粒橡胶沥青。

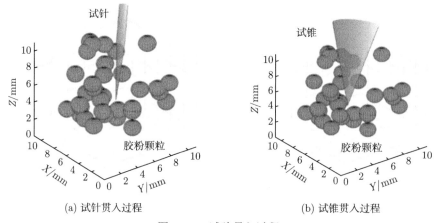

(a) 试针贯入过程　　　　　　　　(b) 试锥贯入过程

图 3.18　试验贯入过程

结论：在检测粗颗粒橡胶粉形成的橡胶沥青稠度时，锥入度较针入度更能准确地反映橡胶沥青材料本身的真实情况。

5. 锥入度评价橡胶沥青性能特性的优势研究

针入度和锥入度试验均是用来评价沥青材料的软硬程度，两个指标试验具有较多的相似性，同时又存在着一定的差异[37,38]。针入度主要体现在标准针的针尖对橡胶沥青材料试样的剪切作用，橡胶沥青材料试样对标准针的作用力为竖直向上的阻力。锥入度则是标准锥的锥体对橡胶沥青材料试样的锥入作用，锥尖顶点部位表现出与针入度类似的剪切效应，而且锥体对橡胶沥青试样还有同时向下和向侧面的挤压作用。针入度试验是通过橡胶沥青试样的抗剪效应来表征橡胶沥青的稠度，而锥入度试验则同时通过抗剪效应和抗挤压效应来表征橡胶沥青的稠度。橡胶沥青胶结料在实际路面的受力状况，同时承受压应力和剪应力，从这一方面来说，锥入度更适于评价橡胶沥青的路用性能特性。

另外，在针入度试验的过程中，由于橡胶沥青中有大量的固体橡胶粉颗粒，标准针的针尖时而扎到沥青上、时而又扎到橡胶粉颗粒上，就会增大试验结果的离散性 (这一点已从概率的角度进行了研究)，从而影响试验结果的可靠性。相比之下，锥入度试验在这一方面具有一定的优势。因此对于橡胶沥青材料，尤其是用较粗的橡胶粉 (30 目及以下目数) 制得的橡胶沥青材料，采用锥入度作为其稠度或软硬度的评价指标更合理。

此外，从前面所述的锥入度试验仪器和试验条件可知，锥入度试验取代针入度试验，不会增加经济成本和复杂性，无论对于橡胶沥青的试验研究还是施工检测，均是容易实现的。

因此，针对目前国内较为统一地采用 25℃ 针入度指标对橡胶沥青进行技术评价的现状，根据以上研究的结果，建议改用 25℃ 锥入度代替针入度作为橡胶沥青的试验研究、技术评价以及施工控制指标。

## 3.3.2 橡胶沥青弹性恢复和回弹恢复对比

橡胶沥青混合料具有优异的高温稳定性、低温抗裂性、抗疲劳性、低噪声等路用性能，这些优异的路用性能与橡胶沥青良好的弹性 (回弹) 恢复性能是分不开的。良好的弹性 (回弹) 恢复性能可以减小路面材料在荷载作用下的残余变形，提高路面的疲劳强度，减少路面损坏[39]。美国加利福尼亚州的橡胶沥青技术指南中明确指出，回弹恢复性是表示橡胶沥青抗疲劳和抗反射裂缝方面现场性能最好的指标[40]。

然而，目前橡胶沥青弹性恢复性能评价指标的采用并不统一。美国 ASTM、亚利桑那州、加利福尼亚州、得克萨斯州以及南非、意大利等国家和地区的橡胶沥青技术标准中采用回弹恢复 (或称作压球弹性恢复、回弹率等) 作为橡胶沥青弹性恢复性能的评价指标。我国部分研究人员在橡胶沥青的试验研究或应用实践中,对于橡胶沥青弹性恢复性能的评价,采用了和国外一致的回弹恢复指标;而国内大部分关于橡胶沥青的技术标准和研究应用中,采用的是和聚合物改性沥青试验方法(JTG/T 0662—2011)一致的弹性恢复指标来评价橡胶沥青的弹性恢复性能。因此,两种评价指标——弹性恢复和回弹恢复在反映和评价橡胶沥青弹性恢复性能方面的差异,两者之间的相关性或等效性,两种指标材料试验的机理差异和科学合理性,需要进一步深入研究。鉴于此,依托橡胶沥青路面施工项目,在不同工艺条件下制备了橡胶沥青,进行了弹性恢复和回弹恢复性能指标的对比研究[41]。

1. 弹性恢复和回弹恢复对比试验

1) 试验仪器和方法

弹性恢复试验(JTG/T 0662—2019)在 25℃ 水浴条件下进行,在延度试验仪上把橡胶沥青试样以 (5±0.25)cm/min 的速率拉伸至 (10±0.25)cm 时停止拉伸,并迅速从中间剪断,使试样保持在 25℃ 水浴中 1h,然后根据测得的试件残余长度计算其弹性恢复。

回弹恢复试验(ASTM D5329-09)主要是用于检测路面胶结材料在受到挤压作用以后回弹能力的试验,也可以用来评价水泥或者沥青路面裂缝和接缝密封填充材料的回弹恢复能力。回弹恢复试验可以利用针入度(或锥入度)的试验装置来实施,但是要采用球形贯入器替换原试验装置的标准针(或标准锥)。具体试验方法见 3.2 节。

2) 试验原材料

制备橡胶沥青的基质沥青采用国外进口壳牌 90# 道路石油沥青,其主要技术指标检测结果见表 3.9。

**表 3.9　基质沥青主要技术指标**

| 检验项目 | | 试验结果 | 规范要求 | 试验方法 |
|---|---|---|---|---|
| 针入度 (25℃)/(0.1mm) | | 97.0 | 80~100 | T0604 |
| 针入度指数 | | −0.2 | −1.5~+1.0 | T0604 |
| 软化点 $(T_{R\&B})$/℃ | | 45.7 | ≥ 45 | T0606 |
| 动力黏度 (60℃)/(Pa·s) | | 181.8 | ≥ 160 | T0620 |
| 延度 (10℃)/cm | | >100 | ≥ 20 | T0605 |
| 延度 (15℃)/cm | | >100 | ≥ 100 | T0605 |
| 含蜡量 (蒸馏法)/% | | 1.8 | ≤ 2.2 | T0615 |
| 闪点/℃ | | 344 | ≥ 245 | T0611 |
| 溶解度/% | | 99.7 | ≥ 99.5 | T0607 |
| 密度 (15℃)/(g/cm³) | | 1.030 | ≥ 1.01 | T0603 |
| TFOT(或 RTFOT) 后残留物 | 质量变化/% | −0.04 | ±0.8 | T0609 |
| | 针入度 (25℃)/% | 61 | ≥ 57 | T0609、T0604 |
| | 延度 (10℃)/ cm | 10 | ≥ 8 | T0609 、T0605 |

胶粉为湖南省某公司生产的 30 目橡胶粉，为常温研磨粉碎的大货车子午线轮胎胶粉。

3) 试验方案和试验结果

胶粉掺量、反应温度和反应时间是影响橡胶沥青性能的重要生产工艺因素，故本节在不同的工艺因素条件下，研究橡胶沥青的弹性恢复和回弹恢复性能指标的差异和相关性。

首先，进行不同胶粉掺量条件下橡胶沥青制备及性能检测试验。在湿法工艺制备橡胶沥青常用的胶粉掺量范围内，选取 18%、20%、21%、22% 和 24% 共 5 种橡胶粉掺量 (外掺法)，用强力搅拌器将高温基质沥青与橡胶粉混合搅拌，反应温度严格控制在 180℃，反应时间统一设定为 45min，橡胶沥青制备好后进行弹性恢复、回弹恢复以及黏度指标的检测试验，其试验检测结果如表 3.10 所示。

表 3.10　不同胶粉掺量橡胶沥青的性能指标检测值

| 胶粉掺量/% | 弹性恢复 (25℃)/% | 回弹恢复 (25℃)/% | Haake 黏度[①](177℃)/(Pa·s) |
|---|---|---|---|
| 18 | 71 | 23.7 | 1.10 |
| 20 | 71 | 26.2 | 2.25 |
| 21 | 78 | 35.8 | 2.71 |
| 22 | 81 | 40.6 | 4.32 |
| 24 | 82 | 41.4 | 4.55 |

注：① Haake 黏度是采用 Haake 黏度计测得的黏度值，后表同。

其次，进行不同反应温度条件下橡胶沥青试验。根据前期试验结果，在胶粉最佳掺量为 21%、反应时间为 45 min 的条件下，分别进行了 170℃、180℃、190℃ 和 200℃ 温度下橡胶沥青制备和性能指标检测试验，试验结果如表 3.11 所示。

表 3.11　不同反应温度橡胶沥青的性能指标检测值

| 反应温度/℃ | 弹性恢复 (25℃)/% | 回弹恢复 (25℃)/% | Haake 黏度 (177℃)/(Pa·s) |
|---|---|---|---|
| 170 | 69 | 35.6 | 2.24 |
| 180 | 78 | 35.8 | 2.71 |
| 190 | 78 | 37.5 | 2.81 |
| 200 | 82 | 35.0 | 2.76 |

最后，进行不同反应时间条件下的橡胶沥青试验。参考目前我国、美国及南非对橡胶沥青反应时间的一般要求，在反应时间分别为 45min、1h、2h、3h 和 4h 的情况下进行橡胶沥青制备及性能检测试验，其中胶粉掺量均为 21%，反应温度均为 180℃，试验检测结果如表 3.12。

表 3.12    不同反应时间橡胶沥青的性能指标检测值

| 反应时间 | 弹性恢复 (25℃)/% | 回弹恢复 (25℃)/% | Haake 黏度 (177℃)/(Pa·s) |
|---|---|---|---|
| 45min | 78 | 35.8 | 2.71 |
| 1h | 79 | 35.8 | 2.85 |
| 2h | 82 | 35.9 | 3.26 |
| 3h | 83 | 36.2 | 3.30 |
| 4h | 85 | 36.3 | 3.41 |

2. 试验结果分析

1) 不同工艺条件下两种弹性恢复指标对比分析

(1) 不同胶粉掺量下两种弹性恢复指标对比。根据表 3.10 中的试验数据，橡胶沥青弹性恢复和回弹恢复指标检测值的散点图以及相应的拟合曲线见图 3.19。

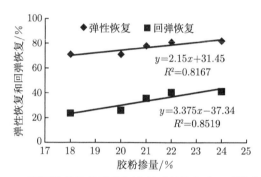

图 3.19    不同胶粉掺量橡胶沥青的弹性恢复和回弹恢复对比

从图 3.19 可知：① 由于试验方法和原理的差别，橡胶沥青的弹性恢复值大于回弹恢复值，两种指标的数值分布范围明显不同；② 从拟合曲线看，胶粉掺量在 18%～24%时，弹性恢复和回弹恢复与胶粉掺量均近似为线性关系，并随着胶粉掺量的增加而增大；③ 回弹恢复拟合直线的斜率略大于弹性恢复拟合直线的斜率，表明回弹恢复对橡胶沥青中胶粉掺量的变化略为敏感，即胶粉掺量对橡胶沥青回弹恢复指标的影响略微显著一些。

(2) 不同反应温度下两种弹性恢复指标对比。根据表 3.11 的试验数据，橡胶沥青弹性恢复和回弹恢复指标随反应温度的变化规律见图 3.20。

从图 3.20 可知：① 总体上回弹恢复指标的变化曲线较为平缓，而弹性恢复指标随反应温度变化的显著性更强一些，即反应温度对弹性恢复的影响总体上强于对回弹恢复的影响；② 弹性恢复和回弹恢复受反应温度影响的规律并不完全一致：反应温度从 170℃增加至 200℃的过程中，弹性恢复在 170℃ 时最小而 200℃ 时最大，而回弹恢复呈现出先增加后减小，在 190℃ 时数值最大。

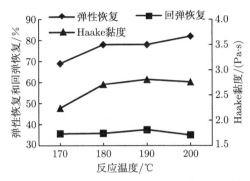

图 3.20　不同反应温度橡胶沥青的弹性恢复和回弹恢复对比

(3) 不同反应时间下两种弹性恢复指标对比。根据表 3.12,不同反应时间橡胶沥青弹性恢复和回弹恢复检测值的散点图及拟合曲线见图 3.21。

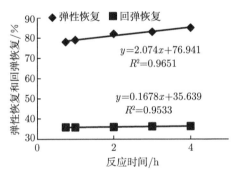

$$y=2.074x+76.941$$
$$R^2=0.9651$$

$$y=0.1678x+35.639$$
$$R^2=0.9533$$

图 3.21　不同反应时间橡胶沥青的弹性恢复和回弹恢复指标对比

从图 3.21 可知:① 从拟合曲线看,反应时间在 45min~4h,弹性恢复和回弹恢复与反应时间均近似为线性关系,相关系数较大,并均随着反应时间的延长而增大;② 弹性恢复拟合直线的斜率大于回弹恢复,说明弹性恢复对橡胶沥青反应时间的变化更敏感,即反应时间对橡胶沥青弹性恢复指标的影响更显著。

2) 两种弹性恢复指标与黏度的相关性对比

高温黏度是橡胶沥青材料的核心性能指标,也是橡胶沥青施工现场控制的主要技术指标,黏度大的橡胶沥青在载荷作用下产生的剪切变形较小,而且与橡胶沥青混合料的动稳定度也有较好的相关关系。因此,有必要对弹性恢复和回弹恢复与橡胶沥青高温黏度的相关性进行对比研究。不同胶粉掺量的橡胶沥青弹性恢复和回弹恢复与 Haake 黏度 (177℃) 的相关关系曲线见图 3.22。

从图 3.22 可知:两种弹性恢复性能指标与 Haake 黏度 (177℃) 均近似为线性关系,随着黏度的增加而增大;但回弹恢复与黏度的线性相关性更强一些,拟合直线的斜率也较大，对胶粉掺量不同引起的黏度变化反应更灵敏。

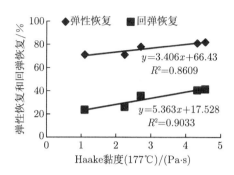

图 3.22　不同胶粉掺量下弹性恢复和回弹恢复与黏度的相关性

　　不同反应时间橡胶沥青弹性恢复和回弹恢复与 Haake 黏度 (177℃) 的相关关系见图 3.23。从图 3.23 可知：两种弹性恢复性能指标与 Haake 黏度均近似为线性关系，且随着黏度的增加而增大；弹性恢复与 Haake 黏度的线性相关性较好，拟合直线的斜率也较大，对反应时间不同引起的黏度变化反应更灵敏；回弹恢复与 Haake 黏度相关系数较小，且拟合直线的斜率很小，对反应时间引起的黏度变化不敏感。

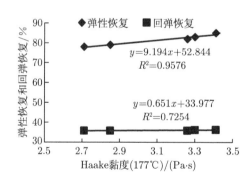

图 3.23　不同反应时间下弹性恢复和回弹恢复与黏度的相关性

　　3) 弹性恢复和回弹恢复的相关性分析

　　根据表 3.10，得到不同胶粉掺量下橡胶沥青回弹恢复和弹性恢复的相关关系见图 3.24。

　　从图 3.24 可知：两种性能指标的线性相关系数接近于 1，正相关性很强，说明两种指标在反映或评价胶粉掺量对橡胶沥青弹性恢复性能的影响方面具有很高的等效性；图中拟合直线的斜率大于 1，说明回弹恢复比弹性恢复的变化率大。

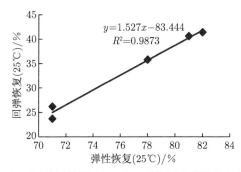

图 3.24 不同胶粉掺量的橡胶沥青回弹恢复和弹性恢复的相关关系

根据表 3.11，不同反应温度橡胶沥青的回弹恢复和弹性恢复的相关关系见图 3.25。从图中可看出，两种弹性恢复性能指标的相关拟合曲线近似为开口向下的抛物线，说明在反映或评价反应温度对橡胶沥青弹性恢复性能的影响方面，两种指标得出的规律存在一定的差异，并不完全一致，其原因分析如下：沥青弹性性能增强，回弹恢复和弹性恢复均增大；当温度达到 200℃ 时，沥青中的橡胶粉加速降解，大颗粒变小，很多小颗粒将彻底溶解于沥青中。由于回弹恢复试验测试的是橡胶沥青受到挤压后的反弹能力，是基质沥青与橡胶粉颗粒共同起作用的结果，胶粉颗粒变小以及大量小颗粒的溶解势必弱化橡胶沥青中胶粉的反弹能力，从而使橡胶沥青的回弹恢复值减小；而弹性恢复试验表征的是橡胶沥青拉伸后的收缩能力，主要取决于基质沥青的性能，橡胶粉颗粒大量降解以后，减小了橡胶沥青拉伸过程中胶粉颗粒与沥青界面的应力集中，从而使弹性恢复值增大。这就是图 3.25 中相关曲线近似为开口向下的抛物线的原因。

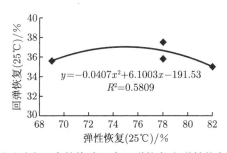

图 3.25 不同反应温度的橡胶沥青回弹恢复和弹性恢复的相关关系

根据表 3.12，不同反应时间橡胶沥青的回弹恢复和弹性恢复的相关关系见图 3.26。

从图 3.26 可知：两种性能指标的相关关系接近于线性关系，具有正相关性，说明两种指标在表征不同反应时间对橡胶沥青弹性恢复性能的影响方面具有一致性；图中拟合直线的斜率很小，说明回弹恢复的变化率小于弹性恢复指标的变化率。

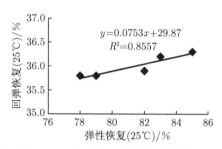

图 3.26　不同反应时间的橡胶沥青回弹恢复和弹性恢复的相关关系

4) 回弹恢复替代弹性恢复指标的合理性分析

弹性恢复 (25℃) 指标与回弹恢复 (25℃) 指标均用来表征橡胶沥青材料的弹性性质，但是从以上试验结果来看，这两个指标存在一定差异。产生差异的原因既与两种弹性试验的原理有关，也与橡胶沥青胶结材料内部组成结构的独特性有关。

首先，两种指标的试验方法不同，橡胶沥青材料在这两种试验方法中的受力状态不同。弹性恢复试验中橡胶沥青是受拉伸伸长后的收缩恢复，其恢复能力更大程度上与基质沥青和橡胶粉的相容性有关 (橡胶沥青为固液两相材料)，这种方式的弹性特性的评价更多地停留在对于 SBS、SBR 等聚合物改性沥青 (基本可看作单相材料) 弹性特性的评价，试验过程中橡胶沥青的变形量较大；回弹恢复试验中橡胶沥青是受到挤压后的反弹恢复，更多地体现材料的抗压恢复能力，其恢复能力是由基质沥青和橡胶粉颗粒共同起作用，而且橡胶沥青是在较小范围 (毫米级) 内的变形。

其次，对于弹性恢复试验，橡胶沥青在受拉伸过程中，橡胶沥青为存在橡胶粉颗粒的两相材料，橡胶粉颗粒与基质沥青的界面处应力集中的存在容易发生分离，从而造成基质沥青局部的细微断裂，进而影响橡胶沥青的收缩恢复能力，而回弹恢复试验不存在这个问题，且橡胶粉颗粒的存在对增大回弹恢复发挥积极的作用。

相较于抗拉伸恢复能力，橡胶沥青混合料更需要的是橡胶沥青的抗压恢复能力，而回弹恢复试验更多地体现胶结材料的抗压恢复能力。回弹恢复试验中橡胶沥青的受力与变形状态和橡胶沥青胶结料在实际路面中的受力状态更为接近，而且试验结果不受橡胶粉与沥青界面应力集中的影响，因此对橡胶沥青混合料弹性特性的表征更为合理。

此外，从前面所述的橡胶沥青回弹恢复试验仪器和试验方法可知，试验仪器的经济性、试验操作方法的便捷性均较好，有利于在橡胶沥青材料的科学研究和施工实践中推广应用。

因此，针对我国目前较为一致地采用 25℃ 弹性恢复作为橡胶沥青技术评价指标的现状，建议改用 25℃ 回弹恢复代替弹性恢复作为橡胶沥青中温弹性性能的技术评价和施工控制指标。

### 3.3.3　橡胶沥青性能评价体系建议

根据前面的研究可知，我国目前橡胶沥青技术指标评价体系较多地依赖 SBS、SBR 类聚合物改性沥青评价标准，存在一定的局限性，需要进行科学优化。基于本章研究成果，并参考国外成熟规范和其他研究成果，在此提出橡胶沥青技术性能评价体系 [42]，见表 3.13。

表 3.13　橡胶沥青的技术性能评价体系

| 指标 | 试验方法 | 技术要求 | 说明 |
|---|---|---|---|
| 手持式黏度 (177℃)/(Pa·s) | / | 1.5~4.0 | 与橡胶沥青的制备条件、综合路用性能和施工性能关系密切，检测便捷 |
| 软化点 (环球法)/℃ | JTG/T 0606—2011 | ≥ 60 | 与橡胶沥青的黏度和相应混合料的动稳定度相关性较好 |
| 锥入度 (25℃)/(0.1mm) | ASTM D217-09 | 25~70 | 锥入度比针入度具有优越性 |
| 回弹恢复 (25℃)/% | ASTM D5329-09 | ≥ 25 | 与橡胶沥青的抗疲劳、抗反射裂缝等路用性能和使用寿命密切相关，替换弹性恢复指标 |
| 测力延度 (5℃，1mm/min)/cm | JTG/T 0605—2000 | / | 仅作为参考指标 |

黏度是橡胶沥青胶结料的核心控制指标，不仅与橡胶沥青的施工和易性直接相关，而且是衡量橡胶沥青性能的关键指标。此外，黏度与胶粉掺量、反应温度、反应时间等橡胶沥青的制备条件关系密切，同时检测便捷，因此它也是适宜的过程检测控制指标。软化点 ($T_{R\&B}$) 不但是我国道路沥青最常用的评价指标之一，也是目前世界大多数国家普遍使用的沥青评价指标，软化点与橡胶沥青中的胶粉掺量、黏度、橡胶沥青混合料的高温稳定性等关系密切，应作为橡胶沥青的主要技术指标之一。

建议采用 25℃ 锥入度代替我国目前的针入度来评价橡胶沥青稠度或软硬程度，建议采用 25℃ 回弹恢复指标代替我国目前采用的弹性恢复指标作为橡胶沥青弹性性能评价指标。

对于延度指标，一般认为沥青结合料的延度与相应的路面性能尤其是低温开裂性有一定程度的相关性 [43]。但国外采用的橡胶沥青技术评价体系中，基本上不采用延度指标。由于橡胶沥青是一种非均质的固液两相材料，在用 5℃ 延度试验测试橡胶沥青的时候，沥青较大的变形能力和胶粉颗粒较低流动能力之间具有显著的矛盾，从而使胶粉颗粒与自由沥青的界面处产生较大的应力集中，试样很容易断裂，使橡胶沥青表现出比较小的低温延度值。从材料的生成机理方面来看，橡胶沥青是通过橡胶粉颗粒在高温基质沥青中的溶胀反应，不断吸收基质沥青中的轻质油分，从而增加结合料的黏稠度，同时橡胶粉颗粒的存在又使沥青表现出良好的弹性性能特征，然而这种性能机理不能提高沥青的低温延展性能。国内之所以大多采用5℃延度作为橡胶沥青低温性能的评价指标，是因为国内大多采用5℃延度评价SBS等聚合物改性沥青的低温性能，而橡胶沥青与SBS等聚合物改性沥青的材料组成结构明显不同。在此，建议在具备条件的情况下可以采用低温测力延度作为橡胶沥青低温性能的参考性指标，在延度拉伸过程中增加力学特性的测试，同时采用1mm/min的较低拉伸速率，以减小拉伸过程中沥青与胶粉颗粒界面应力集中的影响。

相应地，在试验仪器和试验方法上，应当分别采用锥入度仪、回弹恢复仪及其标准试验方法代替目前在橡胶沥青中采用的针入度和弹性恢复试验仪器及试验方法。另外，针对橡胶沥青易离析、黏度随时间变化的特性，建议采用手持式黏度仪代替布氏黏度仪对橡胶沥青进行旋转黏度检测试验。

由于形成机理的独特性，固液两相混融状态的橡胶沥青的指标表现与普通沥青和以SBS为代表的其他聚合物改性沥青有显著的不同。通过深入研究，修正、优化我国橡胶沥青技术的理论评价体系，对于更加科学合理地研究、应用橡胶沥青技术，推动橡胶沥青技术在我国道路工程中的良好发展具有重要的理论和现实意义。

# 第 4 章　橡胶沥青生产

橡胶沥青的原材料包括废旧轮胎胶粉、基质沥青和添加剂。所用的胶粉是经过橡胶粉加工设备对废旧轮胎进行加工处理而得到的，所以，要介绍橡胶沥青生产设备，就得先介绍橡胶粉加工设备、胶粉筛选设备等。

## 4.1　橡胶轮胎选材

### 4.1.1　轮胎分类

#### 1. 按内外胎组成分类

按内外胎组成可分为有内胎轮胎和无内胎轮胎两种。有的充气胎没有内胎，因此叫无内胎充气轮胎。空气通过气门嘴直接压入外胎中，因此要求轮辋和外胎之间密封性要好。无内胎轮胎在外观上与普通轮胎相似，不同的是无内胎轮胎的外胎内壁上附加了一层厚 2~3mm 的橡胶密封层，专门用来封气。无内胎轮胎在穿孔时，压力不会急剧下降，有利于安全行驶。无内胎轮胎不存在内外胎之间的磨损和卡住，气密性好，可直接通过轮辋散热，温升低，使用寿命长，结构简单，重量轻。其缺点是途中坏了修理困难。有内胎轮胎则更为常见，使用也更广泛。

#### 2. 按断面型式分类

按断面型式可分为窄基轮胎、宽基轮胎、普通断面轮胎、低断面轮胎和超低断面轮胎。

#### 3. 按胎面花纹分类

按胎面花纹可分为普通花纹轮胎、越野花纹轮胎、混合花纹轮胎等。普通花纹轮胎细而浅，适用于比较好的硬路面；越野花纹轮胎凹部深而且粗，在软路面上与地面附着性好，越野能力强，适用于矿山、建筑工地等地面情况；混合花纹轮胎介于普通花纹轮胎和越野花纹轮胎之间，中部为菱形、纵向锯齿形或烟斗形花纹，两边为横向越野花纹，适于城市、乡村之间的路面行驶的汽车。

#### 4. 按气压分类

按气压可分为高压轮胎、低压轮胎、超低压轮胎。

5. 按照结构分类

按结构可分为斜交轮胎和子午线轮胎。

斜交轮胎 (bias tire) 又可分为普通斜交轮胎和带束斜交轮胎。斜交轮胎的特点是帘布层和缓冲层各相邻层帘线交叉排列，帘布的帘线与轮胎子午断面的交角 (胎冠角) 一般为 48° ~ 55°，因而叫斜交轮胎。

子午线轮胎 (radial tire) 的帘线与胎面中心线呈 90° 或接近 90° 的角排列，帘线分布如地球的子午线，因而称为子午线轮胎。

## 4.1.2  轮胎规格

国际标准的轮胎代号，以毫米为单位表示断面高度和扁平比的百分数，后面加上轮胎类型代号、轮辋直径 (in)、负荷指数 (许用承载质量代号)、许用车速代号。轮胎规格是轮胎几何参数与物理性能的标志数据。轮胎规格常用一组数字表示，前一个数字表示轮胎断面宽度，后一个数字表示轮辋直径，均以 in 为单位。中间的字母或符号有特殊含义："x" 表示高压胎；"R" "Z" 表示子午线轮胎；"一" 表示低压胎；斜交轮胎通常以 "B" 表示。例如，175/70R 14 77H 中 175 代表轮胎宽度是 175mm，70 表示轮胎断面的扁平比是 70%，即断面高度是宽度的 70%，轮辋直径是 14in，负荷指数 77，许用车速是 H 级。

## 4.1.3  轮胎结构

一般轮胎由胎面、帘布层、缓冲层和胎圈等组成。

1. 胎面

胎面是外胎的外表层，包括胎冠、胎肩和胎侧三部分。

1) 胎冠

胎冠用耐磨的橡胶制成，直接承受摩擦和全部载荷，能减轻帘布层所受的冲击，并保护帘布层和内胎，以免其受到机械损伤。胎面上有各种凹凸花纹，以保证轮胎与地面的附着性能，防止轮胎滑移。轮胎胎面的花纹对汽车使用性能有非常重要的影响，因此在选用轮胎时必须重视轮胎的花纹。

2) 胎肩

胎肩是较厚的胎冠与较薄的胎侧之间的过渡部分，除了起到保护帘布层的作用外，表面一般还制有各种花纹，以利于防滑和散热。

3) 胎侧

胎侧是贴在帘布层侧壁的较薄的一层橡胶层，可承受较大的扭曲变形，其作用是保护帘布层免受机械损伤和水分侵蚀。

2. 帘布层

帘布层是外胎的骨架,也称胎体。其主要作用是承受载荷,保持外胎的形状和尺寸,使外胎具有一定的强度。帘布层通常由多层挂胶帘线用橡胶黏合而成。为了使负荷均匀分布,帘布层数多为偶数。帘布层数越多,其强度越大,但相应的弹性越低。在外胎表面上注有帘布层数,如 16 层级、18 层级等。帘布材料一般有棉线、人造丝线、尼龙线和钢丝等。现在多采用聚酰胺纤维和钢丝作帘线,在轮胎承载能力相同的情况下帘布层数可以减少,这样既减少了橡胶的消耗,提高了轮胎的质量,又降低了滚动阻力,延长了轮胎的使用寿命。

3. 缓冲层

缓冲层位于胎面和帘布层之间,一般用两层或数层较稀疏的帘线和弹性较大的橡胶制成,所以其弹性较大,能缓和汽车在不平路面上行驶时所受的冲击,并防止汽车在紧急制动时胎面与帘布层脱离。

4. 胎圈

胎圈由钢丝圈、帘布层包边和胎圈包布组成,具有很大的刚度和强度,可使轮胎牢固地装在轮辋上。常用的子午线轮胎结构见图 4.1,斜交轮胎结构见图 4.2。

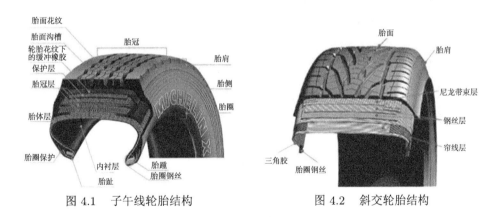

图 4.1　子午线轮胎结构　　　　　图 4.2　斜交轮胎结构

## 4.1.4　轮胎的特点及发展趋势

1. 常用轮胎的特点

由于帘布层的斜交排列,斜交轮胎的胎面和胎侧的强度大。在适当充气时,能保证轮胎具有适当的弹性,足够的承载能力,能满足汽车对轮胎的使用要求。但斜交轮胎的胎侧刚度较大,舒适性差,高速时帘布层间移动与摩擦大,并不适合高速行驶。

与之相比，子午线轮胎由于帘布层的排列特点，轮胎帘布层数比普通斜交轮胎可减少 40%～50%。子午线轮胎的圆周方向上只靠橡胶来联系，所以为了承受行驶时产生的较大切向力，提高轮胎的刚性，子午线轮胎还具有若干层帘线与子午断面呈较大角度 (夹角为 70°～75°) 的、强度较高且不易拉伸的周向环形的类似缓冲带的带束层。由于有带束层，轮胎着地后胎冠切向变形及相对滑移比普通轮胎要小很多，而且子午线轮胎胎侧薄，径向变形恢复快。这些特点有利于减少轮胎内磨损，降低滚动阻力。试验证明子午线轮胎的滚动阻力比普通斜交轮胎小20%～30%，可节约燃料 5%～10%。

胎面耐磨性好，使用寿命长。车轮滚动时，轮胎着地弧面既变形，又滑移，变形促使滑移，滑移又加剧胎面磨损。由于子午线轮胎胎冠刚度大，变形小，几乎没有滑移，此外胎冠接地面积大，单位压力小并且均匀，胎面磨损减小。试验证明子午线轮胎的使用寿命比斜交轮胎提高 30%～40%。

简而言之，子午线轮胎与普通斜线轮胎相比，弹性大，耐磨性好，滚动阻力小，附着性能好，缓冲性能好，承载能力大，不易刺穿；但缺点是胎侧易裂口，由于侧向变形大，汽车侧向稳定性稍差，制造技术要求高，成本高。

### 2. 轮胎的发展趋势

为了在制作工艺上简化斜交轮胎，提高使用效能和经济效益，其正趋于轻量化、减层化。国家限制超载的方案实施以后，大型斜交轮胎生产商逐渐减少了高层级斜交轮胎的产量，低层级的轮胎载重效果不是十分乐观，所以小型轮胎也正逐渐走向子午化。斜交轮胎是一种传统结构的轮胎，正逐渐将被子午轮胎的大潮所取代。

### 4.1.5  橡胶改性沥青所用轮胎

橡胶沥青所用废旧轮胎是比较常见的子午线轮胎和斜交轮胎，所用轮胎部位仅限于胎面胶，见图 4.3，胎边胶、胎肩胶、三角胶等都不能用。

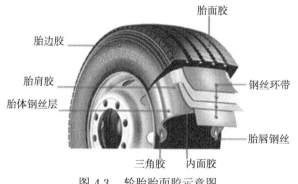

图 4.3  轮胎胎面胶示意图

## 4.2　橡胶粉生产工艺

### 4.2.1　常见的橡胶粉生产工艺

　　废旧轮胎被加工为橡胶粉主要通过常温粉碎、冷冻粉碎与化学试剂法 3 种方式。

　　常温粉碎是把废旧轮胎去除钢圈后剪切或粉碎成若干小块，再经研磨等工艺加工成橡胶粉，其生产流程见图 4.4，这种工艺获得的胶粉颗粒表面不规则，呈现出毛刺状或羽状。

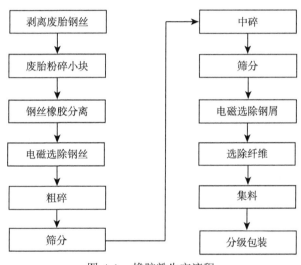

图 4.4　橡胶粉生产流程

　　冷冻粉碎是利用液氮将加工温度降为 −198℃，使废旧轮胎条呈玻璃态，再经一定工艺将其粉碎。这种方法成本较高，未得到大规模推广，且获得的胶粉颗粒表面光滑，呈锐角状态。

　　化学试剂法是利用强碱破坏高分子之间的网状联结，粉碎后再经酸性还原水洗与干燥。

### 4.2.2　橡胶沥青用胶粉加工工艺

　　由以上 3 种生产工艺对比分析可知，化学试剂法破坏了橡胶原有分子结构，且残留的试剂可能会对胶粉与基质沥青的反应造成一定的影响；废旧轮胎橡胶冷冻后收缩，经过同种工艺获得的橡胶粉颗粒比表面积较小；常温粉碎获得的不规则、比表面积较大的胶粉颗粒在与基质沥青混合后更有利于二者溶胀反应的充分进行。因此，橡胶沥青所用的胶粉加工工艺是常温粉碎。

### 4.2.3　橡胶粉目数

1. 目数定义

目数：为物料的粒度或粗细程度，一般定义是指筛网在 1in 内的孔数。

目数越大，说明物料粒度越细；目数越小，说明物料粒度越大。筛分粒度就是颗粒可以通过筛网的筛孔尺寸，1in (25.4mm) 长度上所具有的网孔个数称为目数。

2. 常用的泰勒筛

1) 泰勒筛的分度

泰勒筛的分度是以 200 目筛孔尺寸 0.074mm 为基准，乘或除以主模数 2 的平方根 ($2^{(1/2)}$=1.414) 的 $n$ 次方 ($n=1,2,3\cdots$)，就得到较 200 粗或细的筛孔尺寸，如果用副模数 2 的四次方根 ($2^{(1/4)}$=1.1892) 的 $n$ 次方去乘或除 0.074mm，就可以得到分度更细的一系列目数的筛孔尺寸。

2) 筛孔尺寸与标准目数对应关系

筛孔尺寸与标准目数的对应关系见表 4.1。

表 4.1　筛孔尺寸与标准目数的对应关系

| 目数 | 5 | 6 | 8 | 10 | 12 | 14 | 16 | 18 | 20 | 30 |
|---|---|---|---|---|---|---|---|---|---|---|
| 孔径/mm | 4 | 3.2 | 2.5 | 2 | 1.6 | 1.43 | 1.25 | 1 | 0.9 | 0.6 |
| 目数 | 40 | 50 | 60 | 70 | 80 | 100 | 120 | 140 | 150 | / |
| 孔径/mm | 0.45 | 0.355 | 0.3 | 0.25 | 0.2 | 0.15 | 0.125 | 0.105 | 0.1 | / |
| 目数 | 160 | 180 | 190 | 200 | 220 | 240 | 250 | 260 | 280 | 300 |
| 孔径/μm | 97 | 88 | 80 | 76 | 70 | 65 | 63 | 57 | 55 | 50 |
| 目数 | 320 | 325 | 360 | 400 | 500 | 600 | 800 | 900 | 1000 | 1200 |
| 孔径/μm | 48 | 43 | 40 | 38.5 | 30.8 | 25 | 15 | 10 | 8 | 5 |

目数前加正负号表示能否漏过该目数的网孔。负数表示能漏过该目数的网孔，即颗粒尺寸小于网孔尺寸；正数表示不能漏过该目数的网孔，即颗粒尺寸大于网孔尺寸。例如，颗粒为 −100~+200 目，表示这些颗粒能从 100 目的网孔漏过而不能从 200 目的网孔漏过，在筛选这种目数的颗粒时，应将目数大 (200) 的放在目数小 (100) 的筛网下面，在目数大 (200) 的筛网中留下的即为 −100~+200 目的颗粒。

3. 各国孔径、目数对照

各国常用的筛网孔径与目数对照见表 4.2。

表 4.2　各国常用的筛网孔径与目数对照

| 中国 | | 美国 | | 英国 | | 德国 | | 法国 | | 日本 | |
|---|---|---|---|---|---|---|---|---|---|---|---|
| 目数 | 孔径/mm | 目数 | 孔径/mm | 目数 | 孔径/mm | 目数 | 孔径/mm | 目数(筛号) | 孔径/mm | 目数 | 孔径/mm |
| 3.5 | / | 3.5 | 5.600 | 3.5 | / | 3.5 | 5.000 | 38 | 5.000 | 3.5 | 5.600 |
| 4 | 4.750 | 4 | 4.750 | 4 | / | 4 | 4.000 | 37 | 4.000 | 4 | 4.750 |
| 5 | 4.000 | 5 | 4.000 | 5 | 3.350 | 5 | 3.150 | / | / | 4.7 | 4.000 |
| 6 | 3.200 | 6 | 3.350 | 6 | 2.800 | 6 | / | 36 | 3.150 | 5.5 | 3.350 |
| 7 | / | 7 | 2.800 | 7 | 2.360 | 7 | 2.500 | 35 | 2.500 | / | / |
| 8 | 2.500 | 8 | 2.360 | 8 | 2.000 | 8 | / | / | / | 7.5 | 2.360 |
| 10 | 2.000 | 10 | 2.000 | 10 | 1.700 | 10 | 2.000 | 34 | 2.000 | 10 | 1.700 |
| 12 | 1.600 | 12 | 1.700 | 12 | 1.400 | 12 | 1.600 | 33 | 1.600 | 12 | 1.400 |
| 14 | 1.430 | 14 | 1.400 | 14 | 1.180 | 14 | / | / | / | 14 | 1.180 |
| 16 | 1.250 | 16 | 1.180 | 16 | 1.000 | 16 | 1.250 | 32 | 1.250 | 16 | 1.000 |
| 18 | 1.000 | 18 | 1.000 | 18 | 0.850 | 18 | 1.000 | 31 | 1.000 | 18 | 0.850 |
| 20 | 0.900 | 20 | 0.850 | 22 | 0.710 | 20 | / | / | / | 22 | 0.710 |
| 24 | 0.800 | 25 | 0.710 | 25 | 0.600 | 24 | 0.800 | 30 | 0.800 | / | 0.00 |
| 26 | 0.710 | 26 | / | 26 | / | 26 | / | / | / | 26 | 0.600 |
| 28 | 0.630 | 28 | / | 28 | / | 28 | 0.630 | 29 | 0.630 | / | / |
| 30 | 0.600 | 30 | 0.600 | 30 | 0.500 | 30 | / | / | / | / | / |
| 32 | 0.560 | 32 | / | 32 | / | 32 | / | / | / | / | / |
| 35 | 0.500 | 35 | 0.500 | 36 | 0.425 | 35 | 0.500 | 28 | 0.500 | 36 | 0.425 |
| 40 | 0.450 | 40 | 0.425 | 40 | / | 40 | / | / | / | 42 | 0.355 |
| 45 | 0.400 | 45 | 0.355 | 44 | 0.355 | 45 | 0.400 | 27 | 0.400 | / | / |
| 50 | 0.355 | 50 | 0.300 | 52 | 0.300 | 50 | / | / | / | 50 | 0.300 |
| 55 | 0.315 | 55 | / | 55 | / | 55 | 0.315 | 26 | 0.315 | / | / |
| 60 | 0.300 | 60 | 0.250 | 60 | 0.250 | 60 | / | / | / | 60 | 0.250 |
| 65 | 0.250 | 65 | / | 65 | / | 65 | 0.250 | 25 | 0.250 | / | / |
| 70 | 0.220 | 70 | 0.212 | 72 | 0.212 | 70 | / | / | / | 70 | 0.212 |
| 75 | 0.210 | 75 | / | 75 | / | 75 | 0.200 | 24 | 0.200 | 74 | 0.200 |
| 80 | 0.200 | 80 | 0.180 | 80 | / | 80 | / | / | / | 83 | 0.180 |
| 85 | 0.180 | 85 | / | 85 | 0.180 | 85 | / | 23 | 0.160 | / | / |
| 90 | 0.170 | 90 | / | 90 | / | 90 | 0.160 | / | / | 93 | 0.160 |
| 100 | 0.150 | 100 | 0.150 | 100 | 0.150 | 100 | / | / | / | 100 | 0.150 |
| 120 | 0.125 | 120 | 0.125 | 120 | 0.125 | 120 | 0.125 | 22 | 0.125 | 119 | 0.125 |
| 150 | 0.100 | 150 | 0.106 | 150 | 0.106 | 150 | 0.100 | 21 | 0.100 | 149 | 0.100 |
| 180 | 0.088 | 17 | 0.090 | 17 | 0.090 | 180 | 0.090 | 20 | 0.080 | 166 | 0.090 |
| 200 | 0.074 | 200 | 0.075 | 200 | 0.075 | 200 | 0.071 | / | / | 200 | 0.075 |
| 260 | 0.057 | 27 | 0.063 | 24 | 0.063 | 260 | 0.056 | 19 | 0.063 | 235 | 0.063 |
| 300 | 0.050 | 300 | 0.053 | 300 | / | 300 | / | 18 | 0.050 | / | / |
| 325 | 0.045 | 325 | 0.045 | 325 | / | 325 | 0.045 | 17 | 0.040 | 330 | 0.045 |
| 400 | 0.038 | 400 | 0.038 | 403 | 0.045 | 400 | / | / | / | 390 | 0.038 |

目数作为橡胶粉加工的重要技术指标之一，用来评价橡胶粉的粗细程度。其通常有一定的级配范围，这也为橡胶沥青在混合料中均匀分布、密实填充提供条件。国外实体工程中采用的橡胶粉目数 16~100 目不等，在有些地区甚至规定胶粉颗粒最大粒径不应大于 2.36mm，亚利桑那州和佛罗里达州的特殊工程中，还将胶粉粒径如同集料一般进行了多层次的划分。此外，还应注意到废橡胶在粉碎过程中经受强烈的剪切作用和氧化作用，制成的胶粉表面会产生酸性基团，胶粉粒径越小，表面积越大，表面越易被氧化，生成的酸性基团越多，其表层的酸性浓度也越大，而沥青与酸性材料接触时，不易形成化学吸附，这将会直接影响橡胶沥青混合料的路用性能。

另外，从理论上来说较小颗粒的胶粉应该更利于在沥青中的均匀分布，然而在实际生产中小颗粒胶粉往往会引发胶粉结团现象，尤其是胶粉中含水量偏高时越易发生，此时如果橡胶沥青生产设备未配备防溢装置，也容易引发安全事故。

在橡胶粉目数的使用上，依据调查可知，我国早期的橡胶沥青路面、橡胶沥青应力吸收层、橡胶沥青黏结层及胶粉/SBS 复合改性沥青往往使用 40~80 目较细的橡胶粉。这可能是因为当采用较粗颗粒的橡胶粉时，必须使用成套专用的橡胶沥青生产设备、专用的配有卧式强力搅拌的储罐和与之配套的高黏专用沥青泵。否则，就无法高效生产粗颗粒胶粉形成的橡胶沥青。若仅在原来的 SBS 现场改性设备上略加改动就来生产橡胶沥青，常会产生诸多问题；当存储或运输时间过长时，还易导致成品橡胶沥青性能不稳定，甚至常常发生分层离析现象；加之以往沥青拌和楼现场配置的改性沥青储罐多为立式搅拌，也难以将高黏度的橡胶沥青搅拌均匀；拌和场的沥青泵送系统也无法适用于高黏的橡胶沥青，因而导致混合料生产效率低下等问题出现。

因此，要想使用好橡胶沥青，必须有专用的橡胶沥青生产设备、储存设备及泵送系统。下面从废旧轮胎胶粉的生产设备开始，逐一介绍橡胶沥青生产工艺和生产设备。

## 4.3  橡胶粉生产设备

橡胶粉的生产工艺目前只是半自动化工艺，生产过程还包含了部分手工作业，如轮胎胎面胶与侧壁的分离、钢丝分离、纤维捡除等。因此，橡胶粉生产设备主要包括轮胎粉碎设备 (初碎、细碎)、去除钢丝设备、筛分设备等。

橡胶粉生产现场如图 4.5 所示。

图 4.5 橡胶粉生产现场图

### 4.3.1 废旧轮胎切割设备

首先用切割机将废旧轮胎 (图 4.6) 的胎面胶部分和胎边胶剪切分割开,将胎面胶收集,作为加工橡胶粉的原材料,胎边胶废弃 (图 4.7)。

图 4.6 废旧轮胎

图 4.7 废弃的胎边胶

剪切机见图 4.8,由支架、旋转支座、剪切刀头和操作手柄等组成。

图 4.8 剪切机

剪切作业时，由人工辅助吊具，将废旧轮胎吊起并安放在旋转支座上，开动剪切机，废旧轮胎随支座做旋转运动，人工操作，下压操作手柄，放下剪切刀头，剪切作业开始，将胎面胶和胎边胶剪切分离。

### 4.3.2 胎面胶切条或切块设备

对于收集起来的胎面胶，要用切条机或切块机将其切割成条状胎面胶或块状胎面胶。切条或切块设备由电机、减速器、齿轮、传动主轴、切割刀盘、被动切割刀盘和支架等组成，见图 4.9。

图 4.9    切条或切块机

电机经皮带传动驱动减速器，减速器再经齿轮传动驱动切割刀盘，将去除胎边胶后的胎面胶放入相对转动的刀盘之间，大面积的胎面胶即被切割成条状，条的宽度由人工进给量决定；将切成的条状胎面胶再次横向放入相对的切盘中，即可将其切成块状，胎面胶块的尺寸由切割时人工的进给量控制。

### 4.3.3 胎面胶粉碎设备

1. 粉碎设备的基本组成

1) 小型粉碎机的基本组成

小型粉碎机由块状胎面胶进料斗、电机、粉碎器、输送带、支架及控制柜等组成，见图 4.10。

图 4.10    小型粉碎机的基本组成

2) 大型粉碎机的基本组成

大型胎面胶粉碎设备由块状胎面胶进料输送带、电机、粉碎辊、输送带、支架及控制柜组成，见图 4.11。

图 4.11　大型胎面胶粉碎设备

2. 粉碎设备的工作原理

1) 小型粉碎机的工作原理

块状胎面胶从进料斗落入粉碎器，粉碎器在电机的驱带动下运动，将块状的胎面胶进一步粉碎，粉碎后的橡胶粉落到输送带上，由输送带送往筛分机筛分，超规格的胶粉可经二次粉碎，直到满足规格要求为止。

2) 大型粉碎机的工作原理

块状胎面胶经进料输送带喂入到相对转动的粉碎辊之间，粉碎辊上由按螺旋线排列的破碎齿 (图 4.11) 对块状胎面胶进行撕扯和剪切，形成橡胶粉，粉碎后的橡胶粉落到另一输送带上，由输送带送往筛分机筛分，超规格的胶粉可经二次粉碎，直到满足规格要求为止。

### 4.3.4　橡胶粉筛分设备

橡胶粉筛分设备有普通振动筛、摇摆筛、超声波振动筛、负压吸入全封闭式除杂筛等多种，对于 40 目以下的橡胶粉，一般选用普通振动筛或摇摆筛即可；对于超细胶粉需要采用超声波振动筛或负压吸入全封闭式除杂筛。

1. 筛分设备的组成

1) 普通振动筛

普通振动筛由支座、筛网架、筛网、振动电机、隔振弹簧等组成，见图 4.12，也有专门的橡胶粉筛分装置，见图 4.13。

图 4.12　普通振动筛

图 4.13　橡胶粉筛分装置

2) 负压吸入全封闭式除杂筛

负压吸入全封闭式除杂筛由进料口、桶形筛支架、筛网、风轮叶片、旋风收集器、排渣口等组成，见图 4.14。

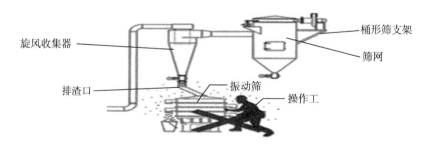

图 4.14　负压吸入全封闭式除杂筛

2. 筛分设备的工作原理

1) 普通振动筛的工作原理

将要筛分的橡胶粉置于筛面上,筛面连同筛网支架在振动电机的驱动下产生振动,加速筛网的筛分效率。筛架上可以根据需要架设一至多层筛网,通过指定筛网的橡胶粉是粒径小于该网尺寸的该规格的橡胶粉;筛面上剩余的是粒径大于该筛网尺寸的橡胶粉,可以经过再次破碎后再筛分,也可作为上一尺寸规格段的胶粉。

2) 负压吸入全封闭式除杂筛的工作原理

将要粉碎的橡胶粉物料经过负压输送到气流筛的进料口,橡胶粉和空气混合,进入垂直安装的桶形筛网中间,通过筛机中心的风轮叶片高速旋转,产生足够的离心力,使符合粒径的合格胶粉喷射过网,再由旋风收集器收集起来,不能过网的粗料从自动排渣口排出,从而达到快速筛分的目的。整个系统密闭,无尘,节省人力,一般用于细胶粉的筛分。

### 4.3.5　橡胶粉去除残余钢丝装置

对于橡胶粉中残余钢丝的剔除,一般利用磁选机上的磁性毂吸附,以分离出橡胶粉。磁选机的结构见图 4.15,包括磁性毂、电机、减速器、支架等。磁性毂一般安装在胶粉的输送带上,由磁性毂上的磁性吸附去除废旧轮胎胶粉中的钢丝。

图 4.15　磁选机

### 4.3.6　橡胶粉去除纤维装置

废旧轮胎胶粉中纤维的剔除,如图 4.16 所示,也有利用一些小型机具由人工辅助进行捡除的。

### 4.3.7　美国橡胶粉生产线

美国轮胎回收业巨头自由轮胎回收公司 (LLC) 生产橡胶粉供给再生橡胶厂使用,也加工橡胶沥青使用的橡胶粉。同时,还生产用于景观草坪基垫及塑胶跑道基垫的橡胶粉,分别见图 4.17 和图 4.18。

图 4.16　纤维剔除　　　　　　　　　图 4.17　景观草坪基垫

图 4.18　塑胶跑道基垫

# 4.4　橡胶粉质量控制与检测

### 4.4.1　橡胶粉质量控制

橡胶粉的质量控制应从原材料质量控制、加工质量控制、储存质量控制等方面入手。

(1) 原材料质量控制：把握好废旧轮胎品类是第一关，橡胶沥青用废旧轮胎仅限于子午线轮胎和斜交轮胎，一般小轿车轮胎等不能用。

(2) 加工质量控制：对于橡胶沥青用胶粉，一般仅用子午线轮胎和斜交轮胎的胎面胶，对于轮胎的胎边胶、三角胶等都不能使用。并且严格执行 4.2 节介绍的加工工艺，对于废旧轮胎中的钢丝、纤维、垫层等杂物必须剔除干净；橡胶粉经筛分后按粒径尺寸分为不同的目数规格包装入库。

(3) 储存质量控制：橡胶粉易受潮结块，一般较长时间存放时，会加入少量的滑石粉，以避免结块；橡胶粉包装袋不能直接在地上堆放，一般在包装袋下还需垫放模板以隔潮；橡胶粉是易燃物，存放地一定要禁止烟火。

#### 4.4.2　橡胶粉质量检测

橡胶粉的质量检测一般包含物理指标与化学指标两部分。

1. 物理指标

物理指标一般包括橡胶粉细度 (目数)、密度、含水量、灰分等。

1) 细度

橡胶粉的细度一般用目数表示，筛分用标准泰勒筛进行。橡胶沥青中使用的橡胶粉通常以 30 目为分界线，30 目以上目数的胶粉称为细胶粉；30 目及以下目数的胶粉称为粗胶粉。

2) 密度

密度指橡胶粉单位体积下的质量，常用希腊字母 $\rho$ 或英文字母 $D$ 表示。在数学上，密度定义为质量除以体积，即物体的质量与体积的比值。

$$\rho = m/V \tag{4.1}$$

式中，$\rho$ 为密度；$m$ 为质量；$V$ 为体积。

3) 含水量

含水量是橡胶粉实际含水多少的指标，即橡胶粉中所含的水重量 ($G_\mathrm{w}$) 与自然状态下橡胶粉重量 ($G_\mathrm{s}$) 的比值。

$$W = G_\mathrm{w}/G_\mathrm{s} \tag{4.2}$$

式中，$W$ 为含水量；$G_\mathrm{w}$ 为橡胶粉中水的重量；$G_\mathrm{s}$ 为自然状态下橡胶粉的重量。

4) 灰分

灰分是存在于橡胶粉中的无机盐 (钾、钠、钙、镁、铝、铜、锰、铁等金属元素的磷酸或硫酸盐) 和外来杂质 (主要是泥沙、滑石粉和加工过程中的粉尘等) 的燃烧产物占橡胶粉的质量分数。

灰分的测定具体见《进出口标准橡胶检验方法灰分含量的测定》(SN/T 0541.3)，由中华人民共和国国家进出口商品检验局提出并归口。

2. 化学指标

橡胶粉的化学指标一般指丙酮抽出物含量、橡胶烃含量和炭黑含量等。

1) 丙酮抽出物含量

丙酮抽出物是指橡胶中能溶于丙酮的物质，这类物质主要由胶乳中留下的类脂物及其分解物构成。新鲜胶乳中的类脂物主要由脂肪、蜡类、甾醇、甾醇脂和磷脂组成，这类物质均不溶于水，除磷脂之外均溶于丙酮。丙酮抽出物含量的测定方法见《橡胶制品化学分析方法》(GB/T 7766—2008)。

2) 橡胶烃含量

橡胶烃含量系橡胶和胶乳的基本组分。橡胶烃含量指干胶、胶浆、再生胶或胶料中橡胶烃 (主要是聚异戊二烯的含量，以质量分数表示。

橡胶烃含量可以用管式炉热解法或热重分析法进行测定。测定时用铬酸将橡胶氧化生成乙酸，再将乙酸蒸气蒸出，用标准碱溶液滴定，从碱液消耗量计算橡胶烃的含量。

3) 炭黑含量

炭黑是一种轻、松而极细的黑色粉末，表面积非常大，从 $10\sim3000\mathrm{m}^2/\mathrm{g}$，是含碳物质 (煤、天然气、重油、燃料油等) 在空气不足的条件下经不完全燃烧或受热分解而得的产物。相对密度 1.8~2.1，一般在橡胶中的用量占到生胶的 20%~70%。

橡胶用炭黑属于炭黑，区别于特种炭黑 (用于油墨、涂料等)，主要是在橡胶中起补强作用的，不同的橡胶产品用量不同。橡胶用炭黑，又分为高耐磨、补强、半补强等，其中高耐磨型有 N110、N220、N330、N339 等，补强型有 N351、N375 等，半补强型有 N550、N660、N774 等。根据橡胶制品的用途不同，选择不同型号的炭黑品种。炭黑含量是指橡胶粉中炭黑的质量占橡胶粉的质量分数。炭黑的用途较广，除补强炭黑外，还有色炭黑、导电炭黑等。

橡胶粉中炭黑含量测定的基本原理是通过溶剂抽提有机小分子，通过分解或降解去除高分子生胶，通过热氧化分离无机化合物和炭黑。目前使用的方法主要有硝酸氧化法、管式炉高温热解法、热重分析法、微波裂解法和复分解降解法。不同方法的主要区别在如何分解或降解高分子这一过程。去除小分子和分离无机化合物这两步基本类型，区别在于不同橡胶需要不同操作条件，如抽提时间、抽提所用溶剂的选择、漂洗残留物的溶剂和处理温度等，详细过程参见 GB/T 7766—2008 和 GB/T 3515—2005。

(1) 硝酸氧化法。用热的浓硝酸氧化经溶剂抽提过的试样，然后分离出炭黑和无机化合物等难溶物，用特定溶剂冲洗难溶物直至清液透明为止，干燥后称重，最后燃烧难溶物，燃烧后的质量损失即为炭黑含量。该方法属于经典方法 (GB/T 7766—2008)，适用于含双键的丁二烯类不饱和橡胶。

(2) 管式炉高温热解法。首先用相应溶剂抽提试样若干小时，然后烘干、称重放入燃烧舟，再在氮气下热解高分子化合物，冷却后取出燃烧舟称重，之后在空气中燃烧去除炭黑，再称重，质量损失即为炭黑含量。该方法亦属于经典方法 (GB/T 3515—2005)，适用于各种饱和及不饱和硫化橡胶。但由于它通过热解法去除高分子化合物，因此丁腈橡胶和氯丁橡胶热解会产生含碳残余物的橡胶就不适合用该方法，同样它要求橡胶制品中不含有在热解时会产生残留分的配合剂。当然，热解法避免了洗涤溶剂的选择和繁琐的清洗过程，比硝酸氧化法节省时间。

(3) 热重分析法。称取溶剂抽提后的若干试样，放于热重分析仪内的微热天平上，这时试样含高分子化合物、炭黑和无机化合物。用氮气做载气，控制氮气流速和升温速度，升温到一定的高温后 (该温度的设定与橡胶种类有关)，恒温直至高聚物不再失重为止，这时残余物为炭黑和无机化合物。再切换空气为载气，使炭黑发生氧化而挥发，直至样品不再失重为止，这时残留物仅有无机化合物。该方法最大的优点是失重的同时，由仪器自动记录并绘制出热失重曲线，根据热失重曲线即可算出高分子化合物、炭黑和无机化合物的含量。因此该方法具有样品量少 (仅需几十毫克)、省时和精确的优点。但热重分析仪价格昂贵，操作人员要求高，要能熟练地确定热失重曲线上不同阶段的起始点，其使用范围同管式炉高温热解法。

(4) 微波裂解法。其基本原理同热重分析仪，主要差别是热分解所需要能源由微波发生装置提供，一是微波生热快，测试时间缩短；二是试验结果接近经典方法。Sekinger 介绍了一套微波裂解法测试丁苯橡胶中炭黑含量的方法，该方法不需要使用惰性气体，也不需要抽真空，裂解时间只有 7min，而热重分析仪测试则需要 1h，该方法适合含不同苯乙烯、填充油和炭黑的丁苯橡胶。

(5) 复分解降解法。将经溶剂抽提后的样品放于离心管，加入一定浓度的四甲基锡 $(CH_3)_4Sn$ 和六氯化钨 $WCl_6$ 的溶液作为降解催化剂，同时加入适量的癸烯，目的是稀释反应体系，加速降解反应速度，减少小分子吸附在炭黑表面。加完反应物后，密封玻璃管，经过若干小时反应，加入乙醇终止反应，乙醇也可稀释反应体系，有利于炭黑的离心沉降。把离心管放入离心机，高速离心沉降出炭黑，再用溶剂清洗至清液完全无色，最后用乙醇和浓氨水的混合液清洗残余物，除去催化剂的残留成分，这时残余物主要成分是炭黑和无机物。无机化合物的分离与其他方法相同，适用于含碳碳双键的不饱和类橡胶，交联程度对测试结果影响不大，虽未破坏炭黑结构，但其测量时间较长，清洗液较麻烦。

废胎胶粉常用的检测技术指标汇总见表 4.3。

表 4.3　废胎胶粉常用检测技术指标汇总

| 检测项目 | 单位 | 技术要求 |
|---|---|---|
| 密度 | $g/cm^3$ | $1.10 \sim 1.30$ |
| 含水量 | % | $< 1.00$ |
| 金属含量 | % | $< 0.05$ |
| 纤维含量 | % | $< 1.00$ |
| 灰分含量 | % | $\leqslant 8.0$ |
| 丙酮抽出物含量 | % | $\leqslant 16$ |
| 炭黑含量 | % | $\geqslant 28$ |
| 橡胶烃含量 | % | $\geqslant 42$ |

# 4.5　橡胶沥青生产工艺

## 1. 橡胶沥青生产工艺流程

橡胶沥青的生产工艺见图 4.19，将基质沥青加热到 190～210℃ 的高温，经计量后送入到配料罐，橡胶粉经计量后也输送到配料罐，配料罐上安装有搅拌器，对罐内的材料进行搅拌，橡胶粉与基质沥青在高温下混合均匀后，被泵送到发育罐，在发育罐内的高温 (180～190℃) 下溶胀、发育 45min 左右，即形成了橡胶沥青。所以，橡胶沥青的生产工艺也称为"搅拌溶胀"工艺。

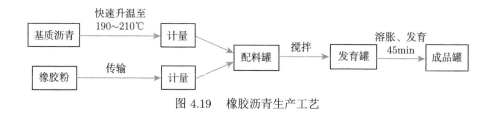

图 4.19　橡胶沥青生产工艺

## 2. 橡胶沥青生产工艺特点

橡胶沥青生产工艺的主要特点如下。

1) 工艺简单

橡胶沥青生产工艺仅包含了升温、计量、搅拌、溶胀和发育 5 个步骤，非常简单。

2) 生产周期短

橡胶沥青生产工艺，从原材料计量、输送开始，到提交成品橡胶沥青，一般 50～60min 就可完成，非常迅速，生产周期短、频次快。

3) 橡胶粉的性状不变

由于整个工艺过程只有搅拌溶胀，没有任何的剪切与磨削过程，不仅橡胶粉的目数不变，而且保持了橡胶粉原有的固体颗粒核心和橡胶粉特有的弹性性能不变。

4) 生产设备简洁

橡胶沥青的生产设备由配料罐、计量系统、发育罐等组成，没有 SBS 改性沥青生产设备中的剪切机或胶体磨等复杂装置，设备简洁，易于操作。

5) 成本低廉

在原材料方面，橡胶沥青生产中的改性剂是粗颗粒的废旧轮胎胶粉，是废旧物再利用。因此，该材料不仅改性剂价格低廉，而且橡胶沥青生产中橡胶粉的添加比例高达 20% 以上，而 SBS 改性剂仅为 4% 左右，改性剂用量大，沥青用量就少，橡胶粉的价格远远低于基质沥青，所以橡胶沥青材料成本低廉。在设备方面，橡胶沥青设备仅有计量配料和搅拌溶胀发育装置，结构简单，所以设备成本低廉。此外，橡胶沥青生产设备没有 SBS 改性沥青生产设备中的剪切机或胶体磨等高能耗装置，所以生产成本亦低廉。

6) 质量控制方便

橡胶沥青生产质量控制体系是以手持式黏度指标为主要质量评判的体系，手持式黏度的测量，通常都是在生产现场直接测量，即刻就能得到测量结果，测试仪器简单，测量周期短，测量结果迅速可得。

## 4.6　橡胶沥青生产设备

国内橡胶沥青生产设备较多的是在 SBS 改性沥青设备上稍作改动后就使用了，但使用效果不佳。橡胶沥青设备虽不属于复杂设备，但也有其基本的组成和工作原理，下面逐一介绍。

### 4.6.1　生产设备基本组成及工作原理

橡胶沥青生产设备的基本组成包括基质沥青储罐、基质沥青快速升温系统、基质沥青计量系统、橡胶粉输送系统、橡胶粉计量系统、带有搅拌和防溢装置的配料罐、带有搅拌和保温功能的发育罐、成品罐、控制系统和橡胶沥青泵送系统等[44]，见图 4.20。

图 4.20　橡胶沥青生产设备

#### 1. 快速升温系统

由于橡胶沥青需要的温度较高，橡胶沥青生产设备里的第一功能单元就是快速升温，快速升温系统一般由换热器承担，分级升温，多级串联。快速升温装置可将沥青进口 140℃ 左右的基质沥青提高到沥青出口温度不低于 190~200℃，考虑到当冷橡胶粉加入热沥青中时的降温作用 (一般将降温 10℃ 左右)，基质沥青进入配料罐前宜加热至 190~200℃，加热温度上限应低于沥青闪点 10℃ 以上。即使如此，由于加热温度较高，沥青加热器必须有严格的温度控制系统和防止沥青着火的装置。

在快速升温系统中，一般采用导热油作为传热介质，导热油对基质沥青的热传导过程可以视为一稳态传热过程，其传热方程为

$$Q = KA\Delta t_{\mathrm{m}} \tag{4.3}$$

式中，$Q$ 为热负荷，W；$K$ 为总传热系数，W/(m$^2$·℃)；$A$ 为换热器总传热面积，m$^2$；$\Delta t_{\mathrm{m}}$ 为基质沥青与导热油对数平均温度差，℃。

选取换热器时，要使用式 (4.3) 进行传热计算，以确定换热器的具体参数。

换热器按传热原理可分为间壁式换热器、储热式换热器、流体连接间接式换热器、直接接触式换热器和复式换热器等[45]。沥青的加热升温一般采用间壁式换热器中的螺旋板式换热器、螺旋管式换热器和波纹管式换热器等。

1) 螺旋板式换热器

螺旋板式换热器的结构及工作原理见图 4.21[46]。该换热器在结构上，由两张钢板卷制而成，形成了两个均匀的、相互隔开的螺旋形流道，两端焊有盖板。工作时高温 (一般 220~230℃) 导热油沿图 4.21 上的热流体通道流动，被加热沥青沿图 4.21 上的冷流体通道流动，被加热沥青和传热介质导热油两种液体进行的是全逆流流动，因而大大增强了换热效果，这种工作原理，即使两种小温差介质，也能达到理想的换热效果。

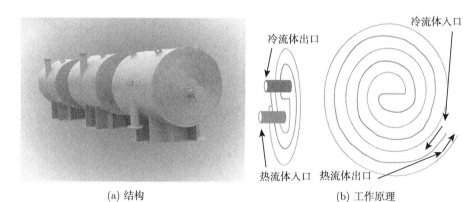

(a) 结构  (b) 工作原理

图 4.21　螺旋板式换热器的结构及工作原理

螺旋板式换热器分为不可拆卸螺旋板式换热器和可拆式螺旋板换热器两种，不可拆卸螺旋板式换热器螺旋通道的端面采用焊接密封，因而具有较高的密封性；可拆式螺旋板换热器与不可拆卸螺旋板式换热器基本相同，但其中一个通道可拆

开清洗，特别适用有黏性、有沉淀液体的热交换，还有两个通道可拆开清洗的换热器，其适用范围更广。

(1) 螺旋板式换热器技术参数。

① 螺旋板式换热器的公称压力。一般规定为 0.6MPa、1MPa、1.6MPa、2.5MPa (指单通道的最大工作压力)，试验压力为工作压力的 1.25 倍。

② 螺旋板式换热器与介质接触部分的材质。一般碳素钢为 Q235A、Q235B，不锈钢为 SUS321、SUS304、3161。其他材质可根据传热介质和被加热材料的特性而定。

③ 允许工作温度。碳素钢的允许温度 $t = 0 \sim 350℃$。不锈钢的温度 $t = -40 \sim 500℃$。升温降压范围按压力容器的有关规定，选用该设备时，应通过恰当的工艺计算，使设备通道内的流体达到湍流状态 (一般液体流速 1m/s，气体流速 10m/s)。设备可为卧式放置或立式放置，但用于蒸气冷凝时只能立式放置；用于烧碱行业必须进行整体热处理，以消除应力。

④ 选用设备时，应通过适当的工艺计算。使设备通道内的液体达到湍流状态 (一般液体流速 ≥0.5 m/s；气体流速 ≥10m/s)。

⑤ 当通道两侧流量差值较大时，可采用不等间距通道来优化工艺设计。

(2) 螺旋板式换热器的特点。

① 传热效率高 (性能好)。一般认为螺旋板式换热器的传热效率为列管式换热器的 1~3 倍。截面单通道不存在流动死区，定距柱及螺旋通道对流动的扰动降低了流体的临界雷诺数，换热时螺旋板式换热器的传热系数最大可达 3000 W/(m²·K)。

② 余热回收再利用。螺旋板式换热器由两张钢板卷制而成，进行余热回收，充分利用低温热能。

③ 运行可靠性强。不可拆卸螺旋板式换热器螺旋通道的端面采用焊接密封，因而具有较高的密封性，保证两种工作介质不混合。

④ 流动阻力小。在壳体上的接管采用切向结构，处理大容量蒸汽或气体时，压力损失较低；有自清刷能力，因其介质呈螺旋形流动，螺旋通道内没有死角，污垢不易沉积、堵塞；清洗容易，可用蒸汽或碱液冲洗，简单易行，适合安装清洗装置；介质走单通道，允许流速比其他换热器高。

⑤ 可多台组合使用。单台设备不能满足使用要求时，可以多台组合使用，但组合时必须符合下列规定：并联组合、串联组合时，设备和通道间距相同。混合组合：一个通道并联，一个通道串联。

2) 螺旋管式换热器

螺旋管式换热器 1895 年由德国林德公司研发，被用作一种空气流化设备投入化工生产，林德型螺旋绕管式换热器中的换热管是两根蛇形缠绕的同心管。在此基础上，英国汉普森研发出了螺旋绕管式换热器，见图 4.22。在换热过程中，高

压空气 (热流体) 走内管,而低压空气 (冷流体) 从内外管之间的缝隙逆向通过。这
种结构虽然保证流体是逆流换热,但由于两流程中存在较多的气流死区影响了换
热效果,从而总的传热效率不高[47]。

图 4.22　螺旋绕管式换热器

　　汉普森型螺旋绕管式换热器的制造是先将多根换热管制成盘管,然后将管盘
叠落在中心圆管上。管盘中的换热管由内向外呈螺旋缠绕。在换热过程中,高压
的热空气从上向下通过螺旋状的管程,而低压冷空气则由下往上通过壳程,两股
气流在纵向是逆向流动,同时两股气流在盘管内横向交叉通过。这样的流道设计
使换热器同时具有了较高的横向流传热系数和良好的逆流换热效果,因此这种换
热器也被称为横向逆流换热器。

　　螺旋绕管式换热器研发过程中,在换热管的形式上也推陈出新,开发出了许
多形式各异的新型螺旋绕管式换热器。例如,国外变形翅片管螺旋绕管式冷凝蒸
发器、非钎焊绕丝翅片管螺旋换热器以及按统计学均等原理制得的螺旋绕管式换
热器等;我国西安交通大学推出的 V 形槽螺旋绕管式换热器。常见的换热器见
图 4.23。

图 4.23　常见换热器

螺旋管式换热器平面结构见图 4.24。它是将许多传热管卷成同心螺旋状，固定在盖板和壳体底板之间构成的。各传热管的两端分别与一根入口管和一根出口管连接。传热管无间隙地重叠在一起，其上、下端分别与盖板和壳底板固紧。传热管螺旋间距保持一定，为使壳侧流道保持一定，应在螺旋之间加隔板。

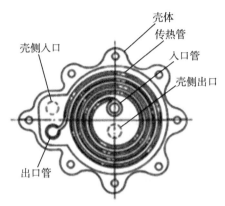

图 4.24　螺旋管式换热器平面结构

传热管可以用碳钢、铜、铜合金、不锈钢、镍、镍合金等材料制成。除光滑管外，还可以用低翅片管作传热管。壳体采用铸铁、青铜碳钢或不锈钢制造。传热管用焊接、钎焊等方法与入口管和出口管连接。

(1) 螺旋管式换热器优点。螺旋管式换热器与管壳式换热器相比，具有如下优点：① 当流量小或者所需传热面积小时适用；② 因螺旋管中的滞流传热系数大于直管，所以可用于高黏流体的加热或冷却；③ 螺旋管式换热器中的流动可认为是逆流流动；④ 因传热管呈蛇形盘管状，具有弹簧作用，所以没有热应力造成的破坏漏失；⑤ 结构紧凑，易于安装。

(2) 螺旋管式换热器缺点。① 当传热管与入口管和出口管连接处产生泄漏时，修理困难；② 用机械方法清洗管内侧很困难 (壳侧可以用水喷射清洗，而管内侧必须用化学处理清洗)；③ 当用不锈钢管作传热管时，如果传热管长度大于某一限度，为了保持壳侧流道均匀，必须加隔板，从而使壳侧流体压力损失增大。

虽然螺旋管式换热器的造价比同样传热面积的管壳式换热器高，但因为传热系数大，容易维修，所以被广泛使用。

3) 波纹管式换热器

波纹管式换热器是在传统的列管式换热器的基础上，应用强化传热理论及换热管独特的波峰与波谷的设计，使换热器的性能有了重大突破。

具体地说波纹管即是在普通换热管的基础上经特殊工艺加工而成的一种管内外都有凹凸波形，既能强化管内又能强化管外的双面强化传热管。从波形上分为螺旋形波纹和环形波纹两大类。由于螺旋形波纹管接头部位难处理，其使用受限，故现在广泛使用的是环形波纹管，见图 4.25。其中环形波纹管分为波谷形波纹管、梯形波纹管、缩放管、波节管等几大类。

波纹管式换热器的工作原理是依靠独特的传热元件——波节管来实现的 [48]，见图 4.26。波节管特殊的波峰与波谷设计，使流体流动时由于管内外截面连续不断的突变形成强烈湍流，即使在流速很小的情况下，流体在管内外均可形成强烈扰动，大大提高了换热管的传热系数，其传热系数比传统管式换热器高 2~3 倍。

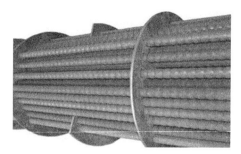

图 4.25　波纹管式换热器

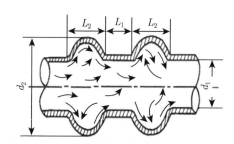

图 4.26　波纹管式换热器的工作原理示意图

波纹管式换热器的特点如下：

(1) 不污不堵不结垢，运行平稳。波节管在工作过程中，一方面管内外介质始终处于高度湍流状态，使得介质中的固体微粒难以沉积结垢；另一方面受介质温差影响，波节管会产生微量的轴向伸缩变形，管内外的曲率会随之频繁变化，由于垢层和波节管的线膨胀系数相差很大，污垢和换热管之间会产生较大的拉脱力，即使有垢沉着也会因此破裂而自动脱落，从而使换热器始终保持持久、高效的换热性能。同时管路通道大，压降小、节能效果明显，也不存在堵塞问题。

(2) 具有自动补偿功能。波节管的特殊结构形状，使其在受热情况下，可有效地降低热应力，无须加设膨胀节，从而简化了设备结构，提高了设备的可靠性 [47]。

(3) 结构简单，故障率低，少量的备件要求，较低的运行成本。

(4) 加热过程较均匀，且设备易于检查和拆卸。

应用范围包括热电厂、石油领域及筑路设备。

2. 基质沥青计量系统

基质沥青的计量方式有两种：体积计量和称重计量。

1) 体积计量 (容积计量)

体积计量 (容积计量) 就是通过计量物体的体积，再乘以该物体的密度，来得知物体总质量的一种计量方法。一般液体的计量常用该方法，在橡胶沥青生产设备中，基质沥青的计量也常采用该方法。流量计见图 4.27。

图 4.27　流量计

流量计又分为差压式流量计、转子流量计、节流式流量计、细缝流量计、容积流量计、电磁流量计、超声波流量计、面积流量计等。流量计按结构方式的不同而规定不同的温度范围。现在实用的工业温度上限对差压式流量计是 540℃ 左右，容积流量计是 200℃ 左右，面积流量计是 400℃ 左右。在橡胶沥青设备中，由于沥青使用时通常需要加热到 140~190℃，以上型式的流量计都可用。

2) 称重计量

利用胡克定律或力杠杆平衡原理，测定物体质量的方法，称为称重计量方法。它分为机械称重、电子称重、机电结合称重三大类。

(1) 机械称重。机械称重就是由机械秤来完成的称重，即利用不等臂杠杆原理的机械工作，机械秤由承重装置、读数装置、基层杠杆和秤体等部分组成。

特点：结构简单，计量较准确，故障率低。

(2) 电子称重。电子秤主要由称重系统、传力转换系统 (如杠杆传力系统、传感器) 和示值系统 (如刻度盘、电子显示仪表) 三部分组成。称重传感器按转换方法分为光电式、液压式、电磁力式、电容式、磁极变形式、振动式、陀螺仪式、电阻应变式等。

特点：易于实现远程操作和自动化控制；数字显示直观、减小人为误差；效率高、准确度高、分辨率强；称量范围广；易于实现扣重、预扣重、归零、累计、警示等；维护简单；体积小，安装、校正简单；可连接打印机或电脑驱动。

(3) 机电结合称重：在承重系统、读数装置、基层杠杆和秤体等部分中由机械元件和电子元件共同组成。

橡胶沥青生产设备中的沥青计量系统较多地采用容积流量计的计量方式，也有少量采用机电结合的称重方式。

3. 橡胶粉输送系统

橡胶沥青生产设备中的橡胶粉输送系统有皮带输送机、螺旋上料机等型式。

1) 皮带输送机

皮带输送机又称胶带输送机，见图 4.28。皮带输送机是一种以摩擦驱动、连续运输物料的机械。主要由机架、输送带、托辊、滚筒、张紧装置、传动装置等组成。

图 4.28    皮带输送机

特点：皮带输送机具有输送距离长、运量大、连续输送等优点，而且运行可靠，易于实现自动化和集中化控制；皮带输送机的机身可以很方便的伸缩，设有储带仓，机尾可随工作面的推进伸长或缩短；结构紧凑，机架轻巧，拆装十分方便。

2) 螺旋上料机

螺旋上料机由驱动电机、轴、焊接在轴上的螺旋叶片以及轴承、进出料装置等组成，见图 4.29。螺旋叶片可分为左旋和右旋两种，类型较多，常见的有实体螺旋、带状螺旋、齿状螺旋和弯折齿螺旋等。

图 4.29    螺旋上料机

用途及特点：螺旋上料机一般用于松散物料和粉状物料的计量和输送；给料螺旋具有独特的稳流结构，在整个进料口截面上料粉均匀下沉，不易结拱，不易冲料。

4. 橡胶粉计量系统

橡胶粉的计量可采用称重计量或体积计量的方式。橡胶粉的称重原件一般为斗式称重，单斗计量，累计总数；橡胶粉的体积计量装置一般采用计量螺旋秤、皮带秤等。

1) 计量螺旋秤

计量螺旋秤分为单管单层和双管双层 (图 4.30) 两种。单管单层是在单管内同时完成计量和输送；双管双层结构，上层完成稳流和输送，下层实现计量和输送，稳流效果较好而且节省空间。

工作原理：物料由进料口经螺旋输送机输送到下面连接的计量铰刀，安装于计量铰刀上面的称重传感器检测到物料的重量并产生以正比于称重载荷的电压信号送入控制器，和预设的铰刀速度数据一起 (双管计量时，计量铰刀为恒速运转，即速度信号为计量铰刀的设计值) 运算后得出瞬时流量和累计重量值。

2) 皮带秤

皮带秤是指对放置在皮带上并随皮带连续通过的松散物料进行自动称量的衡器。图 4.31 为电子皮带秤。

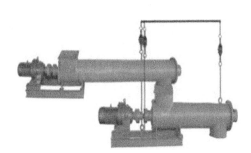

图 4.30　计量螺旋秤　　　　　　　　　图 4.31　电子皮带秤

电子皮带秤称重桥架安装于输送机架上，当物料经过时，计量托辊检测到皮带机上的物料重量通过杠杆作用于称重传感器，产生一个正比于皮带载荷的电压信号。在皮带秤上有一个称重传感器装在称重桥架上，工作时，将检测到皮带上的物料重量送入称重仪表，同时由测速传感器将皮带输送机的速度信号送入称重仪表，仪表将速度信号与称重信号进行积分处理，得到瞬时流量及累计量。

特点：该电子皮带秤采用现场数字转换器，在秤架现场进行模数转换，保证信号传输的高精度；可实时监测称重传感器的异常，对皮带张力影响可持续跟踪、补偿，皮带秤精度长期保持 0.2%；双滚轮设计结构检测滚筒真正转速，足够的宽度及重量保证皮带不会存在飞跳情况；驱动电机的直流脉冲发生器不需调整或更换碳刷，使用寿命更长。

5. 搅拌配料系统

橡胶沥青设备的配料系统由保温的双层罐体、搅拌装置、基质沥青进料口、橡胶粉进料口、防溢装置及混合液体出口等部分组成，见图 4.32。

图 4.32　橡胶沥青配料系统

　　配料工作过程：计量后的高温基质沥青经基质沥青进料口进入配料罐，同时计量后的橡胶粉经橡胶粉进料口进入配料罐，在搅拌装置的搅拌作用下，混合分散均匀后由罐内层进入夹层继续溶胀，溶胀好的混合体经泵送由配料罐进入发育罐。

　　1) 配料罐

　　配料罐首先是基质沥青、胶粉等材料的配料容器。该容器的设计既要考虑容器的体积应与要求的橡胶沥青产量相关 (具体地说，是与使用该橡胶沥青作为胶结材料的拌和楼对胶结材料的产量关联)，同时要考虑配料罐内材料的保温作用。此外，还应考虑阻止成团的胶粉进入发育罐，所以理想的配料罐应为双层结构，见图 4.33。

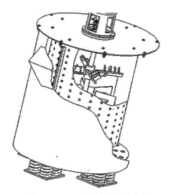

图 4.33　配料罐结构图

　　2) 搅拌装置

　　搅拌装置的作用是使橡胶粉均匀分散在基质沥青中。由于胶粉投入沥青液体后，最初是悬浮在基质沥青的表面上，要想沥青浸润胶粉颗粒表面，沥青液体就得逐渐取代胶粉颗粒表面的气体，进入颗粒之间的间隙，随后，胶粉颗粒团被搅拌导致的动力流体打散,才能逐渐进入分散的过程。当胶粉颗粒被沥青液体充分浸润以后,由于胶粉密度比液体沥青的密度略大,在重力作用下,胶粉颗粒又会逐渐下沉直至罐底,此时还需要通过搅拌作用产生足够的湍流,使胶粉颗粒悬浮起来。当罐内流体的循环流速达到一定值时,胶粉颗粒的沉降速度等于流体上升速度,就能形成胶粉的均匀、稳定、悬浮状态。根据配料罐搅拌装置的作用,一般选择同时具有轴向和径向翻拌作用的搅拌器,见图 4.33。

3) 防溢装置

基质沥青与胶粉配料的过程一定伴随着持续的搅拌作业。由于搅拌本身就会带动罐内液体沿轴向的涌动,加之胶粉若含水量较高,进罐后遇到高温的基质沥青,就会引起液面大幅上升。因此,配料罐必须设有防溢装置,防止预混设备在工作过程中出现的"上涌"现象造成罐内液体溢罐。且因沥青温度较高,一旦外溢,容易造成材料的浪费,同时也会危害现场施工人员的人身安全。

特点:搅拌装置的设计可以使橡胶粉在配料罐中快速分散均匀,并解决橡胶粉漂浮、沉底等弊端;罐体的双层设计能有效防止结块、结团的橡胶粉流入发育罐;防溢装置可有效缓解罐内混合液体膨胀、溢罐的问题等。

6. 橡胶沥青发育系统

橡胶沥青发育系统由卧式保温罐体、卧式搅拌装置、喷燃气、防溢装置等部分组成,见图 4.34。

图 4.34　橡胶沥青发育系统

特点:该发育罐除了用循环导热油加热外,还在端头配置喷燃器火管,可让基质沥青与橡胶粉的混合液体始终保持在 180℃ 左右的高温下发育;该罐体还配置了卧式搅拌装置,防止发育过程中橡胶粉的沉底离析等问题;罐上设置了液位、温度传感器等监测元件。可通过橡胶沥青生产设备中央控制室实时监测橡胶沥青的发育过程和发育质量,实现了橡胶沥青生产中的配料、计量、溶胀、发育、出料全过程的自动化控制。

### 7. 成品橡胶沥青出料系统

橡胶沥青成品出料系统由带保温装置的成品橡胶沥青储罐、保温泵送装置和成品料计量装置等组成。

(1) 成品橡胶沥青储存罐。一般橡胶沥青的成品储罐是由容量 15~20t 的组罐形成。这是由于橡胶沥青的生产时间短 (一般 50~60min)，且生产后一般要求在 3~4h 使用完。因此，橡胶沥青的成品储罐不易用单个、体积较大的储罐。

有些橡胶沥青厂会边生产边使用，由于储存时间短，储存量不大，成品罐即为发育罐，可不另设专门的成品罐。

(2) 保温泵送装置。成品罐上也有保温装置，要保持罐内的温度，使成品橡胶沥青具有很好的流动性，随时可以泵送出料。

(3) 成品料计量装置。多采用耐高温的流量计，计量输出成品橡胶沥青的数量。

### 8. 设备控制系统

橡胶沥青生产设备的控制系统由各种测量或计量元件、数据采集元件、控制元件、执行元件和辅助元件等组成，多为计算机集中控制型式。

控制系统具体包括基质沥青快速升温控制子模块、基质沥青计量控制子模块、橡胶粉计量控制子模块、配料系统控制子模块、发育罐控制子模块及沥青泵送系统控制子模块等。

橡胶沥青泵送系统框图见图 4.35，基质沥青快速升温控制子模块框图见图 4.36，橡胶粉计量系统控制子模块框图见图 4.37。

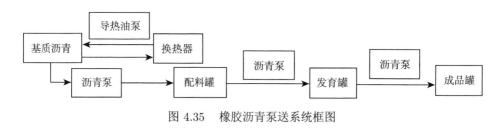

图 4.35　橡胶沥青泵送系统框图

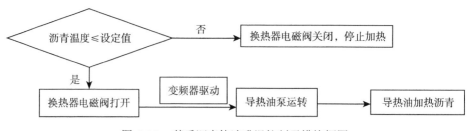

图 4.36　基质沥青快速升温控制子模块框图

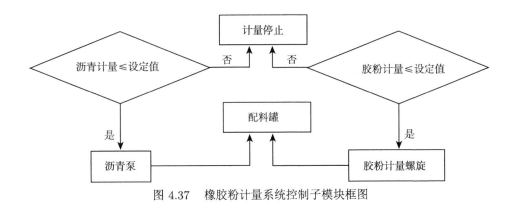

图 4.37　橡胶粉计量系统控制子模块框图

## 4.6.2　美国 VSS 橡胶沥青生产设备

美国 VSS 公司成立于 1919 年，有着百年的热沥青生产经验。20 世纪 50 年代初开始进行稀浆封层施工，同时还生产稀浆封层设备。70 年代开始生产乳化沥青站，80 年代开始生产橡胶沥青设备和聚合物改性沥青设备。VSS 公司旗下的 ISS 公司较早在美国承担橡胶沥青的工程施工，于是 VSS 公司根据 ISS 公司的施工经验，研制了橡胶沥青生产设备。

VSS 公司橡胶沥青设备有 12.5t/h、25t/h 等多种规格。该设备由配料罐、发育罐、橡胶粉计量输送装置、控制系统等组成。工作时橡胶粉由料斗进入一级螺旋送料器，通过电子计量后进入二级螺旋送料器，再输入配料反应罐；螺旋送料器转速可实现无级调速；控制系统采用 PLC 和 HMI 工业控制计算机，可自动或手动控制橡胶粉进料量，在 HMI 工业控制计算机触摸屏上，可显示设备各个系统的运行状态，形象直观，一目了然。

美国也有工厂化生产的橡胶化改性沥青，它与橡胶沥青不同，其所用的橡胶粉目数较大，一般在 80 目以上，橡胶粉较细，橡胶粉掺量在 12%~18%，橡胶化的改性沥青提高了存储稳定性，一般存储时间可达 30 天左右，橡胶化的改性沥青具有较好的高黏表现和较高的抗水能力。

# 第 5 章　橡胶沥青生产质量控制技术

橡胶沥青一般多为现场加工，边生产边使用，其生产的特点是生产周期短，仅为 50~60min，每批次的产量较低，根据设备的不同，几吨至十几吨，且生产和使用的间隔较短，若采用传统取样检测的方法，每个批次都取，不仅取样量大，而且做完全套指标的检测，需要占用一定的时间，检测的结果就会滞后于生产，很难控制好橡胶沥青的生产质量。如果能够在橡胶沥青生产过程中，仔细分析原材料、生产设备、生产工艺及生产质量间的影响关系，建立起质量控制的关联数学模型，就可以通过对橡胶沥青生产用原材料、生产设备、生产过程工艺参数等进行实时监测，实现从源头上保障橡胶沥青的生产质量，这样既能保证质量控制的实时性、代表性 (全样本监测)，也能避免检测结果不合格而带来的材料损失和作为胶结材料用于施工后返工所造成的巨大浪费。

本章借助于计算机技术、自动测控技术和互联网与物联网技术等，进行了大量的橡胶沥青试验探索研究，研发出橡胶沥青生产质量实时在线监控系统，并成功地应用于多个橡胶沥青混合料路面实体工程。

## 5.1　橡胶沥青生产质量实时在线监控系统组成及功能

橡胶沥青生产质量实时在线监控系统的基本组成包括了底层数据实时采集系统、数据分析处理系统、预警系统、数据无线传输系统及数据库等部分。

现行橡胶沥青设备一般有集中控制和离散控制两大类，集中控制是利用控制室的 PLC 或工业电脑对设备进行集中控制；离散控制多是在生产设备主要工作装置旁设置简单的控制箱或控制柜，由人工手动操作控制柜上诸多的调节旋钮或按键，对主要参数分别进行控制。要实行橡胶沥青生产质量实时在线监测，必须要求生产设备控制系统为集中控制型，这是前提条件。

橡胶沥青生产质量实时在线监控系统是将橡胶沥青生产过程中设备及材料的主要参数如原材料配料比例、搅拌转速、配料温度、发育温度等，收集到采集器中，在与采集器相连的数据处理器中由程序对采集数据进行实时处理分析，给出纠偏指令。其工作原理见图 5.1。该图中 PLC 充当下位机，按照橡胶沥青标准工艺流程来控制配料比例、导热油温度、沥青加热温度、配料罐温度、发育罐温度、计量系统、输送系统等；PLC 依据设定值不仅可以对采集到的信息给出对应的指

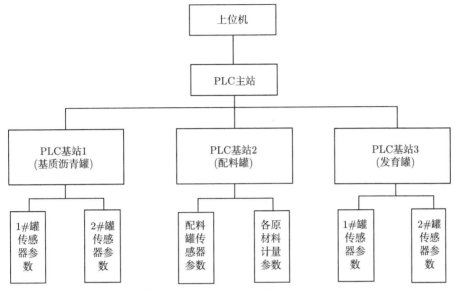

图 5.1　橡胶沥青生产质量实时在线监控系统工作原理图

令, 使其按标准工艺进行生产, 更重要的是当生产主要参数偏离标准工艺时, 监控系统可以给出预警或报警, 提醒操作人员及时根据实际情况进行相应的调整, 纠正错误; 也可在出现紧急情况时, 令设备紧急停机, 还能够将这些信息通过 PPI 端口上传至上位机系统。

上位机与通信设备关联, 橡胶沥青的生产质量实时信息通过互联网传输至质量管理人员, 管理人员借助于办公室电脑或手机登录查看。通过程序处理后, 众多繁杂的数据均以曲线、图表形式显示, 供各级质量管理人员浏览, 可实时地掌握橡胶沥青的生产质量状况。如果生产结束, 还可以控制沥青罐内的存储温度回到适宜的范围, 因为温度过低, 设备的输送管道及泵体可能会被堵塞, 给下次施工带来极大的困扰, 严重时还会损坏设备; 若温度过高, 长时间储存沥青, 不仅会造成热能的损耗, 还有可能使沥青老化, 严重影响沥青性能。因此, 温度控制也是沥青生产设备主要控制参数之一。

## 5.2　橡胶沥青生产质量实时在线监控系统控制模型

由于橡胶沥青的生产质量受原材料质量 (基质沥青质量、橡胶粉质量)、生产设备 (橡胶粉参配比例精度、基质沥青快速升温质量、搅拌均匀性等) 以及工艺条件 (发育温度、发育时间等) 等众多因素的影响, 比较复杂, 加之目前橡胶沥青设备尚无统一的国家标准, 多由各生产企业自行设计制造, 一般在设备成本上的投入不多, 因而设备较为简陋。这些问题的普遍存在, 也导致了橡胶沥青生产质量控制难度增加。

要想控制好橡胶沥青的生产质量，必须从原材料质量、设备质量和工艺过程三方面着手。除了原材料质量外，对生产设备和生产工艺过程均须采取关联控制手段，一方面不断完善生产设备、规范生产工艺；另一方面实时采集橡胶沥青生产数据，建立橡胶沥青生产数据与橡胶沥青质量关联控制模型。橡胶沥青生产质量实时在线监控系统正是借助于此关联控制模型进行工作的，在控制模型中，对关键质量参数限定了允许变化的上下限，对于参数超限的情况，监控系统可以自动预警，并通过手机和网络，实时通知操作手和相关质量管理人员，针对相应情况采取措施，通过这样的闭环监控系统，保障橡胶沥青生产质量的稳定。

下面介绍基于 HOLPS 算法及建模过程。

### 5.2.1　HOPLS 算法

高阶偏最小二乘 (higher order partial least squares, HOPLS) 算法[49,50] 相比传统建模方法的优势在于其利用高阶奇异值分解、高阶正交迭代和张量分解来求解由三维生产数据分解而成的正交 Tucker 矩阵，克服了数据展开过程对数据自身结构的破坏，增强了建模的准确性。其中 Tucker 模型用来进行高阶主成分分析，能够把一个张量分解为某个核心张量在每个 mode 上与另一矩阵的乘积：

$$x_{ijk} = \sum_{p=1}^{P}\sum_{q=1}^{Q}\sum_{r=1}^{R} a_{ip}b_{iq}c_{kr}g_{pqr} + e_{ijk} \tag{5.1}$$

式中，$a_{ip}$、$b_{iq}$ 和 $c_{kr}$ 分别表示负载矩阵 $A(I \times P)$、$B(J \times Q)$ 和 $C(K \times R)$；$g_{pqr}$ 为核心张量 $G(P \times Q \times R)$ 内元素；$e_{ijk}$ 表示残差；$P$、$Q$、$R$ 为 Tucker 模型在各自 mode 上的主元数目，一般情况下 $A(I \times P)$、$B(J \times Q)$ 和 $C(K \times R)$ 均正交，把这种模型记作 Tucker$(P,Q,R)$。当某张量阶数为 3 阶时，若把其中一个因子矩阵定义为单位阵，则可以将式 (5.1) 进行相应的简化，假设 $B = I$，则有

$$x_{ijk} = \sum_{p=1}^{P}\sum_{r=1}^{R} a_{ip}c_{kr}g_{pqk} + e_{ijk} \tag{5.2}$$

式 (5.2) 为 Tucker 沿两个 mode 方向的分解，故可将其记为 Tucker2，此外，还可以假设 $A = I$ 或 $C = I$。

一般情况下，记 $X$ 的 $N$ 阶张量的秩为 $\mathrm{rank}_n(X) = \mathrm{rank}(X_{(n)})$，如果 $\mathrm{rank}_n(X) = R_n, n = 1, 2, \cdots, N$，则称 $X$ 为秩 $(R_1, R_2, \cdots, R_n)$ 张量，因此，若能得到 $X$ 的 $n$ 秩，则可以求得 $X$ 的精确秩 $(R_1, R_2, \cdots, R_n)$ 的 Tucker 分解。此外，高阶正交分解法是求解 Tucker 分解的主要方法，也就是要沿每一个 mode 进行以此正交分解。由此可以得知，与 MPLS 及 NPLS 等算法相比，HOPLS 算法在对所

建模型进行参数优化时，面对的维度相对较低。例如，某个生产过程可能会产生这样一组三维数据，其大小为 (8×6×150)，即这个生产过程包含了 8 个样本，900 种特性，如果采用 MPLS 算法，将该组数据展开后就变成一个 8×900 的矩阵，然而在对 900 维负载矩阵进行优化时，提供的样本数仅有 8 个，显然经过运算后，结果的可信度较低。出现此现象的原因主要是数据展开过程破坏了原有矩阵结构，出现了信息缺失，进而出现了较大偏差。但是当采用 HOPLS 算法时，可以按照对应 mode 上的低维矩阵进行运算。例如，同样的生产过程，可以先对 mode-2 上的 6 维负载矩阵进行优化，这时可供参考的样本量为 1200 个；然后再对 mode-3 上的 150 维负载矩阵进行优化，可供参考的样本量为 48 个，显然 HOPLS 算法充分利用了数据原有样本量，提高了建模质量。

　　图 5.2 为 HOPLS 的分解示意图，首先把 $X$ 分解成秩 $(1, L_1, \cdots, L_N)$ 的 Tucker 块，后把 $Y$ 也分解成秩 $(1, K_1, \cdots, K_N)$ 的 Tucker 块，见式 (5.3)。

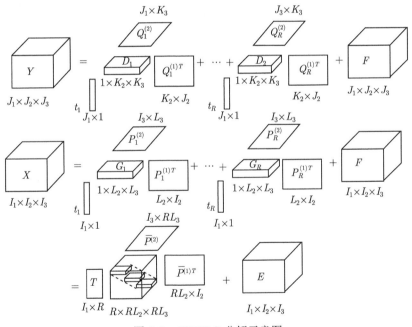

图 5.2　HOPLS 分解示意图

$$
\begin{cases}
X = \displaystyle\sum_{r=1}^{R} G_r \times_1 t_r \times_2 P_r^{(1)} \times \cdots \times_N P_r^{(N-1)} + E_R, \\
Y = \displaystyle\sum_{r=1}^{R} D_r \times_1 t_r \times_2 Q_r^{(1)} \times \cdots \times_N Q_r^{(N-1)} + F_R,
\end{cases}
\tag{5.3}
$$

式中，"×" 表示 $n$ 模乘；$R$ 表示潜向量数目；$t_r$ 表示第 $r$ 个潜向量；$\left\{P_r^{(n)}\right\}_{n=1}^{N-1} \in IR^{I_{n+1} \times L_{n+1}}$ 与 $\left\{Q_r^{(n)}\right\}_{m=1}^{M-1} \in IR^{J_{n+1} \times K_{n+1}}$ 分别为分解得到的 mode-$n$ 与 mode-$m$ 上的负载矩阵；$G_r \in IR^{1 \times L_2 \times \cdots \times L_N}$ 和 $D_r \in IR^{1 \times K_2 \times \cdots \times K_N}$ 表示核张量，通过增加约束条件：负载矩阵列正交，如 $P_r^{(n)\mathrm{T}} P_r^{(n)} = I$ 与 $Q_r^{(m)\mathrm{T}} Q_r^{(m)} = I$，则潜变量是一维矩阵，并经 $\|t_r\|_F = 1$ 求解。

### 5.2.2  基于 HOPLS 算法的监控系统控制模型建立

橡胶沥青生产设备多是间歇式生产，将其 $N$ 个生产批次的控制参数数据生成三维数组 $X(N \times I \times J)$，$N$ 为该设备当日的生产批次 $(n = 1, \cdots, N)$，$I$ 为控制参数的数量 $(i = 1, \cdots, I)$，$J$ 为在生产某一批次时采集到的各控制参数样本的个数。橡胶沥青的质量往往在发育完成后经实验室检测其各项性能，各指标数据通过二维矩阵 $Y(N \times K)$ 记录。故橡胶沥青生产过程可以描述为三维控制参数数组 $X(N \times I \times J)$ 与二维性能质量矩阵 $Y(N \times K)$。

利用 $X$ 与 $Y$ 的特性，把 $X$ 分解成秩为 $(1, L_1\, L_2)$ 的张量的和，把二维性能质量矩阵 $Y$ 分解成一组矩阵的和，且潜向量个数为 $R$。

$$\begin{cases} X = \displaystyle\sum_{r=1}^{R} G_r \times_1 t_r \times_2 P_r^{(1)} \times_3 P_r^{(2)} + E_r \\ Y = \displaystyle\sum_{r=1}^{R} u_r q_r^{\mathrm{T}} + F_r \end{cases} \tag{5.4}$$

式中，符号 "×" 表示 $n$ 模乘；$G_r$ 为核张量；$t_r \in IRI_1$ 为第 $r$ 个潜向量；$\left\{P_r^{(n)}\right\}_{n=1}^{N-1} \in IR^{I_{n+1} \times L_{n+1}}$ 与 $q_r$ 分别为 mode-$n$ 与 mode-$m$ 上的负载矩阵；$u_r$ 为 $Y$ 的得分矩阵；$E_r$、$F_r$ 为残差。且 $\|q_r\| = 1$，$\|t_r\| = 1, P_r^{(n)\mathrm{T}} P_r^{(n)} = I$。与传统偏最小二乘法相同，假定潜向量 $t_r$ 与 $u_r$ 存在一定的线性关系，$U = TD + Z$，式中 $D$ 为对角矩阵，$Z$ 为高斯残差。则有

$$Y = TDQ^{\mathrm{T}} + F_R^* = \sum_{r=1}^{R} d_r t_r q_r^{\mathrm{T}} + F_R^* \tag{5.5}$$

经计算发现使得 $\left\|Y - uq^{\mathrm{T}}\right\|_F^2$ 取最小值时，有 $u = Yq$。综合考虑 $u$、$t$ 和核张量 $G$，发现 $P^{(n)}$ 以及 $q$ 的求解与对式 (5.6) 进行优化等价：

$$\begin{cases} \max_{\{P^{(n)}, q\}} \left\| X \times_1 Y^{\mathrm{T}} \times_1 q^{\mathrm{T}} \times_1 P^{(1)\mathrm{T}} \times_3 P^{(2)\mathrm{T}} \right\|_F^2 \\ \text{s.t. } P^{(n)\mathrm{T}} P^{(n)} = I, \quad \|q\|_F = 1 \end{cases} \tag{5.6}$$

对于式 (5.6) 有一交叉协方差张量 $C = X \times_1 Y^{\mathrm{T}}$，经过高阶正交迭代可以求得 $P^{(n)}$ 及 $q$，且能同时求出其核张量 $G^{(C)}$。当获得上述各参数后，通过将 $X$ 在 mode-1 上进行分解，可以得到

$$X_{(1)} = tG_{(1)}(P^{(2)\mathrm{T}} \otimes P^{(1)})^{\mathrm{T}} + E_{(1)} \tag{5.7}$$

其中，$G_{(1)} \in IR^{1 \times L_2 L_3}$ 可以利用核张量 $G$ 与 $G^{(C)}$ 的线性特征得到，$G^{(C)} = \mathrm{d}G$，而 $t$ 通过式 (5.8) 进行求解。

$$\begin{cases} t = \left(X \times_2 P^{(1)\mathrm{T}} \times \cdots \times_N P^{(N-1)\mathrm{T}}\right)_{(1)} G_{(1)}^{(C)+} \\ t = t/\|t\|_F \end{cases} \tag{5.8}$$

式中，$P^{(n)}$ 为一列正交矩阵；"+" 表示广义逆。由此可得知 $Y$ 的回归系数

$$d = t^{\mathrm{T}} u = t^{\mathrm{T}} Y q \tag{5.9}$$

综上可得基于 HOPLS 算法和橡胶沥青生产过程统计数据的模型建立过程如下：首先定义有 $X \in IR^{I_1 \times I_2 \times I_3}$，$Y \in IR^{I_1 \times M}$，对其进行初始化，有 $E_1 = X, F_1 = Y, r = 1$。

(1) 定义：

$$C_r = E_r \times_1 F_r^{\mathrm{T}} \tag{5.10}$$

(2) 以 $(1, L_2, L_3)$ 为秩对 $C_r$ 进行高阶正交迭代，有

$$\begin{cases} C_r \approx G_r^{(C)} \times_1 q_r \times_2 P_r^{(1)} \times_3 P_r^{(2)} \\ t_r = \left(E_r \times_2 P_r^{(1)} \times_3 P_r^{(2)}\right)_{(1)}(\mathrm{vec}^{\mathrm{T}}(G_r^{(C)}))^+ \end{cases} \tag{5.11}$$

式中，vec 为把 $\left(G_r^{(C)}\right)$ 矢量化成 $1, L_2, L_3$ 向量的形式。

$$\begin{cases} t_r = \dfrac{t_r}{\|t_r\|} \\ G_r = \left\| E_r; t_r^{\mathrm{T}}, P_r^{(1)\mathrm{T}}, P_r^{(2)\mathrm{T}} \right\| \\ u_r = F_r q_r \\ d_r = u_r^{\mathrm{T}} t_r \end{cases} \tag{5.12}$$

(3) 如果 $r = R$ 或者 $\|E_r\|_F < \varepsilon, \|F_r\|_F < \varepsilon$，则输出

$$\left\{P_r^{(1)}, P_r^{(2)}\right\}; Q; \{G_r\}; D; T \tag{5.13}$$

(4) 若 $E_r = E_r - [[G_r; t_r^{\mathrm{T}}, P_r^{(1)\mathrm{T}}, P_r^{(2)\mathrm{T}}]], F_r = F_r - d_r t_r q_r^{\mathrm{T}}, r = r+1$，则返回式 (5.10)，否则输出式 (5.13)。

当进行下一批次的生产时，将获得的数据记为 $X'$，并由 $G_r$、$P_r^{(1)}$、$P_r^{(2)}$ 以及潜向量 $T'$、$Q_r^{(m)}$、$D_r$ 计算新的输出，并有

$$\hat{Y}' \approx T'Q^{*\mathrm{T}} = X'_{(1)}WQ^{*\mathrm{T}} \tag{5.14}$$

其中，$W$ 与 $Q^*$ 通过式 (5.15) 进行计算：

$$\begin{cases} w_r = (P_r^{(2)} \otimes P_r^{(1)})G_{r(1)}^+ \\ q_r^* = D_{r(1)}(Q_r^{(2)} \otimes Q_r^{(1)})^{\mathrm{T}} \end{cases} \tag{5.15}$$

综合上述各式，得出 $Y$ 的预测值如下：$Y' \approx X'_{(1)}WDQ^{\mathrm{T}}$，其中 $D$ 为元素 $d_r$ 的正交阵，且矩阵 $Q$ 第 $r$ 行由 $q_r$ 组成，$r = 1, \cdots, R$。基于 HOPLS 算法和橡胶沥青生产数据的模型建立，既避免了传统偏最小二乘法基于数据展开时对数据结构的破坏，又能够对橡胶沥青生产过程实施动态监测，从而有效保证了橡胶沥青的生产质量。

### 5.2.3　仿真分析与试验验证

橡胶沥青发育完成后首要进行性能指标的检测，而完成锥入度、软化点、回弹恢复等整套指标检测往往需要 3~4h，检测占时过长将影响施工的连续性。若不进行检测，在橡胶沥青生产完成后即投入使用往往又带有较大的风险。为此本节利用无线控制参数采集仪进行橡胶沥青生产数据的采集，并将生产数据导入 HOPLS 模型进行橡胶沥青性能的预测。

某日橡胶沥青生产设备共生产 14 个批次，其中胶粉与基质沥青泵送时间为 50min，橡胶沥青单批次的发育时间为 45min 左右，最长不能超过 2h，每间隔 20s 进行一次数据采集，以胶粉质量、基质沥青质量、预混温度、发育温度、搅拌转速、发育时间为自变量，以橡胶沥青 180℃ Haake 黏度为因变量，生成 $14 \times 6 \times 510$ (批次 × 变量 × 样本) 的张量 $X$ 与 $14 \times 510$ 的矩阵 $Y_a$ 和 $Y_b$，得到了橡胶沥青 180℃ Haake 黏度回归曲线，并将监测值与实验室检测值进行了对比，见图 5.3。

由图 5.3 可知，初始生产时，因基质沥青先行加入，所测得的 180℃ Haake 黏度值较小。随着橡胶粉的加入，180℃ Haake 黏度值增大，总体而言，在 280 个样本点之前，即橡胶沥青发育时间不足 45min 时，该模型 180℃ Haake 黏度的监测值与实验室检测值之间存在一定的误差。

然而，在 280 个样本点之后，该模型 180℃ Haake 黏度的监测值基本与实验室检测值一致，起到了良好的预测效果。考虑到实际生产的情况，由于橡胶沥青的发育时间一般为 45min，之后才泵送到成品罐储存，等待沥青拌和楼使用，当橡

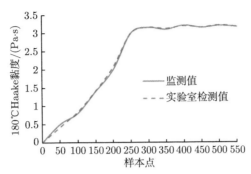

图 5.3　180℃ Haake 黏度监测值与实验室检测值对比

胶沥青连续批量生产时，该模型前 280 个样本点之间的误差可以忽略。因此，认为该模型能够依据橡胶沥青生产过程控制参数的数据实现对橡胶沥青生产质量较好的预测。

为了验证基于 HOPLS 算法的橡胶沥青质量监测模型对橡胶沥青生产过程的监测，选用课题依托工程现有的镇海中石化 90# 基质沥青，西安中轩 30 目橡胶粉。在胶粉掺量为 20%，发育温度为 185℃，发育时间为 45min 条件下，利用橡胶沥青设备在不同生产日期进行了监测前、监测后的橡胶沥青批量生产试验，取样后于室内进行了多组橡胶沥青 180℃ Haake 黏度、软化点、25℃ 锥入度、回弹恢复指标检测，并求取各指标的平均值，所得试验结果见图 5.4 ～ 图 5.7。

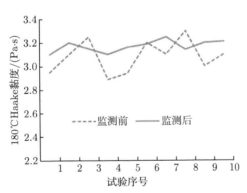

图 5.4　橡胶沥青 180℃ Haake 黏度曲线

在相同试验材料及试验参数下进行胶粉与基质沥青的室内掺配比例试验获得的 180℃ Haake 黏度为 3.15Pa·s（技术要求为 2.5～3.5 Pa·s），此时既能满足橡胶沥青对石料的裹覆性及黏结性要求，又不会因橡胶沥青黏度过大而导致泵送与压实困难。然而由图 5.4 可知，监测前橡胶沥青的 180℃ Haake 黏度波动较大，最小值为 2.89Pa·s，最大值为 3.3Pa·s，波动幅度达到了约 0.4Pa·s。这可能是橡胶沥青生产过程中胶粉的结团、称量、输送等原因导致配料过程掺配比例发生了变

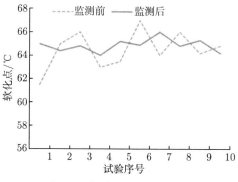

图 5.5　橡胶沥青软化点曲线

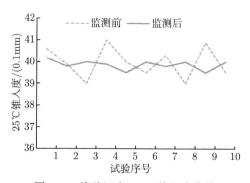

图 5.6　橡胶沥青 25℃ 锥入度曲线

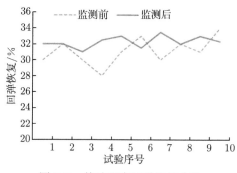

图 5.7　橡胶沥青回弹恢复曲线

化，而此时又未及时发现并进行调整。当进行监测后一旦发现相应参数的波动超过允许范围，操作人员可以及时采取补救措施，因此进行监测后生产的橡胶沥青 180℃ Haake 黏度虽然也有波动，但大多在 3.1～3.2 Pa·s，波动较小，此时生产的橡胶沥青能满足施工和易性的要求。

由图 5.5 可知，监测前软化点指标波动较大，整体平均取值低于监测后的数值，且最大值与最小值之差达到了 5.5℃，其中第一批次橡胶沥青软化点测试值还接近技术要求的下限。这可能与橡胶沥青生产设备对胶粉掺量及发育温度的控制出现了较大波动有关。未监测时，胶粉掺量经常低于设定值，胶粉掺量的减少，使得原基质沥青的改性效果降低，同时橡胶沥青的固液体系无法凸显其特征，而发育温度的较大波动，不利于橡胶粉的均匀扩散及空间网络结构的形成。对橡胶沥青生产过程进行监测后，其软化点为 64~66℃，并与室内标准试验的 65℃ 相当，而波动范围基本在 ±2℃，较为平稳，从而有助于提升橡胶沥青性能质量。

对于橡胶沥青 25℃ 锥入度指标，随着胶粉掺量的增多，沥青的稠度、硬度都逐渐增加，故锥入度值逐渐减小。该指标是衡量橡胶沥青性能的主要指标之一，在未对生产过程实行在线监测时，多次取样检测得到的锥入度值存在着一定的波动；当对橡胶沥青生产过程实行动态质量检测后，取样检测准入度，其波动范围显著减小，该指标监测对比曲线见图 5.6，表明橡胶沥青的生产质量较前更加稳定。

加入胶粉提高了橡胶沥青混合料的抗压恢复能力，对于抵抗现代交通的重载及低温变形起到了一定作用，而回弹恢复指标则较好地体现了橡胶沥青这一性能。由图 5.7 可知，监测前橡胶沥青回弹恢复值波动相对较大 (28%~33%)。对橡胶沥青加工过程进行监测后，各关键生产参数均控制在了规定范围内，因而其回弹恢复值波动较为平稳，基本在 31%~33%，同样的橡胶沥青生产设备，生产的橡胶沥青质量明显稳定。

通过以上仿真和试验检测，验证了使用橡胶沥青生产质量实时在线监控系统后，同一设备生产的橡胶沥青各项主要性能指标均有所提高，且各指标的波动性显著减小，性能质量稳定。

## 5.2.4　橡胶沥青关键生产参数动态质量控制范围

目前工程中对于橡胶沥青生产质量的监测、检验大多还是通过实验室抽样进行，选取的样本数量相对于高速公路大规模施工来说仍然较小，属于"以点带面"，不能全面地反映橡胶沥青的性能，尤其是胶粉掺量这一生产参数对橡胶沥青性能的影响较大，但又无法通过成品橡胶沥青进行准确检测，这些因素的存在增大了施工的风险性，往往出现摊铺后路面稳定性较差的现象。在公路建设高潮中，各地均不同程度地出现过胶结材料质量不合格引起路面早期损坏的情况。为此，基于橡胶沥青生产数据的采集，经过式 (5.16) ~ 式 (5.19) 计算分析后，得出了橡胶沥青生产过程各生产工艺参数的动态质量控制范围，见表 5.1。

$$\overline{X} = \frac{X_1 + X_2 + X_3 + \cdots + X_N}{N} \tag{5.16}$$

式中，$\overline{X}$ 为橡胶沥青生产过程中，各质量参数在任意时段 (通常是一个工作日) 内监测值的平均值；$X_1$、$X_2$、$X_3$、$\cdots$、$X_n$ 为该参数在橡胶沥青生产过程中的随机监测值；$N$ 为橡胶沥青生产过程中该监测值的总个数。

$$R = R_{\max} - R_{\min} \tag{5.17}$$

式中，$R$ 为橡胶沥青生产过程中，某质量参数在某一时段 (通常为一个工作日) 内的极差；$R_{\max}$ 为该质量参数在该时段 (通常为一个工作日) 内的最大值；$R_{\min}$ 为该质量参数在该时段 (通常为一个工作日) 内的最小值。

$$U = N_{超限次数}/N \tag{5.18}$$

式中，$U$ 为橡胶沥青生产中，各质量参数在某一时段内 (通常为一个工作日) 的超差率；$N_{超限次数}$ 为该质量参数在该一时段内 (通常为一个工作日) 超过设定参数允许变化范围的次数；$N$ 为该参数在时间段内生产的总次数。

$$S = \sqrt{\frac{(X_1 - \overline{X})^2 + (X_2 - \overline{X})^2 + \cdots + (X_N - \overline{X})^2}{N - 1}} \tag{5.19}$$

式中，$S$ 为橡胶沥青生产中某一时段内 (通常为一个工作日)，某参数的监测值的标准差，该指标反映该种材料取值偏离均值的程度。

表 5.1    橡胶沥青关键生产参数动态质量控制范围

| 统计指标 | 允许偏差 |
| --- | --- |
| 胶粉动态含量 | 设计值 $\pm 0.5\%$ |
| 动态搅拌温度 | 设计值 $\pm 5°C$ |
| 动态发育温度 | 设计值 $\pm 5°C$ |
| 有效发育时间 | 45min $\leqslant$ 合格 $\leqslant$ 90min |

## 5.3    橡胶沥青生产质量实时在线监控系统的特点

橡胶沥青生产质量实时在线监控系统可以实时监控橡胶沥青生产过程的所有关键质量控制参数 (包括材料配比、主要生产工艺参数和设备运行主参数) 的变化情况，对于任一关键质量参数的超限，均会实时给出预警，提醒操作人员修正问题，这样就从源头上杜绝了不合格橡胶沥青出厂。

监控系统的数据处理软件会对橡胶沥青生产过程中繁杂的监控数据进行自动分析处理，然后以简洁的图表曲线显示，并借助于网络，实时传送给各级质量管理人员，既让他们对橡胶沥青的生产质量了如指掌，又可以极大地减轻质量管理人员、试验检测人员的工作强度。

现将橡胶沥青生产质量实时在线监控系统的特点归纳如下。

1) 彻底解决传统取样检测结果代表性差的问题

传统的质量控制方法多是取样检测。取样是指从产品中随机抽取部分小样，以此作为整个产品的代表，来进行指标检测。既然是小样，必然数量和规模上都较小，这里取样的代表性就是最突出的问题，尤其是对粗颗粒胶粉形成的橡胶沥青，若小样在沥青罐顶取出，则可能会因为离析问题，带来罐顶位置的橡胶沥青与罐中位置、罐底位置橡胶沥青的差别。怎样提高取样的代表性，是一个用传统方法很难解决的问题。

橡胶沥青生产质量实时在线监控系统由于是逐一批次的连续监控，是全样本监测，直接避免了传统取样检测代表性差的问题，不仅可以提高橡胶沥青生产质量评判的准确性，还可以节约试验检测费用，减轻试验检测的工作量。

2) 彻底解决传统取样检测结果可靠性弱的问题

橡胶沥青生产多为间歇式分批生产工艺，每批生产过程中的工艺参数以及原材料参数都有可能发生变化，一旦发生变化，就会导致生产出的橡胶沥青品质产生差异。在施工和生产旺季，不可能每个批次都检测全套指标，那么在哪个批次中取样，即取样的可靠性成为质量检测中的一个大问题。

此外，沥青材料的检测一般在专门的实验室，要借助于专门的试验仪器才能进行，所以需要把取的橡胶沥青小样从生产厂地带回实验室，由于路途环境温度和距离的影响，有可能小样到达实验室时，已偏离试验检测所要求的温度，这就需要对小样实行二次加热，经二次加热后，虽然满足了试验检测的温度要求，但有可能该小样的特性已无法再现原橡胶沥青的特性，使该取样检测失去了根本的意义。

橡胶沥青生产质量实时在线监控系统由于是全样本监测，从源头上避免了传统质量检测中的取样可靠性问题，凸显出了质量控制的较高可靠性。

3) 彻底解决传统取样检测结果严重滞后于施工的时滞性问题

所有的检测试验都需要占用时间，有些指标的检测，制件后还需要专门数小时的养生时间，这必然导致试验检测结果严重滞后于生产。这时的检测结果不仅不能指导橡胶沥青生产，而且与小样同批次的橡胶沥青还有可能已完成橡胶沥青混合料路面施工，若检测结果有问题，就要铣刨已完成施工的路面，这样会带来巨大的浪费。除此之外，还可能存在通过改写试验数据的方法躲避路面返工的风险，这也是施工领域常出现的检测数据造假的客观原因之一。

橡胶沥青生产质量实时在线监控系统是实时在线监测，生产和监测是同时进行的，避免了检测占时导致的检测结果滞后、不能及时指导生产的时滞性问题。这对高效连续生产时的生产质量问题，从根本上进行了较好地保障。

# 第 6 章　橡胶沥青公路工程应用

据不完全统计，截至 2019 年我国废旧轮胎的产量已位居世界第一，达到了 3.3 亿条。然而目前我国废旧轮胎回收率却不足 50%，已经面临国外发达国家早期遇到的大量废旧轮胎的处理问题。废旧轮胎属于工业有害固体废物，被称为"黑色污染"[51]，具有很强的抗热、抗机械、耐腐蚀性，极难降解，一百年内都会影响生态环境。大量废旧轮胎长年堆放，不但占用较多的土地空间，滋生蚊虫类的疾病，影响人类的健康，还极易引发火灾，一旦发生焚烧，将会产生二噁英、呋喃及其他短期内难以消散的有机污染物，见图 6.1。由此可知，传统处理方式所采用的掩埋、堆积及焚烧手段，将造成二次污染。

图 6.1　长期堆放的轮胎及自燃造成的环境污染

把废旧轮胎制成橡胶粉是国际公认的废旧轮胎资源化利用和无害化处理的方法。废旧轮胎的主要成分是天然橡胶和合成橡胶 (如丁苯橡胶、顺丁橡胶)，此外还包含炭黑、硫、氧化铁、氧化硅、氧化钙等添加剂成分，其中多种成分具有较高的回收再利用价值。从 2011~2015 年的统计数据可知：我国废旧轮胎的回收再利用率逐年攀升，见图 6.2，仅 2015 年我国废旧轮胎回收量有 500.6 万 t，回收价值达 65.1 亿元 [52]，可见经济效益显著。然而这与我国废旧轮胎年产量 3 亿多条相比，存在着较大差距，意味着仍有大量废旧轮胎未得到合理处置，需要探索更广阔的应用领域。

在基础设施建设中，建材使用量巨大，且种类广泛，废旧橡胶轮胎的再利用，引起了研究人员的兴趣。首先，橡胶和沥青都是高分子有机类材料，有较好的亲和性；其次，废旧轮胎橡胶中的这些成分大多可以当作性能优良的沥青改性剂，能

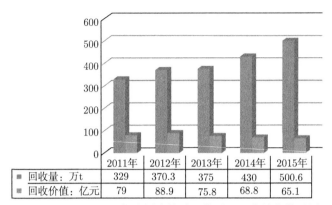

| | 2011年 | 2012年 | 2013年 | 2014年 | 2015年 |
|---|---|---|---|---|---|
| 回收量：万t | 329 | 370.3 | 375 | 430 | 500.6 |
| 回收价值：亿元 | 79 | 88.9 | 75.8 | 68.8 | 65.1 |

图 6.2    2011~2015 年我国废轮胎回收量及回收价值统计图

够改善沥青的多种路用性能，如减薄路面厚度、提高路面寿命、降低路面噪声，废旧轮胎中的炭黑能进一步加深沥青路面的颜色，使其与白色或黄色的道路标线形成较大的对比色差，有利于提高行车的安全性等。因此，把废旧轮胎用于沥青路面的建设，不但能够很好地解决废旧轮胎的处理问题[53]，而且可以改善沥青路面材料的使用性能，降低改性沥青的成本，具有非常显著的经济效益和社会效益。

　　废旧轮胎橡胶粉在道路路面建设中的应用，主要有湿法工艺和干法工艺两条技术路线，这两条路线几乎是在同一时期起步的。湿法工艺是指橡胶粉与热沥青先进行混合或混炼生成的新胶结料，该胶结料再与矿料进行混合搅拌的生产工艺；干法工艺是指将橡胶粉与矿料先进行拌和以后，再喷入沥青结合料拌制成混合料的生产工艺，橡胶粉从矿料口进入，添加方法简单，拌和工艺与常规混合料基本相同，无须添置专门的设备。但干法工艺由于拌和时间较短，橡胶粉与沥青只能产生少量的反应，所生产的混合料性能不如湿法工艺。广义的湿法工艺还包括用于稀浆封层的胶粉改性乳化沥青等，广义的干法工艺还包括将橡胶粉颗粒撒布到刚刚摊铺后的沥青混合料路面上再共同碾压的工艺等。湿法工艺条件相对复杂，加工、储存、使用成本相对较高，但可以显著提高沥青混合料的性能。

　　从 20 世纪 40 年代至今，美国从未停止对橡胶粉改性沥青的研究，研究的内容包括：橡胶粉改性沥青的加工工艺、橡胶粉改性沥青设备的开发、橡胶沥青混合料的设计方法和室内性能指标评估、橡胶沥青混合料摊铺与压实工艺、ALF 加速加载试验、橡胶粉改性沥青路面性能观测、全寿命周期分析以及施工中的排放检测和劳动保护问题。20 世纪 70 年代中期，美国联邦公路总局 (FHWA) 在其计划中列入了 "橡胶沥青技术的应用"，先后安排了 200 多个试验路段，包括将橡胶粉改性应用于道路表面处置、应力吸收层及混合料铺筑等，在亚利桑那州和加利福尼亚州一度把橡胶沥青碎石封层作为城市路面养护和干线公路的预防性养护方法，研究还对这些工程进行了跟踪检测与评估，这一研究于 90 年代告一段落，发表了题为"美国的实践——废轮胎胶粉改性剂用于沥青摊铺材料的设计和施工"的研究报告。期间 (1988 年前后)，美国亚利桑那州将橡胶沥青成功应用在间断级配沥青混合料中，标志着橡胶沥青路用技术的成熟[54]。1992 年，恰逢橡胶沥青专利技术期满终止，废旧轮胎胶粉改性沥青技术在美国开始了较大规模的推广应用，仅加利福尼亚州，截至 1995 年，就已建 100 多个橡胶沥青混凝土工程。到 2009 年，美国采用废旧轮胎橡胶粉改性沥青铺筑的路面已经达到 1.1 万公里，消耗了大约 4 亿条废旧汽车轮胎，重约 8000 万 t。目前已经有亚利桑那、加利福尼亚等不少州的公路管理部门将橡胶粉改性沥青列为常用的沥青路面铺筑材料，并制定了相应的设计施工规范，在所有的橡胶粉改性沥青中尤以橡胶沥青数量最大。

除美国以外，加拿大、瑞典、比利时、法国、意大利、南非、奥地利、印度、澳大利亚等许多国家，从 20 世纪 60~70 年代至今，研究和应用了废旧轮胎橡胶粉改性沥青材料和技术。到 20 世纪 90 年代，越来越多的国家逐渐接受了橡胶沥青技术。法国的橡胶粉改性沥青多孔隙混合料路面截至 1995 年累积已经摊铺了超过 100 万 m²。南非于 1983 年从美国引进了橡胶沥青技术，在道路工程中的应用很成功，超过 20 年橡胶沥青路面仍然完好，并且形成了一套橡胶沥青相关技术，60% 以上的黑色路面采用的是橡胶沥青材料。瑞典针对其气候和地质条件，从 2007 年以来修筑了一系列橡胶沥青试验路段，消耗了大约 57000t 废旧汽车轮胎[55]。

我国关于废胎胶粉在路面工程中的应用研究开始于 20 世纪 80 年代初，同济大学、长安大学、交通运输部公路科学研究院等单位先后参与了多个橡胶沥青研究项目，完成了数百公里的橡胶沥青试验段工程，工程地域涉及江西、四川、辽宁、广东、江苏、北京、河北、陕西、山东等多省市，公路等级上既有低等级公路、市政道路、水泥路面罩面"白 + 黑"改扩建工程，也有新建高速公路路面工程。值得一提的是从 2007 年至今，基于长安大学质量控制研究所杨人凤教授团队对橡胶沥青技术的研究，陕西省开始了大规模橡胶沥青碎石封层的应用，以 2009 年建成通车的西安咸阳国际机场特大桥桥面橡胶沥青碎石防水封层为典型示范工程拉开了陕西橡胶沥青技术路面应用的序幕，十天高速公路汉中东段、安康西段、汉中西段、安康东段全线 400 多公里、陕西西大门门户之路西宝高速公路全线 200 多公里、陕西东大门潼西高速公路全线 200 公里、榆绥高速公路 100 多公里、延志吴高速公路全线 100 多公里等全部采用了橡胶沥青碎石应力吸收封层和桥面防水封层，随后陕西境内近 2000 公里的高速公路均采用了橡胶沥青碎石应力吸收层结构；西铜二通道高速公路、黄延高速公路及西咸北环线双向 6 车道高速公路，共近千公里高速公路路面采用了橡胶沥青 SMA 混合料上面层结构，其中，40 多公里采用了降黏温拌橡胶沥青 SMA 混合料上面层施工。2011 年 1 月 27 日建成的广西隆百高速公路全线 177 公里采用了橡胶粉改性沥青路面材料，属于大规模采用橡胶粉改性沥青路面施工工艺的环保高速公路，用掉了约 20 万条废旧轮胎。2013 年 5 月铺筑的广西钦州至崇左高速公路连线 72 公里橡胶粉改性沥青路面加铺工程，采用 5cm AR-AC13+ 橡胶粉改性沥青撒布式应力吸收层的超薄复合式路面，共使用橡胶粉改性沥青 4600 余吨，消耗废旧轮胎近 1000 吨。

下面主要介绍基于全新橡胶沥青评价体系的橡胶沥青典型工程应用。

# 6.1　橡胶沥青桥面防水封层技术

在公路建设中，随着高速公路进入山区，桥隧比大幅度攀升，尤其是水泥混凝土桥梁的数量剧增，桥面上的沥青混凝土桥面铺装层成了路面耐久性的薄弱点，道路建成后，短则几个月、1～2 年，长则 3～5 年水泥混凝土桥梁上的沥青混凝土铺装层就会出现唧浆、泛白、脱落、坑槽等病害，此状况成了公路路面施工中的棘手问题。

## 6.1.1　桥面铺装层病害成因

道路路面病害中，桥面铺装层病害占有较大的比例[56]，分析其原因，可以分为以下几类。

(1) 水泥混凝土桥面本身病害向沥青混凝土铺装层的反射。

以数量较多的简支梁为例，其水泥桥面经常会在梁板纵向接缝处出现横向裂缝，其原因是水泥桥面施工一般采用连续形式以提高行车的舒适度，但连续缝处荷载产生的负弯矩会使此处的桥面铺装层受拉、桥面混凝土干缩，加之季节温差等引起的变形，在水泥混凝土桥面铺装层内出现拉应力，当该应力超过水泥混凝土抗拉强度时，桥面水泥混凝土出现横向裂缝，并向其上的沥青混凝土铺装层反射，造成沥青混凝土铺装层出现裂缝；水泥混凝土桥面也会出现纵向裂缝，原因是板梁结构和装配式干接头的 T 梁桥中，一般设计中的理想状态是铰缝完全传递横向剪切力，相邻梁板间不出现相对竖向位移，但当铰缝本身质量欠佳，横向传递能力不足，部分载荷只能通过水泥桥面铺装层传递，若铺装层强度不足以承担，便会导致沿铰缝处的水泥混凝土裂缝或剪坏，该病害也会向上传递，导致桥面沥青混凝土铺装层出现纵向裂缝；水泥混凝土桥面铺装层强度不足，车轮作用下的应力超过其承载力时，会造成水泥混凝土桥面铺装层破坏，此病害也会向上传递，最终导致桥面沥青混凝土铺装层出现病害。

(2) 层间结合不良导致桥面沥青铺装层病害。

水泥混凝土弹性模量与沥青混凝土弹性模量的巨大差异，使在车轮载荷作用下产生的变形相差较大，水泥混凝土显示了较强的刚性特征，变形量较小；而沥青混凝土呈现的是柔韧特性，在相同载荷作用下，会出现较大的形变，导致两种不同铺层的分离。除此之外，还有施工环节，水泥混凝土桥面浮浆处理不完全，就进行沥青混凝土摊铺施工，使沥青混凝土铺装层的基础建立在浮浆上，投入使用后，浮浆脱落导致沥青混凝土铺装层失去了与桥梁连接的根基；再有防水层材料本身结合力弱，该防水层在载荷作用下，与水泥混凝土桥面脱离导致沥青混凝土铺装层失去了与水泥混凝土桥面的连接，这也是导致桥面沥青铺装层出现病害的原因之一。

(3) 桥面防水不力，导致桥面沥青铺装层病害。

桥面防水不力，通常反映在桥面防水层本身问题和桥面沥青铺装层防水性差两方面。

结构设计上，在水泥混凝土桥面和沥青混凝土铺装层之间，一般会设置桥面防水层，早期的桥面防水层材料，直接使用普通建筑防水材料涂层，一般是以天然石油类的沥青添加其他材料而制成的涂料或卷材，建筑施工中载荷多为静止载荷，或变化频率较低的载荷，这类防水材料显示出了较好的防水功能，但用在公路的桥面防水时，由于动载荷的频繁作用，防水能力下降，封水效果不良，雨水直接作用于水泥混凝土桥面。另外，沥青混凝土级配和油石比设计不当，致使沥青混凝土铺装层本身渗水系数过大，在雨天导致大量雨水直接作用于防水层，防水层效果若不佳，这些雨水就会直接作用于水泥混凝土桥面，在车轮交变载荷的作用下，将水泥混凝土桥面生成的浆液唧到沥青混凝土铺装层上，此浆液因含有水泥成分，呈现碱性特征，导致沥青混凝土铺装层泛白直至脱落。

路面病害中，水损害始终是主要病害之一，尤其是桥面铺装层唧浆、泛白、脱落占有较大的比例，造成这些病害的最直接的原因就是水的渗入，因此要想减轻水损害，做好道路中的防水层至关重要。对于桥梁亦是如此，要想桥面铺装层的耐久性提高，就必须做好桥面防水层。基于此，桥面防水层的重要性和必要性显而易见。

### 6.1.2 桥面防水层类型及性能对比

**1. 桥面防水层类型**

1) 防水卷材和防水涂料

防水卷材是以防水原料加工而成的卷材，其性能特点是运输和施工都非常容易，直接展开铺于需要设置防水层的地方，再稍加固定即可。其防水能力取决于防水原材料的特性和其与桥面结合的强弱。

防水涂料是近年来在防水工程中应用广泛、用量较大的一种防水材料。这主要是因为防水涂料作为路桥防水有以下优点：防水涂料为不定形材料，可适用于各种形状不同的基层，能形成无接缝的、整体性好的防水层；可喷涂，施工方便，工效高，水乳型涂料还可在潮湿的基层上施工，可缩短工期。近年来随着公路建设的蓬勃发展，路桥防水涂料也发展很快，工程用量逐年增大。但由于标准的滞后，以往路桥防水涂料多以建筑防水涂料 JC 408—2005、JC/T 894—2002 标准为依据，事实上建筑防水在环境与力学特性上和道路工程防水有着较大的差异。桥面防水层的作用不同于建筑上的防水，也不同于地下工程的结构物防水。屋面防水涂膜不受荷载作用，它的功能就是防止雨水侵入屋面混凝土，腐蚀混凝土中的受力钢筋，降低结构的使用寿命；地下结构物的防水涂膜则是在屋面防水的基础上，再加上一恒定的水压力；而路桥用防水材料则是在外部应变力、剪切力不断变化的条件下承担防水作用的，施工早期也必须承受施工设备的裸碾及粒料的穿刺，开通营运后还得承受行车的反复作用和动水压力，尤其是道路需承受较大动作用的垂直荷载与水平荷载，在弯道处其所承受的强度更大。由于高速公路有不少弯坡斜桥，且桥梁坡度大，加之重载车辆多、车速快，在用普通卷材做防水涂层的桥梁建成通车后，经常很快就会出现一些桥面铺装层的沥青混凝土滑动或脱落的现象。

2) 乳化沥青封层

乳化沥青是指沥青与水在乳化剂、稳定剂等的作用下经乳化加工制得的沥青胶结材料。

采用乳化沥青作为胶结材料，形成的封层就称为乳化沥青封层。由于乳化改性沥青的抗水损害性能、抗老化性能较好，因此乳化沥青封层也有一定的防水作用。但乳化沥青在高温条件下的抗剪强度、拉拔强度明显不足，故其高温性能不够理想。

由于乳化沥青加工设备及加工工艺简单，易于生产，且其黏度相对较低，流动性好，易喷洒均匀，施工工艺简单，成本较低，故在我国早期公路施工中被广泛应用。

3) 热沥青碎石封层

热沥青碎石封层是由加热的沥青材料做胶结材料形成的封层。其中的热沥青是加热的基质沥青，也可以是加热的改性沥青。由于 SBS 改性沥青的抗剪强度、拉拔强度、高温性能较好，SBS 改性沥青封层在我国使用最为广泛，其缺点是抗水损害能力相对较弱。

热沥青碎石封层的施工是采用沥青洒布车、碎石撒布车或沥青碎石同步封层车将碎石及黏结材料 (加热的改性沥青或基质沥青) 铺洒在路面上，通过轮胎压路机碾压形成的单层沥青碎石磨耗层。

同步碎石封层技术的优点是同步铺洒黏结材料和碎石，使喷洒到路面上的高温黏结料在降温不大的条件下及时与碎石结合，从而确保黏结料和石料之间的黏结力。

4) 稀浆封层

稀浆封层工艺的原理是将乳化沥青、符合级配的骨料、水、填料及添加剂按一定的设计配比搅拌成稀浆混合料，经稀浆封层机的摊铺箱均匀地摊铺在待处理的路面上，经裹覆、破乳、析水、蒸发和固化等过程与原路面牢固地结合在一起，形成密实、坚固、耐磨的道路表面封层。它有一定的防水效果，可以用作桥面防水封层，但更多的是用于旧路修复工艺中，在低等级道路中也可作为道路的上封层使用。其缺点是脆性较大，行车舒适性差。

5) 纤维封层

纤维封层是指采用专用设备洒布沥青黏结料和纤维，然后在上面撒布碎石，经碾压后形成新的磨耗层或者应力吸收中间层，这种封层具有较突出的层间结合作用，但在桥面防水中使用不多。纤维封层施工中，经过专门工艺破碎切割的纤维在上下两层均匀洒布的沥青结合料中呈异向均匀分布，相互搭接，与沥青混合料形成网络缠绕结构，有效地提高了封层的抗拉、抗剪、抗压和抗冲击强度等综合力学性能，类似在新建道路基层和面层之间或原有路面基础上加铺了一层具有高弹性和高强度的防护网垫。多用于旧沥青路面、面层层间应力吸收层和原有旧沥青路面耐磨层施工中，能延长道路养护周期及服务寿命。

6) 橡胶沥青碎石桥面防水封层

用橡胶沥青作为封层的黏结材料，形成的封层称为橡胶沥青封层。由于橡胶沥青具有突出的路用性能，其各项指标相对其他改性沥青都有明显提高和改善。相比于基质沥青，橡胶沥青在高温稳定性、低温性能、抗老化性能、抗疲劳性能及抗水损坏等方面都有着明显的优势；相比 SBS 改性沥青，橡胶沥青也有着突出的抗水损害能力，且比 SBS 改性沥青价格便宜，同时还有资源再利用，保护环境，节约施工成本的优点。因此，橡胶沥青碎石桥面防水封层受到了较多关注。

2. 各种桥面防水封层的性能对比

桥面防水黏结材料的抗水损害性能主要通过冻融前后的黏结强度和剪切强度试验进行评价。此外还要进行高温性能试验、低温性能试验、剪切强度试验、黏结强度试验和抗老化性能试验，根据这些试验对防水性能进行综合评价。通过对橡胶沥青、乳化沥青和 SBS 改性沥青进行上述试验[54]，可以得出以下结论：

(1) 乳化改性沥青的抗水损害性能、抗老化性能较好，但在高温条件下的抗剪强度、拉拔强度明显不足，故其高温性能不够理想。

(2) 橡胶沥青在高温条件下，抗剪强度、拉拔强度最优，抗水损害、抗老化性能也较好。

(3) SBS 改性沥青的抗剪强度、拉拔强度、高温性能较好，但抗水损害性能相对不足。

根据桥面防水层多种材料的性能试验数据,结合工程实际需要,综合分析,满足桥面防水要求的最佳材料是橡胶沥青。

### 6.1.3　桥面防水封层设计

橡胶沥青碎石桥面防水封层的设计目标是石料对路面覆盖均匀,避免沥青膜外露;橡胶沥青对碎石裹覆率高,保证碎石有足够的黏结力,与路面结合紧密。下面以西安咸阳国际机场高速公路特大渭河桥桥面防水工程为例详细阐述如下。

1. 胶结材料设计

胶结材料设计包括确定胶结材料中各种原材料组成比例、胶结材料主要特性参数及其允许变化范围、胶结材料主要生产工艺参数等技术指标。

在橡胶沥青碎石桥面防水中,胶结材料为橡胶沥青,橡胶沥青黏结剂的设计是很重要的组成部分。黏结剂设计直接影响封层的防水性能、集料的黏附性。

首先在实验室内试验、观测各种基质沥青与不同颗粒组成的橡胶粉的相容性,确定橡胶沥青中基质沥青的品牌、标号、橡胶粉的生产厂家和胶粉的目数;在室内制备不同胶粉掺量经不同发育温度下形成的橡胶沥青试样,通过检验黏度、锥入度、软化点、回弹恢复等主要指标,初步确定橡胶沥青黏结剂的主要性能参数和工艺参数,经试生产和试验段路用,验证和完善设计方案。

1) 黏结剂的设计要求

(1) 黏结剂有足够的黏度;

(2) 黏结剂有良好的防水效果;

(3) 黏结剂的各项技术指标符合规范要求;

(4) 黏结剂的主要生产工艺参数包括配料生产温度、发育温度、胶粉含量等。

2) 黏结剂的设计方法步骤

(1) 选择原材料。包括基质沥青、橡胶粉和集料的选择。

(2) 选择胶粉掺量和发育温度。

利用室内设备制备不同胶粉掺量和不同发育温度下形成的橡胶沥青样品。通过相关试验设备检测样品的各项性能指标,包括黏度、锥(针)入度、软化点、回弹(弹性)恢复。在对比各项数据指标的基础上得到最佳的配比和主要生产工艺参数。经试生产和试用,验证设计的正确性。

(3) 试验过程。首先进行原材料的试验,见表 6.1~ 表 6.3。

结合具体工程情况,机场高速公路桥面封层决定采用克拉玛依石化公司生产的 AH70 重交沥青作为基质沥青。

然后进行胶粉掺量和配伍性试验。为了确定合理的橡胶沥青加工温度和配比,选择 16%、18%、20%、22% 四个胶粉掺量和 177℃、190℃、200℃ 三个温度在实验室进行试验，测定了橡胶沥青在不同的掺量和不同的加工温度下的各项技术指标，包括黏度、软化点、锥 (针) 入度、回弹 (弹性) 恢复。

表 6.1　部分橡胶粉细度试验

| 胶粉厂家 (简称) | 目数 | 下列筛孔 (mm) 通过率/% | | | | | |
|---|---|---|---|---|---|---|---|
| | | 2.36 | 1.18 | 0.6 | 0.3 | 0.15 | 0.075 |
| 山东邹平 | 14 | / | / | / | / | / | / |
| | 20 | 100 | 99.4 | 55.8 | 24.6 | 6.2 | 4.6 |
| | 25 | / | / | / | / | / | / |
| | 40 | 100 | 100 | 70.8 | 26.4 | 6.1 | 4.2 |
| 武汉合得利 | 14 | 98.2 | 40.1 | 8.3 | 3.6 | 3 | 2.6 |
| | 20 | 100 | 97.4 | 62.8 | 34.4 | 7.9 | 3.7 |
| | 25 | 100 | 100 | 97.5 | 52.8 | 8.3 | 4.4 |
| | 40 | 100 | 100 | 94.5 | 66.5 | 12.6 | 4.5 |
| 江苏南通 | 14 | 100 | 78.8 | 42.7 | 18.4 | 5.3 | 3.6 |
| | 20 | 100 | 99.7 | 57.4 | 25.6 | 6.3 | 4.8 |
| | 25 | 100 | 65.2 | 31.6 | 14.3 | 4.7 | 3.5 |
| | 40 | 100 | 100 | 99.8 | 88.3 | 35.4 | 23.8 |
| 长大华础 | 14 | 99.5 | 59.6 | 9 | 5.4 | 3.2 | 2.5 |
| | 20 | 100 | 100 | 49.2 | 38.3 | 11.6 | 1.3 |
| | 25 | 100 | 100 | 47.6 | 6.1 | 4 | 3.5 |
| | 40 | 100 | 100 | 98.5 | 53.7 | 8.3 | 4.7 |
| 北京海宏 | 14 | 100 | 19.7 | 3.7 | 3.6 | 3.4 | 2.8 |
| | 20 | 100 | 99.9 | 73.9 | 14.4 | 6.1 | 4.8 |
| | 25 | 100 | 100 | 89.9 | 16.4 | 5.7 | 4.1 |
| | 40 | 100 | 100 | 100 | 73.9 | 14.2 | 6.2 |
| 四川彭州 | 14 | / | / | / | / | / | / |
| | 20 | 98.7 | 80.2 | 42.1 | 34.0 | 19.3 | 4.7 |
| | 25 | / | / | / | / | / | / |
| | 40 | / | / | / | / | / | / |

表 6.2　部分橡胶粉化学成分试验

| 序号 | 试验项目 | 试验结构 | 试验方法 |
|---|---|---|---|
| 1 | 胶种定性 | 天然橡胶 | GB/T 7764—2017 |
| 2 | 低分子有机配合剂含量/ % | 3 | GB/T 14837.3—2018 |
| 3 | 高分子材料含量/ % | 60 | / |
| 4 | 炭黑含量/ % | 30 | / |
| 5 | 无机助剂含量/ % | 7 | / |
| 6 | 相对密度 | 1.22 | GB/T 533—2008 |
| 7 | 含水量/% | 0.51 | HG/T 2298—2001 |
| 8 | 金属含量/% | 0 | HG/T 3871—2008 |
| 9 | 纤维含量/% | 0.30 | GB/T 14853.2—2016 |
| 10 | 丙酮抽出物含量/% | 13 | GB/T 3516—2006 |
| 11 | 橡胶烃含量/% | 45 | HG/T 3837—2008 |

加橡胶粉的温度一般比目标温度高 10℃ 左右，这是因为加入的橡胶粉会吸收热量从而使橡胶沥青的温度有所下降。橡胶粉在 15min 内加完，同时不断搅拌，使混合物基本保持在规定温度内；持续搅拌，发育 45min 后，开始测黏度，然后

**表 6.3　部分基质沥青试验**

| 检验项目 | | 克拉玛依 70# | SK-70# | SK-90# |
|---|---|---|---|---|
| 针入度 (25℃, 5s, 100g)/(0.1mm) | | 72 | 70 | 86 |
| 针入度指数 | | −0.27 | −0.81 | −0.7 |
| 软化点 (环球法) /℃ | | 47 | 47.5 | 45.5 |
| 60℃ 动力黏度 /(Pa·s) | | / | 207.8 | 178.1 |
| 延度 (5cm/min,5℃) / cm | | 100 | / | / |
| 延度 (5cm/min,10℃) / cm | | / | 68 | 93 |
| 延度 (5cm/min,15℃) / cm | | / | > 150 | > 150 |
| 蜡含量 (蒸馏法) / % | | / | 1.4 | 1.3 |
| 运动黏度 (135℃) / (Pa·s) | | / | / | / |
| 贮存稳定性离析, 48h 软化点差 /℃ | | / | / | / |
| 弹性恢复 (25℃)/% | | / | / | / |
| 闪点 /℃ | | 282.3 | 324 | 295 |
| 溶解度 /% | | 99.68 | 99.93 | 99.93 |
| 密度 /(g/cm³) | | 0.984 | 1.036 | 1.034 |
| 薄膜加热试验 | 质量损失率 / % | 0.13 | 0.04 | 0.03 |
| (163℃ ± 1℃, 5h) | 残留针入度比 (25℃)/% | 70.8 | 69.4 | 69.3 |
| 残留延度/cm | 10℃ | 12.2 | 8 | 12 |
| | 15℃ | / | 43 | 82 |
| | 5℃ | / | / | / |

在不低于规定温度的情况下成型试件，按规程要求测试其软化点、锥 (针) 入度、回弹 (弹性) 恢复。

其中黏度使用 RION 或 HAAKE 手持式黏度仪，软化点的检测采用环球法，锥 (针) 入度检测采用锥 (针) 入度仪，回弹恢复采用回弹恢复仪，弹性恢复采用八字模。

黏度是流体或者半流体抵抗流动的性质 (剪切力)，橡胶沥青等黏稠流体具有较高的黏度，而水是低黏度液体。黏度被定为橡胶沥青实验室和现场质量控制的主要指标。测量橡胶沥青的温度后，如果是在规定的温度范围之内，可以使用手持式黏度仪测量黏度。将黏度仪的 1 号转子从罐的边缘插入热沥青中 1min，让转子预热，使转子温度与被测介质温度一致。在转子升温过程中，试样要充分搅拌，并测量温度。然后将转子放在样品中部，进行黏度测量，手持式黏度仪上有一个水泡用于定位 (转子轴垂直于被测介质表面和黏度仪的水平面)，转子轴上还有一个深度标线。调平后开动转子，读取峰值就是黏度值。试验数据见表 6.4。

(4) 试验结果分析如下。

黏度的选择。美国的规范要求在 1.5~4.0Pa·s，但是这个范围过于宽泛。根据试验及以往经验，对常规洒布设备而言封层胶结材料黏度太高会导致喷洒困难，而太低则会使黏结层的黏结力下降，不能很好地与石料黏结。为了保证作业的质量，选择封层胶结材料的黏度在 2.5~3.5Pa·s。

表 6.4　橡胶粉与基质沥青配伍性试验数据

| 规格 | 温度 /℃ | 比例 /% | 黏度 /(Pa·s) | 软化点 /℃ | 锥入度 /(0.1mm) | 针入度 /(0.1mm) | 弹性恢复 /% | 回弹恢复 /% |
|---|---|---|---|---|---|---|---|---|
| | 177 | 16 | 1.5 | 59.0 | 29.1 | 56.6 | 65 | 36 |
| | | 18 | 4.1 | 64.0 | 25.4 | 48.6 | 55 | 39 |
| | | 20 | 7.1 | 65.0 | 24.6 | 42.2 | 48 | 52 |
| | | 22 | 9.5 | 68.5 | / | 40.8 | 45 | 53 |
| 20 目 | 190 | 16 | 1.4 | 61.5 | 33.0 | 53.7 | 66 | 38 |
| | | 18 | 1.9 | 63.0 | 32.0 | 52.1 | 46 | 41 |
| | | 20 | 2.7 | 66.6 | 25.4 | 50.1 | 66 | 49 |
| | | 22 | 4.8 | 71.5 | / | 47.4 | 41 | 48 |
| | 200 | 16 | 1.1 | 62.5 | / | 60.1 | 51 | 48 |
| | | 18 | 1.4 | 62.5 | / | 56.3 | 54 | 49 |
| | | 20 | 1.9 | 65.0 | / | 52.7 | 51 | 54 |
| | | 22 | 4.5 | 73.0 | / | 47.3 | 49 | 54 |
| | 177 | 16 | 2.1 | 59.5 | 30.5 | 51.3 | 67 | 45 |
| | | 18 | 2.7 | 65.0 | 27.8 | 43.0 | 53 | 48 |
| | | 20 | 5.9 | 67.5 | 26.0 | 35.0 | 50 | 50 |
| | | 22 | 5.7 | 68.0 | / | 32.5 | 56 | 55 |
| 25 目 | 190 | 16 | 1.2 | 59.0 | 32.0 | 66.8 | 65 | 30 |
| | | 18 | 2.2 | 63.0 | 30.9 | 57.0 | 56 | 41 |
| | | 20 | 4.2 | 67.5 | 29.0 | 48.5 | 50 | 53 |
| | | 22 | 4.6 | 71.5 | / | 48.0 | 51 | 50 |
| | 200 | 16 | 1.0 | 58.5 | / | 68.4 | 50 | 45 |
| | | 18 | 2.5 | 65.5 | / | 66.5 | 51 | 47 |
| | | 20 | 3.5 | 69.0 | / | 56.8 | 50 | 54 |
| | | 22 | 4.4 | 72.0 | / | 50.5 | 54 | 55 |
| | 177 | 16 | 1.2 | 58.5 | / | 44.1 | 30 | / |
| | | 18 | 1.3 | 61.0 | / | 42.8 | 32 | / |
| | | 20 | 2.1 | 64.5 | / | 41.0 | 30 | / |
| | | 22 | 4.1 | 68.0 | / | 38.5 | 34 | / |
| 14 目 | 190 | 16 | 0.97 | 58.5 | / | 51.1 | 39 | / |
| | | 18 | 1.2 | 63.0 | / | 44.4 | 50 | / |
| | | 20 | 1.7 | 65.0 | / | 42.0 | 38 | / |
| | | 22 | 3.5 | 70 | / | 39.0 | 53 | / |
| | 200 | 16 | 0.9 | 62.5 | / | 48.5 | 43 | / |
| | | 18 | 1.3 | 65.0 | / | 48.0 | 54 | / |
| | | 20 | 1.9 | 65.5 | / | 47.4 | 47 | / |
| | | 22 | 2.7 | 71.5 | / | 43.0 | 53 | / |

温度的选择。温度是橡胶沥青生产中一个很重要的因素。要兼顾生产、储存和运输各个环节，选定生产温度为 190℃。

胶粉掺量 (也称掺配比例、掺配比) 的选择。结合黏度、温度和各项技术指标，对 20 目胶粉与克拉玛依 70# 沥青掺配，选择橡胶粉 20％为最佳掺配比例，20 目橡胶沥青各项指标随胶粉掺量的变化曲线见图 6.3~图 6.6。

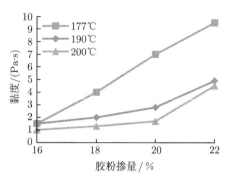

图 6.3    黏度随胶粉掺量的变化曲线

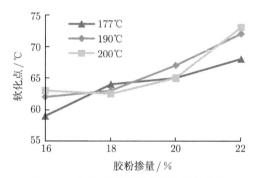

图 6.4    软化点随胶粉掺量的变化曲线

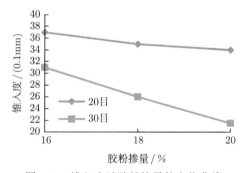

图 6.5    锥入度随胶粉掺量的变化曲线

(5) 试验结论:采用克拉玛依石化公司生产的 70# 重交道路石油沥青加四川彭州宏鑫橡胶有限公司生产的 20 目胶粉,掺量为 20%,生产温度为 190℃ 时形成的橡胶沥青的各项指标要优于其他,所以选择这个配比和生产温度为最佳配比和最佳生产温度。

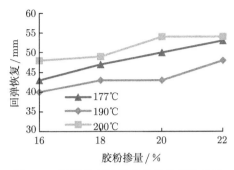

图 6.6　回弹恢复随胶粉掺量的变化曲线

## 2. 设计确定碎石粒径、撒布量及胶结材料喷洒量

### 1) 碎石粒径及撒布量

碎石撒布量用每平方米碎石质量来表示,其直接影响碎石对沥青层的覆盖率。如果碎石撒布过多,撒布后碎石就会出现重叠现象,那么上层碎石与沥青膜的黏结就很少,会使部分碎石的黏结力下降,出现松动的碎石夹层;如果碎石撒布过少,则撒布过后会使沥青膜局部没有被碎石覆盖住,压路机碾压驶过时会出现黏轮现象。

封层碎石选用石质坚硬、清洁、不含风化颗粒、经圆锥或反击破碎机轧制而成的、近立方体颗粒的石料,粒径 9.5~13.2mm,通过拌和楼进行加热、除尘和筛分,加热温度为 150~160℃,13.2mm 通过率应 ≥97%,9.5mm 通过率 ≤3.0%,0.075mm 通过率 0.3%。此外,碎石的各项技术指标应符合表 6.5 的要求。

表 6.5　集料技术质量要求及性能检测值

| 指标 | 规范值 | 要求值 | 试验方法 |
|---|---|---|---|
| 集料视密度/$(g/cm^3)$ | ≥ 2.5 | / | T0304 |
| 集料压碎值/% | ≤ 28 | ≤ 20 | T0316 |
| 坚固性/% | ≤ 12 | / | T0314 |
| 洛杉矶磨耗损失率/% | ≤ 30 | / | T0317 |
| 集料吸水率/% | ≤ 3.0 | / | T0304 |
| 针片状含量/% | ≤ 18 | ≤ 15 | T0312 |
| 与沥青的黏附性/级 | ≥ 3 | 5 | T0616 |
| 软石含量/% | ≤ 5 | ≤ 3 | T0320 |

(1) 选择石料粒径。试验选用 9.5~13.2mm 和 4.75~9.5mm 两种粒径的碎石进行比较。

(2) 初选碎石撒布量。对于 4.75~9.5mm 的碎石,采用 8kg/m²、10kg/m²、12kg/m² 三种撒布量进行比较,对于 9.5~13.2mm 的碎石,选择 12kg/m²、14kg/m²、16kg/m² 三种撒布量进行比较,分别见图 6.7 和图 6.8。

图 6.7　4.75~9.5mm 碎石 (撒布量为　　　　　图 6.8　9.5~13.2mm 碎石 (撒布量为
　　　　　12kg/m²)　　　　　　　　　　　　　　　　　　14kg/m²)

2) 选择沥青洒布量

沥青洒布量用每平方米洒布沥青的质量表示，其直接影响封层油膜厚度、油膜对碎石的裹覆率和黏结力。合理的沥青洒布量可以使大部分碎石有较高的裹覆率，从而可以得到足够的黏结力。先在室内进行油膜厚度试验，见图 6.9，以确定出最佳油膜厚度。

图 6.9　室内最佳油膜厚度试验

不同的碎石粒径对应的沥青洒布量不同。粒径大的碎石，沥青用量相对要多一些。对于 4.75~9.5mm 的碎石，采用三种碎石撒布量即 8kg/m²、10kg/m²、12kg/m² 和三种沥青洒布量即 1.8kg/m²(图 6.10)、2.0kg/m²(图 6.11)、2.2kg/m² 全组合试验进行对比。

对于 9.5~13.2mm 的碎石，采用三种碎石撒布量即 12kg/m²、14kg/m²、16kg/m² 和五种沥青用量即 2.0kg/m²(图 6.12)、2.2kg/m²(图 6.13)、2.4kg/m²(图 6.14)、2.6kg/m²、2.8kg/m² 的全组合试验进行对比。

西安咸阳国际机场专用高速公路橡胶沥青桥面防水封层工程采用的是 9.5~13.2mm 碎石，碎石撒布量为 15~16kg/m²，沥青洒布量 2.2~2.3kg/m²。

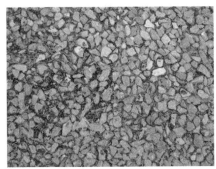

图 6.10　沥青洒布量　　　　　　　　　　　　图 6.11　沥青洒布量

1.8kg/m²(4.75 ∼ 9.5mm 的碎石)　　　　　2.0kg/m²(4.75 ∼ 9.5mm 的碎石)

图 6.12　沥青洒布量　　　　　　　　　　　　图 6.13　沥青洒布量

2.0kg/m²(9.5 ∼ 13.2mm 的碎石)　　　　　2.2kg/m²(9.5 ∼ 13.2mm 的碎石)

图 6.14　沥青洒布量 2.4kg/m²(9.5 ∼ 13.2mm 的碎石)

3. 防水封层技术性能检测验证

对设计的橡胶沥青碎石桥面防水封层进行主要技术性能指标检测，以验证设计的正确性。

1) 拉拔性能检测

拉拔力试验是为了检测碎石封层的黏结力，黏结力可以反映封层与相邻连接层的连接紧密程度。

(1) 拉拔试件制备方法。采用 AC-20 中面层的车辙板，按室内试验确定的最佳碎石撒布量和最佳沥青洒布量成型橡胶沥青碎石封层，然后在其上成型上面层采用的大孔隙开级配排水式沥青磨耗层 (open graded friction course, OGFC) 透水沥青混合料 OGFC-13 车辙板，见图 6.15，在该复合车辙板试件上进行拉拔试验。

图 6.15    试件制备

(2) 被测试的拉拔层材料选择。选择橡胶乳化沥青、橡胶沥青碎石、SBR 改性乳化沥青、路桥防水涂料四种常见的封层材料制作成试件 (图 6.16)。

图 6.16    成型试件

(3) 拉拔试验及结果。进行拉拔性能对比试验测试，见图 6.17 和图 6.18，试验数据见表 6.6。

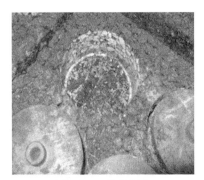

图 6.17　拉拔试验　　　　　　　　　　　　　图 6.18　拉拔结束

**表 6.6　胶结材料拉拔试验数据**

| 材料类型 | 拉拔力/kN | | | | |
|---|---|---|---|---|---|
| | 1 | 2 | 3 | 4 | 平均值 |
| 橡胶乳化沥青 | 1.95 | 1.81 | 1.72 | 1.86 | 1.835 |
| 橡胶沥青碎石 | 1.95 | 1.94 | 1.85 | 2.36 | 2.025 |
| SBR 改性乳化沥青 | 1.60 | 2.03 | 1.32 | 1.46 | 1.6025 |
| 路桥防水涂料 | 1.90 | 1.85 | 1.54 | 1.81 | 1.775 |

2) 防水封层防水性能检测

西安咸阳国际机场专用高速公路上面层为 OGFC 透水路面, 封层材料的选择要考虑对桥面防水性能, 还要考虑上面层透下来的水从中面层上顺畅排出 (阻水性小) 的要求。

(1) 被测材料选择。选择橡胶乳化沥青、橡胶沥青碎石、SBR 改性乳化沥青、路桥防水涂料四种常见的四种材料制作成试件。

(2) 试件成型。首先成型好中面层 (AC-20) 车辙板, 然后在其上按试验确定的最佳碎石撒布量和最佳沥青洒布量做橡胶沥青碎石封层, 最后在封层上面成型上面层 (OGFC-13) 透水沥青混合料车辙板。

(3) 防水及排水性能试验。在成型好的 3 层复合车辙板试件上进行防水和排水试验, 分别见图 6.19 和图 6.20。

试验仪器采用日本大友提供的透水仪, 人工不停顿加水 (保持同一水位) 约 10L, 以更好地测试不同材料的封水黏结层对排水性路面排水效果的影响, 车辙板侧面在中面层上流出的水即为排水量, 试验数据见表 6.7。

(4) 试验结果分析。由表 6.7 可以看出, 四种封层的排水效果由强到弱排列: 橡胶沥青碎石、SBR 改性乳化沥青、橡胶乳化沥青、路桥防水涂料。

在该试验中可同时观察和测量不同封层材料的防水性能, 从车辙板正下方即透过 AC-20 流出的水量, 就是穿越过防水封层的渗水量。结果发现, 各车辙板下方的水量微乎其微, 路桥防水涂料、橡胶沥青碎石封层、SBR 改性乳化沥青的车辙

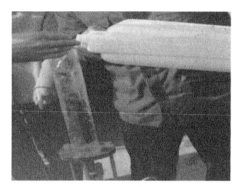
图 6.19    防水试验

图 6.20    排水试验

表 6.7    室内不同材料封层的现场阻水性能检测试验汇总表

| 上封层类型 | 排水量/mL | 时间/s | 排水系数/(mL/s) | 现场排水量/(mL/15s) | 现场排水量平均值/(mL/15s) |
|---|---|---|---|---|---|
| 橡胶乳化沥青 | 10306 | 116 | 88.8 | 1332.0 | 1337.0 |
| | 10524 | 117 | 89.9 | 1348.0 | |
| | 10465 | 118 | 88.7 | 1330.5 | |
| 橡胶沥青碎石 | 10531 | 107 | 98.4 | 1476.0 | 1467.8 |
| | 10508 | 108 | 97.3 | 1459.5 | |
| SBR 改性乳化沥青 | 10222 | 104 | 98.3 | 1474.5 | 1457.3 |
| | 10563 | 110 | 96.0 | 1440.0 | |
| 路桥防水涂料 | 10636 | 105 | 101.3 | 1519.5 | 1512.0 |
| | 10436 | 104 | 100.3 | 1504.5 | |

板下方几乎无潮湿的印记，透水量为零；橡胶乳化沥青的车辙板下方仅有潮湿的印记，谈不上有水流出，无法测量。这说明了四种封层的防水性能都较好。

4. 结论

西安咸阳国际机场专用高速公路桥面防水封层黏结材料为克拉玛依石化公司生产的 70# 重交道路石油沥青和四川彭州宏鑫橡胶有限公司生产的 20 目胶粉，掺量为 20%，橡胶沥青生产温度为 190℃；该黏结剂洒布量为 2.2~2.3kg/m²，9.5~13.2mm 碎石，经拌和楼烘干筒加热到 (155±5)℃ 并除尘后，撒布量为 15~16kg/m²，洒布温度为 (185±3)℃。

### 6.1.4    桥面防水封层黏结剂生产及质量控制要点

橡胶沥青是橡胶沥青碎石桥面防水封层中的黏结剂，不仅起联结下承层和封层中所有集料，吸收下承层形变应力的作用，而且要阻断表层雨水进入下承层，有效防止桥面铺装层水损坏的发生，其作用至关重要。黏结剂的质量直接影响封层

的质量，因此必须按照黏结剂设计方法的要求，严控生产工艺，才能确保封层黏
结剂的生产质量。下面阐述黏结剂的生产工艺及质量控制要点。

1. 封层黏结剂橡胶沥青的生产工艺

桥面防水封层黏结剂——橡胶沥青生产工艺见图 6.21。

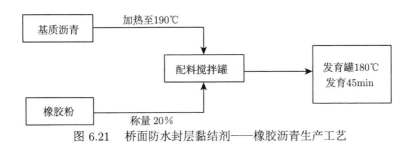

图 6.21　桥面防水封层黏结剂——橡胶沥青生产工艺

2. 封层黏结剂橡胶沥青的生产工艺控制要点

要控制好黏结剂橡胶沥青的质量，需从橡胶沥青生产设备、生产工艺及运输
等环节加强管控，归纳如下。

1) 基质沥青储存

应备有基质沥青储罐，储罐的容量应能满足黏结剂橡胶沥青的连续生产，罐
内应有加热、保温及温控系统，储存罐内基质沥青的温度应维持在 120~140℃。

2) 沥青快速加热系统

在基质沥青储罐与预混配料搅拌罐之间，须设有快速加热升温装置，能够保
证将基质沥青在短时间内从 120~140℃ 的储存温度加热至橡胶沥青生产要求的
$(190\pm5)$℃。

3) 橡胶粉供料装置

橡胶沥青生产中，胶粉须严格按照掺配比例，经电子秤计量后，由螺旋输料
器或皮带输送装置输送至预混配料搅拌罐。

4) 搅拌装置

在预混配料搅拌罐内须安装有搅拌装置，其搅拌叶片应按照一定速率匀速旋
转，以保证橡胶粉与基质沥青混合均匀，做到胶粉不漂浮、不沉底。

5) 橡胶沥青反应釜

基质沥青与胶粉在预混配料搅拌罐搅拌混合后，泵送至发育罐进行发育，发
育温度不低于 180℃，发育时间不少于 45min，发育过程中要保证不间断均匀搅
拌，此过程仍须做到胶粉不漂浮、不沉底。

6) 橡胶沥青的储存与运输

橡胶沥青的储存和运输过程中须保持既定的温度并不断搅拌，防止胶粉颗粒

沉淀及黏度的变化。

7) 黏结剂质量的实时监控

封层黏结剂橡胶沥青的生产质量直接影响封层的质量，因此要对其进行实时地控制。在橡胶沥青生产设备上安装"橡胶沥青生产过程动态质量监控仪"，是实时质量管控的好办法。

### 6.1.5 桥面防水封层施工

橡胶沥青桥面防水封层施工涉及施工设备、施工工艺及下层承的准备，下面逐一叙述。

#### 1. 橡胶沥青碎石桥面防水封层施工设备

橡胶沥青桥面防水封层施工设备包括碎石加热除尘设备、专用橡胶沥青洒布设备、碎石撒布设备、封层碾压设备及清扫设备等。

1) 碎石加热除尘设备

需借助于 3000~4000 型沥青拌和设备一套，筛网按碎石要求的 9.5~13.2mm 安装好，并经过试生产，产能满足施工要求。

2) 专用橡胶沥青洒布设备

须配备橡胶沥青专用洒布车，检查该洒布车的喷洒压力，满足喷洒橡胶沥青这种高黏度液体的要求，且洒布量控制精准，不受车速的影响；洒布车的数量根据该车的装车容量和封层施工产量而定。

3) 碎石撒布设备

须配备碎石撒布车，碎石撒布要均匀，且撒布量控制精准，不受车速的影响；碎石撒布车的数量根据该车的装车容量和封层施工产量而定。

4) 封层碾压设备

需配备 26T 胶轮压路机，胶轮压路机的数量根据封层作业面的大小而定。

5) 清扫设备

需配备全自动路面吸扫车，用于封层施工前下承层的清扫和封层碾压施工后浮动碎石的清扫与收集，吸扫车的数量依具体封层施工的需要而定。

#### 2. 橡胶沥青碎石桥面防水封层施工工艺

橡胶沥青碎石桥面防水封层施工工艺包括下承层准备、沥青洒布、碎石撒布及碾压等。

1) 下承层准备

(1) 下承层桥面应经过认真清理，表面洁净、干燥、无浮尘且桥面经过抛丸处理，保证无浮浆及表面纹理粗糙。

(2) 对施工路段前后进行封闭，并设置道路施工警示及标志牌。

(3) 对周围的人工构造物用塑料布进行覆盖，防止被喷洒的橡胶沥青污染。

2) 沥青洒布

由橡胶沥青专用洒布车执行橡胶沥青洒布作业，洒布前，要对洒布车进行认真的调试标定，橡胶沥青洒布量按 $2.3kg/m^2$ 控制，起步和终止位置应铺毡垫，以准确进行横向衔接；洒布车经过后应及时取走毡垫，纵向衔接应与已洒布部分重叠 5~6cm，沥青洒布后碎石撒布前，禁止任何车辆、行人通过已洒布好的橡胶沥青层。

3) 碎石撒布

筛分后粒径合格的碎石 (9.5~13.2mm) 需经拌和楼预热至 $(155\pm5)℃$，然后由碎石撒布车实行碎石撒布作业，撒布前要对撒布车进行认真调试和标定，撒布量按 $(16\pm1)kg/m^2$ 控制，碎石撒布要均匀 (图 6.22)，对于局部碎石撒铺量不足的地方，应人工补足。

图 6.22　碎石撒布作业

4) 碾压

碎石撒布后，轮胎压路机应立即进行碾压，碾压速度 2~2.5km/h，碾压 3~4 遍，碾压过程中压路机不得随意刹车或掉头，碾压必须在碎石撒布后的 10~20min 完成，碾压后橡胶沥青对碎石的裹覆率要达到 50%~60%；碾压完成 2~3h 后，清扫车清扫收集浮石，见图 6.23，彻底封闭交通直至封层冷却至常温，成型的橡胶沥青碎石桥面防水封层见图 6.24。

若封层之上还要铺筑沥青混凝土面层，可在上层沥青混凝土摊铺前，适当喷洒黏层油，黏层油洒布量宜控制在 $0.25kg/m^2$ 左右。两层的施工工序应紧凑衔接，中间不开放交通。

图 6.23　清扫车清除浮石作业

图 6.24　成型的橡胶沥青碎石桥面防水封层

# 6.2　橡胶沥青层间黏结技术

较 SBR 乳化沥青、SBS 改性沥青，橡胶沥青不仅具有更大的黏度，而且在价格上还有很大的优势，因而可被用来替代 SBR 乳化沥青、SBS 改性沥青作为沥青路面层间黏结剂使用。

## 6.2.1　层间黏结剂性能影响因素的试验研究

橡胶沥青层间黏结剂的性能随基质沥青特性、胶粉特性及掺配比例的变化而变化，要获得理想的橡胶沥青层间黏结剂，需要对这些主要影响因素进行试验研究。

(1) 橡胶沥青黏结剂中胶粉掺量影响的试验研究。

橡胶粉掺配比例对橡胶沥青黏结剂的改性效果影响非常显著。一般来说胶粉掺量过低，达不到预期的改性效果；胶粉掺量过高，改性效果的增长变缓，橡胶沥青的储存稳定性降低。因此有必要对橡胶粉的掺配比例进行优选研究。试验选取两种不同的胶粉，其掺量分别为 18%、20%、22%，在 190℃ 下发育 45min，测量各项指标，试验数据见表 6.8。

表 6.8　橡胶沥青配伍性试验数据

| 目数/目 | 橡粉掺量/% | 190℃ 黏度/(Pa·s) | 锥入度/(0.1mm) | 软化点/℃ | 回弹恢复/% | 5℃ 测力延度/mm | 最大拉力/N |
|---|---|---|---|---|---|---|---|
| | 18 | 0.8 | 70 | 54.7 | 22.3 | 198 | 61 |
| 20 | 20 | 1.6 | 67.6 | 57.4 | 27.9 | 168 | 66 |
| | 22 | 5 | 55.6 | 62.5 | 37.3 | 156 | 77 |
| | 18 | 1.1 | 72.2 | 53.1 | 21.6 | 212 | 56 |
| 28 | 20 | 2.1 | 68.2 | 56 | 27.1 | 173 | 63 |
| | 22 | 6 | 56.3 | 62.3 | 37 | 164 | 71 |
| 技术要求 | | 2~4 | 25~70 | > 60 | > 30 | | |

　　从表 6.8 可以看出，对于同一目数的胶粉，随着胶粉掺量的增大，黏度增加，软化点增加，(锥) 针入度减小，回弹恢复增大，延度降低，最大拉力增大，说明橡胶沥青层间黏结剂的性能随着胶粉掺量的增加而提高。

　　比较不同目数的胶粉在同一掺量下的指标得出：胶粉目数大 (即细胶粉)，瞬时黏度大，锥入度大，但软化点小，回弹恢复小且黏度衰减快。

　　(2) 橡胶沥青黏结剂发育温度影响的试验研究。

　　发育温度对橡胶沥青层间黏结剂的制备至关重要。发育温度过低，橡胶粉不能充分地在沥青胶质中溶胀，改性效果不明显；发育温度过高，会促使沥青中轻质组分挥发，导致沥青不同程度的老化，且黏结剂在过高温度下长时间储存与运输，黏度衰减较快。表 6.9 为 20 目胶粉橡胶沥青性黏结剂性能随发育温度的变化情况。

表 6.9　　20 目橡胶沥青黏结剂性能随发育温度变化

| 温度/℃ | 胶粉掺量/% | 黏度/(Pa·s) | 软化点/℃ | 针入度/(0.1mm) | 弹性恢复/% | 回弹恢复/% |
|---|---|---|---|---|---|---|
| 177 | 18 | 4.1 | 64.0 | 48.6 | 55 | 39 |
| | 20 | 7.1 | 65.0 | 42.2 | 48 | 52 |
| | 22 | 9.5 | 68.5 | 40.8 | 45 | 53 |
| 190 | 18 | 0.8 | 63.0 | 52.1 | 46 | 41 |
| | 20 | 1.6 | 66.6 | 50.1 | 44 | 49 |
| | 22 | 5 | 71.5 | 47.4 | 41 | 48 |
| 200 | 18 | 1.4 | 62.5 | 56.3 | 54 | 49 |
| | 20 | 1.9 | 65.0 | 52.7 | 51 | 54 |
| | 22 | 4.5 | 73.0 | 47.3 | 49 | 54 |

　　橡胶沥青发育完成后，再继续延长发育 60min，则各种胶粉掺量下的橡胶沥青黏度均有所下降，原因是高温状态的持续，导致脱硫降解的反应增强，胶粉颗粒间的阻力下降，黏度有所降低。

　　下面仍以 20 目橡胶粉制备的橡胶沥青为例进行研究，在相同胶粉掺量的条件下，发育温度升高，橡胶沥青的黏度降低。在相同发育温度下，胶粉掺量增加，橡胶沥青的黏度增加，软化点升高，见图 6.25 和图 6.26。

　　在相同胶粉掺量的条件下，温度升高，橡胶沥青黏结剂的针入度升高；在相同温度下，胶粉掺量增加，橡胶沥青的针入度降低。在相同胶粉掺量的条件下，发育温度升高，橡胶沥青的弹性恢复降低后增加；在相同温度下，胶粉掺量增加，橡胶沥青的弹性恢复降低，见图 6.27 和图 6.28。

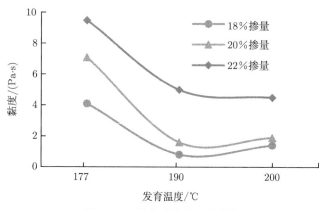

图 6.25　黏度随发育温度变化

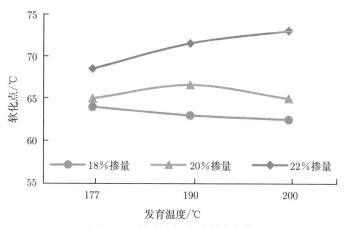

图 6.26　软化点随发育温度变化

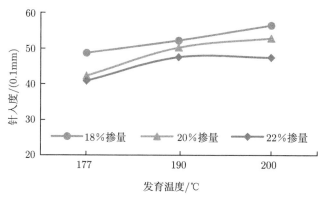

图 6.27　针入度随发育温度变化

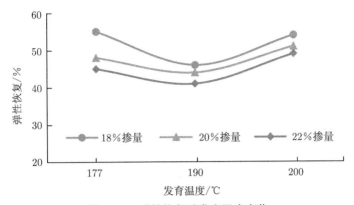

图 6.28　弹性恢复随发育温度变化

在相同胶粉掺量的条件下，发育温度升高，橡胶沥青的回弹恢复增加。在相同温度下，胶粉掺量增加，20%掺量橡胶沥青的回弹恢复比 18%掺量的橡胶沥青回弹恢复大，但继续增加掺量，回弹恢复几乎不变，见图 6.29。

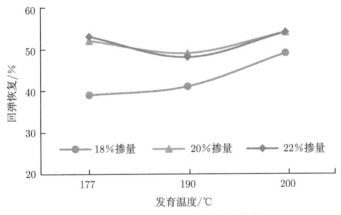

图 6.29　回弹恢复随发育温度变化

(3) 橡胶沥青层间黏结剂发育时间影响的试验研究。

除了发育温度和橡胶粉掺量对黏结剂效果有影响外，制备过程中的发育时间也对黏结剂有较大的影响。发育时间过短，橡胶粉在沥青中溶胀不充分；发育时间过长，无疑增大了制备橡胶沥青的时间与成本，并且会加剧沥青的老化。试验选定 20 目和 28 目两种不同规格的胶粉，其掺量为 22%，发育温度为 190℃，在发育时间分别为 1h、2h、3h、4h、5h、6h 时，对橡胶沥青层间黏结剂的黏度进行测定，黏度的衰减如表 6.10 和图 6.30 所示。

从图 6.30 可知，对于瞬时黏度，28 目胶粉形成的橡胶沥青层间黏结剂大于

表 6.10    橡胶沥青黏度随发育时间的变化                    (单位:Pa·s)

| 目数 | 1h | 2h | 3h | 4h | 5h | 6h |
|---|---|---|---|---|---|---|
| 20 目 | 5 | 5 | 4.5 | 3.9 | 3 | 2.5 |
| 28 目 | 6 | 4.7 | 4 | 3.6 | 3 | 2.4 |

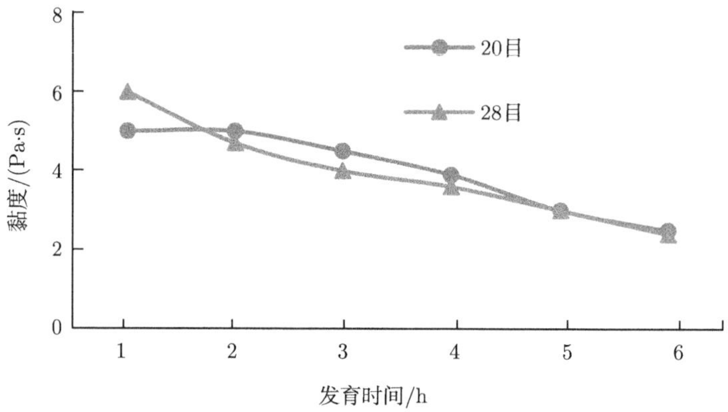

图 6.30    橡胶沥青层间黏结剂的黏度随发育时间的变化曲线

20 目胶粉形成的橡胶沥青层间黏结剂;但随着时间的延长,由 20 目胶粉形成的橡胶沥青层间黏结剂逐渐大于由 28 目胶粉形成的橡胶沥青层间黏结剂。随着发育时间的增加,橡胶沥青的黏度近似呈线性逐渐降低。此外,对于针入度指标,发育时间在 1h 之前的这段时间,针入度测试结果偏差较大,说明橡胶粉在沥青相中还未混合均匀和充分溶胀。

### 6.2.2    层间黏结剂设计

橡胶沥青层间黏结剂的设计需经过原材料选择 (包括基质沥青、废旧轮胎胶粉等)、基质沥青与胶粉配伍性试验环节确定黏结剂的具体材料配方;进一步试验,确定黏结剂生产工艺;最后检测所设计的黏结剂各项主要指标是否符合实体工程需求等。

下面以 2 个具体工程为例说明橡胶沥青层间黏结剂的设计过程。

1. 实体工程一

1) 原材料选择

(1) 基质沥青。

结合具体工程项目招标的昆仑牌 70# 道路石油沥青,其主要技术指标见表 6.11。

表 6.11　昆仑牌 70# 道路石油沥青技术指标

| 检验项目 | | 检测结果 | 技术要求 |
|---|---|---|---|
| 针入度指数 | | −0.27 | −1 ～+1 |
| 针入度 (25℃,100g,5s)/ (0.1mm) | | 72 | 60～80 |
| 延度 (5cm/mim,15℃)/cm | | > 100 | ⩾ 100 |
| 延度 (5cm/mim,10℃)/cm | | > 100 | ⩾ 20 |
| 软化点 (环球法)/℃ | | 47 | ⩾ 46 |
| 溶解度 (三氯乙烯)/% | | 99.68 | ⩾ 99.5 |
| 薄膜加热试验 (163℃,5h) | 质量损失率/% | 0.13 | ±0.8 |
| | 针入度比/% | 70.8 | ⩾ 61 |
| | 延度 (10℃)/cm | 12.2 | ⩾ 10 |
| 闪点 (COC)/℃ | | 282 | ⩾ 260 |
| 含蜡量 (蒸馏法)/% | | 2.0 | ⩽ 2.2 |
| 密度 (15℃)/(g/cm³) | | 0.984 | 实测 |
| 动力黏度 (绝对黏度，60℃)/(Pa·s) | | 337 | ⩾ 180 |

(2) 废旧轮胎胶粉。

橡胶粉选用四川彭州宏鑫橡胶有限公司生产的 30 目橡胶粉，其主要技术指标见表 6.12 和表 6.13。

表 6.12　橡胶粉物理性能指标

| 物理性能 | | 30 目 | 规定值 |
|---|---|---|---|
| 含水量/% | | 0.70 | ⩽ 0.75 |
| 金属含量/% | | 0 | ⩽ 0.01 |
| 纤维含量/% | | 0 | ⩽ 0.1 |
| 关键筛孔通过率/% | 2.0mm | 100 | |
| | 1.18mm | 97.6 | |
| | 0.6mm | 68.1 | |
| | 0.3mm | 22.6 | |
| | 0.075mm | 0.2 | |

表 6.13　橡胶屑化学试验结果汇总

| 检测项目 | 天然胶含量/% | 丙酮抽出物含量/% | 灰分含量/% |
|---|---|---|---|
| 30 目 | 51 | 8.9 | 6.8 |

2) 基质沥青与胶粉配伍性

对所选基质沥青和橡胶粉进行 3 种不同掺配比例的配伍性试验，各项指标见表 6.14。

3) 结论

实体工程一橡胶沥青黏结剂为昆仑牌 70# 道路石油沥青 + 四川彭州宏鑫橡胶有限公司生产的 30 目橡胶粉，胶粉掺配比例 20%，发育温度 180～190℃。

表 6.14　30 目橡胶粉不同掺量的配伍性能

| 试验项目 | | 胶粉掺量 | | |
|---|---|---|---|---|
| | | 16% | 18% | 20% |
| 177℃ 黏度/(Pa·s) | | 2.4 | 3.2 | 4.2 |
| | | 2.5 | 3.4 | 4.5 |
| | | 2.4 | 3.1 | 4.3 |
| | 平均值 | 2.43 | 3.23 | 4.33 |
| 190℃ 黏度/(Pa·s) | | 1.8 | 2.1 | 3.5 |
| | | 1.6 | 2.2 | 3.4 |
| | | 1.7 | 2.4 | 3.6 |
| | 平均值 | 1.7 | 2.23 | 3.5 |
| 软化点/℃ | | 62 | 65 | 70 |
| | | 63.3 | 65.8 | 68.2 |
| | | 64.0 | 67.5 | 67 |
| | 平均值 | 63.1 | 661 | 68.4 |
| 锥入度/(0.1mm) | | 29.1 | 30.9 | 29 |
| | | 30.5 | 27.8 | 29 |
| | | 33 | 32 | 26 |
| | 平均值 | 30.86 | 30.23 | 28 |
| 回弹恢复/% | | 43 | 47 | 50 |
| | | 43 | 46 | 49 |
| | | 40 | 44 | 46 |
| | 平均值 | 42 | 45.7 | 48.3 |

2. 实体工程二

1) 原材料选择

基质沥青：辽河 70#、90# 重交沥青；橡胶粉：盘锦产废旧轮胎胶粉。

2) 辽河 70# 沥青与 20 目橡胶粉的配伍性试验

辽河 70# 沥青与 20 目盘锦胶粉混合后的各主要指标随着胶粉掺量的变化曲线见图 6.31。从图 6.31 可以看出，随着胶粉掺量的增加，橡胶沥青的黏度、软化点、回弹恢复和最大拉力升高，锥入度、延度降低。

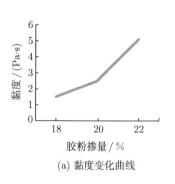

(a) 黏度变化曲线

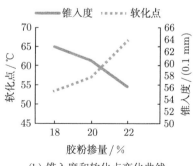

(b) 锥入度和软化点变化曲线

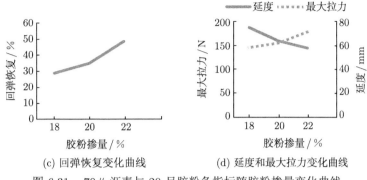

(c) 回弹恢复变化曲线　　　　(d) 延度和最大拉力变化曲线

图 6.31　70# 沥青与 20 目胶粉各指标随胶粉掺量变化曲线

3) 辽河 90# 沥青与 20 目橡胶粉的配伍性试验

辽河 90# 沥青与 20 目盘锦胶粉混合后的各主要指标随着胶粉掺量变化曲线见图 6.32。可以看出,变化规律与 2) 相同,即随着胶粉掺量的增加,橡胶沥青的黏度、软化点、回弹恢复和最大拉力升高,回弹恢复近似线性增加,锥入度、延度降低。

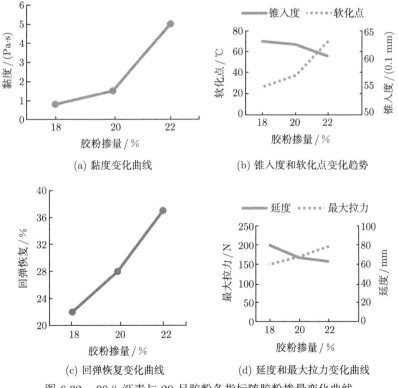

(a) 黏度变化曲线　　　　　　(b) 锥入度和软化点变化趋势

(c) 回弹恢复变化曲线　　　　(d) 延度和最大拉力变化曲线

图 6.32　90# 沥青与 20 目胶粉各指标随胶粉掺量变化曲线

4) 辽河 90# 沥青与 28 目橡胶粉的配伍性试验

辽河 90# 沥青与 28 目盘锦胶粉混合后的各主要指标随着胶粉掺量变化曲线见图 6.33。其变化规律与 2)、3) 相同,即随着胶粉掺量的增加,橡胶沥青的黏度、软化点、回弹恢复和最大拉力升高,锥入度、延度降低。

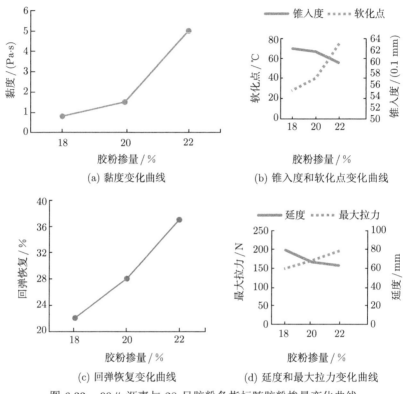

图 6.33　90# 沥青与 28 目胶粉各指标随胶粉掺量变化曲线

5) 配伍性试验小结

分析上面 3 组配伍性试验研究得出以下结论:

(1) 以 90# 基质沥青与同品牌、同目数的橡胶粉配伍形成的橡胶沥青黏结剂,其锥入度和延度高于以 70# 基质沥青与同品牌、同目数的橡胶粉配伍形成的橡胶沥青黏结剂。

(2) 对于软化点、黏度、回弹恢复指标,以 70# 基质沥青与同品牌、同目数的橡胶粉配伍形成的橡胶沥青黏结剂高于以 90# 沥青基质沥青与同品牌、同目数的橡胶粉配伍形成的橡胶沥青黏结剂。

(3) 橡胶沥青黏结剂的高低温性能均较其基质沥青的高低温性能有了显著的改善,但在具体的数值上仍与基质沥青的高低温性能相关联。即以 90# 沥青配伍形成的橡胶沥青黏结剂其低温性能在数值上略优于以 70# 基质沥青配伍形成的橡胶沥青；高温性能则是以 70# 基质沥青配伍形成的橡胶沥青黏结剂在具体数值上略优于以 90# 基质沥青配伍形成的橡胶沥青。因此，黏结剂设计时，需根据工程所处的地区环境，选择合适标号的基质沥青，此工程位于辽宁省内，故选择辽河 90# 沥青作为配伍橡胶沥青的基质沥青。

(4) 橡胶粉的用量对橡胶沥青黏结剂的改性效果非常显著。随着胶粉掺量的增加，橡胶沥青的锥入度呈现明显降低趋势，这表明了橡胶沥青的稠度随胶粉掺量的增加而增大。掺量从 18% 增大到 22%，锥入度降低了将近 20%。软化点则相反，升高了将近 4℃。延度随着胶粉掺量的不断增大逐渐增大，掺量为 21% 时，延度达到极大值，掺量为 22% 时改性沥青的延度相对于 21% 变化不明显。因此，选定 21%～22% 为橡胶粉的最佳掺量。

6) 黏结剂配方结论

将辽河 90# 沥青与不同目数的盘锦橡胶粉配伍性试验数据汇总见表 6.15。

表 6.15　不同目数、不同胶粉掺量制备的橡胶沥青指标检测结果

| 试验配方 | 190℃ 黏度 / (Pa·s) | 25℃ 锥入度 /(0.1mm) | 软化点/℃ | 回弹恢复/% | 5℃ 测力延度/cm |
|---|---|---|---|---|---|
| 20 目胶粉掺量 20% | 1.6 | 67.6 | 57.4 | 27.9 | 16.8 |
| 20 目胶粉掺量 22% | 5.0 | 62.5 | 55.6 | 37.3 | 15.6 |
| 20 目胶粉掺量 18% | 0.8 | 70 | 54.7 | 22.3 | 19.8 |
| 28 目胶粉掺量 20% | 2.1 | 68.2 | 56 | 28.1 | 17.3 |
| 28 目胶粉掺量 22% | 4.7 | 52.3 | 62.3 | 37 | 16.4 |
| 28 目胶粉掺量 18% | 1.1 | 72.2 | 53.1 | 23.6 | 21.2 |
| 20 目胶粉掺量 21% | 3.1 | 66.8 | 60.1 | 31.3 | 16.3 |
| 技术要求 | 2～4 | 25～70 | > 60 | > 35 | > 10.0 |

综合考虑指标的优良性和施工的方便性，确定实体工程二橡胶沥青层间黏结剂配方为辽河 90# 基质沥青 +28 目盘锦橡胶粉，掺量为 22%。

7) 黏结剂储存

在以上研究基础上，对制作的橡胶沥青层间黏结剂进行了黏度指标跟踪测试，测试数据见表 6.16，黏度衰减曲线见图 6.34。观测黏度的衰减，可知该橡胶沥青黏结剂的最佳存储时间在 5h 以内。5～6h 黏度衰减较大，存储 6h，黏度已不足 2.5Pa·s。

表 6.16　黏度跟踪测试数据

| 储存时间 | 1h | 2h | 3h | 4h | 5h | 6h |
|---|---|---|---|---|---|---|
| 黏度/(Pa·s) | 6.0 | 4.7 | 4.0 | 3.6 | 3.0 | 2.4 |

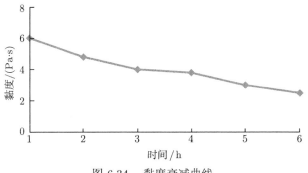

图 6.34    黏度衰减曲线

### 6.2.3  层间黏结剂生产工艺研究

通过调查国内外橡胶沥青黏结剂制备工艺，结合实体工程所掺橡胶粉的物理化学性质，从发育温度、胶粉掺量和发育时间等方面对橡胶沥青层间黏结剂的性能进行研究，确定了该橡胶沥青层间黏结剂的最佳生产工艺。

(1) 橡胶沥青层间黏结剂发育温度。

发育温度对于橡胶沥青层间黏结剂的生产至关重要。在掺量和发育时间确定的条件下，随着发育温度的升高，橡胶沥青层间黏结剂的锥入度呈现降低的趋势；软化点则恰好相反，随着发育温度的升高而升高；而延度是先升高后降低，在 190℃ 时出现峰值。对于层间黏结剂而言，稠度略小，软化点较高是比较有利的，利于喷洒作业。因此，橡胶沥青层间黏结剂的生产发育温度定在 190℃ 左右。

(2) 橡胶粉最佳掺量允许波动范围。

胶粉掺量对橡胶沥青黏结剂的性能影响非常显著。因此，在生产中要采取相应措施，尽量控制橡胶粉掺量的波动 $\leqslant \pm0.5\%$，对该项目橡胶粉最佳掺量为 21%～22%。

(3) 橡胶沥青层间黏结剂发育时间。

随着发育时间的增加，橡胶沥青的锥入度逐渐降低，并且在发育 40min 前取样测试时，锥入度测试数据离散性略大，这可能由于橡胶粉在沥青中还未完全混合均匀和充分溶胀；软化点随着发育时间的延长逐渐升高，而延度先增大后减小。在 45min 时，锥入度和软化点变化缓慢，延度也开始下降，这可能是发育时间增大了沥青的老化作用。因此，确定该工程橡胶沥青的发育时间为 45min。

(4) 橡胶沥青层间黏结剂存储时间。

通过对不同胶粉掺量下制备的橡胶沥青在 45min～5h 每隔 30min 进行指标检测，其软化点差值均小于 0.5℃，表明橡胶粉颗粒在该黏结剂中能够较稳定的存在，改性后的橡胶沥青储存稳定性可以满足使用要求。因此，橡胶沥青层间黏结剂的有效存储时间确定为 5h 左右。

(5) 橡胶沥青层间黏结剂洒布温度。

根据室内试验结果，黏度范围在 3.0~3.5Pa·s，既能保证较好的黏结力，又便于橡胶沥青洒布车进行洒布作业。经试验确定洒布温度为 185~190℃。

(6) 橡胶沥青层间黏结剂洒布量。

橡胶沥青黏结剂的洒布量与上、下连接层的材料及下层承的粗糙度等有关。可在实验室内配制好黏结剂，见图 6.35，用量杯装上配制好的黏结剂，用电子秤称重后，将其导入准备好的干净试盘内，测取盘内油膜厚度，检查是否达到理想的油膜厚度，见图 6.36。以此为参考，再结合上下连接层的情况进行适当调节。

图 6.35　室内配制黏结剂　　　　　　　图 6.36　测取油膜厚度试验

## 6.3　橡胶沥青应力吸收层工程

应力吸收层在我国使用非常普遍，一般设置在水泥稳定碎石基层之上，沥青混合料下面层之下，在两种不同材料的结构中承担上下连接及应力吸收的作用，同时尽可能阻断水泥稳定碎石基层温缩裂缝的向上扩展。

我国常见高速公路路面结构：18~22cm 的低剂量水泥稳定碎石底基层；16~18cm 水泥稳定碎石基层；16~18cm 水泥稳定碎石上基层或级配碎石；应力吸收层；8~12cm ATB 或 AC25 沥青混合料下面层；6cm AC20 沥青混合料中面层；4cm AC13 或 SMA13 沥青混合料上面层。

以前应力吸收层多为热沥青或 SBS 改性沥青碎石封层，橡胶沥青出现后，由于橡胶沥青具有黏度高、高低温性能突出的特点，加之橡胶沥青碎石封层中橡胶沥青的喷洒量大，其所形成的沥青油膜厚度一般大于热沥青或 SBS 改性沥青碎石封层中的油膜厚度，所以橡胶沥青碎石应力吸收层的效果显著优于热沥青或 SBS 改性沥青碎石应力吸收层。这些年，逐渐有橡胶沥青碎石封层替代热沥青或 SBS 改性沥青碎石封层作为应力吸收层的趋势。

下面介绍橡胶沥青碎石封层作为应力吸收层的工程应用情况及具体做法。

### 6.3.1　项目概况

十堰至天水高速公路 (以下简称十天线) 是国家高速公路网规划中的一条横向联络线 (G7011)，是连接我国中南与西北地区的便捷公路通道之一，也是构建陕西省"承东启西、连接南北、覆盖全省、通达四邻"高速公路网的重要组成部分。该线东起湖北省十堰市，西至甘肃省的天水市，连接了福银、包茂、京昆和连霍四条国家高速公路，全线规划里程约 750km。

十天线陕西境规划里程约 480km，线路基本沿汉江走廊带布设，横穿陕西南部腹地，自西向东途经白河、旬阳、汉滨、汉阴、石泉、西乡、城固、汉台、南郑、勉县和略阳 11 个县区，直接连通了陕西南部地区安康、汉中两个重要城市，属陕西省规划的高速公路网中的一条东西横向线，也是我省南部地区里程最长、连接城镇最多的重要经济干线和全省生产力布局与经济建设的主轴线之一。

### 6.3.2　应力吸收层试验大纲

(1) 原材料试验检测。

包括基质沥青检测试验，20 目胶粉筛分试验及化学成分检验，30 目胶粉筛分试验及化学成分检验。

(2) 橡胶沥青应力吸收层黏结剂配伍性试验。

包括 20 目胶粉配伍性试验和 30 目胶粉配伍性试验。

在以往经验的基础上，胶粉掺量选为 18%、20%、22%。

(3) 橡胶沥青应力吸收层黏结剂主要生产工艺参数试验。

包括①20目胶粉最优掺量下发育温度试验；②20目胶粉最优掺量下发育时间试验；③20目胶粉在最优掺量、最优发育温度、最优发育时间下的性能指标衰减试验；④30目胶粉最优掺量下发育温度试验；⑤30目胶粉最优掺量下发育时间试验；⑥30目胶粉最优掺量、最优发育温度、最优发育时间下黏度衰减试验。

(4) 橡胶沥青应力吸收封层试验。

包括①应力吸收层黏结材料最佳洒布量试验；②应力吸收层碎石最佳撒布量试验；③应力吸收层拉拔力试验。

### 6.3.3　应力吸收层黏结剂设计

1. 原材料试验检测

应力吸收层黏结剂的主要原材料包括基质沥青、橡胶粉和添加剂。

1) 基质沥青

在本次试验中，项目招标为韩国 SK70# 沥青，具体检测技术指标如表 6.17 所示。

表 6.17 SK70# 道路石油沥青检测技术指标

| 试验项目 | 单位 | 规定值 | 实测结果 |
|---|---|---|---|
| 针入度指数 | / | −1.5 ~+1.0 | 0.3 |
| 针入度 (25℃) | 0.1mm | 60~80 | 62 |
| 延度 (10℃) | cm | ⩾ 100 | 180 |
| 软化点 | ℃ | ⩾ 46 | 53.5 |
| 闪点 | ℃ | ⩾ 260 | 262 |
| 密度 (15℃) | g/cm³ | / | 1.040 |
| 溶解度 | % | ⩾ 99.5 | 99.51 |
| 质量损失率 | % | ±0.8 | −0.1 |
| 残留延度 (10℃) | cm | ⩾ 6 | 7 |
| 残留针入度比 (25℃) | % | ⩾ 61 | 70.1 |

2) 橡胶粉

橡胶粉一般是由废旧轮胎在常温下切割、磨碎的轮胎屑和高天然橡胶含量的橡胶屑组成。橡胶粉颗粒规格、化学成分和杂质含量应分别符合橡胶粉颗粒组成、橡胶粉化学成分和橡胶粉现场质量检测指标的要求。橡胶粉筛分应采用干筛法 (可添加部分滑石粉,以防胶粉颗粒相互黏结) 进行试验,橡胶粉密度应为 $(1.15±0.05)$g/cm³。橡胶粉筛分曲线如图 6.37 所示。试验分别采用 20 目、30 目二种规格的橡胶粉,其实测筛分结果 (通过百分率) 及规范要求如表 6.18 所示。

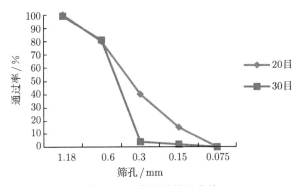

图 6.37 橡胶粉筛分曲线

表 6.18 橡胶粉实测筛分结果及规范要求

| 筛孔/mm | 通过率/% | | |
|---|---|---|---|
| | 20 目 | 30 目 | 规范要求 |
| 2.0 | 100 | 100 | 100 |
| 1.18 | 100 | 99.1 | 70~100 |
| 0.6 | 81.1 | 82.2 | 25~100 |
| 0.3 | 40.3 | 3.5 | 0~45 |
| 0.075 | 0 | 0 | 0~5 |

注: 表中规范要求为美国亚利桑那州橡胶沥青的规范。

橡胶粉化学成分检测数据及规范要求如表 6.19 所示。

表 6.19    橡胶粉化学成分检测数据及规范要求                (单位:%)

| 试验项目 | 实测值 | 下限 | 上限 |
| --- | --- | --- | --- |
| 丙酮抽出物含量 | 8.9 | 6.0 | 16.0 |
| 橡胶烃含量 | / | 42.0 | 65.0 |
| 天然胶含量 | 45 | 22.0 | 39.0 |
| 炭黑含量 | / | 28.0 | 38.0 |
| 灰分含量 | 5.6 | / | 8.0 |

3) 添加剂

添加剂可以降低发育温度要求,提高发育速度,缩短发育时间,增强黏结剂的和易性、黏附性和稳定性。可根据具体情况适量选用或不用。

2. 应力吸收封层黏结剂配伍性试验

在基质沥青中掺入不同比例、不同目数的橡胶粉,进行配伍性试验和各性能指标的检测,试验数据见表 6.20~表 6.25,各主要参数的变化关系见图 6.38~图 6.43。

表 6.20    不同胶粉掺量下橡胶沥青黏度指标试验数据            (单位:Pa·s)

| 目数 | 胶粉掺量 | | | | | | | | | | | |
| --- | --- | --- | --- | --- | --- | --- | --- | --- | --- | --- | --- | --- |
| | 16% | | | 18% | | | 20% | | | 22% | | |
| 20 目 | 1.0 | 1.0 | 1.0 | 2.7 | 2.8 | 2.7 | 4.5 | 4.6 | 4.7 | 8.8 | 8.8 | 8.7 |
| | | 1.0 | | | 2.7 | | | 4.6 | | | 8.8 | |
| 30 目 | 2.3 | 2.2 | 2.3 | 4.0 | 4.2 | 4.1 | 8.0 | 8.6 | 8.3 | 12.6 | 12.6 | 12.7 |
| | | 2.3 | | | 4.1 | | | 8.3 | | | 12.6 | |

表 6.21    不同胶粉掺量下橡胶沥青软化点指标试验数据            (单位:℃)

| 目数 | 胶粉掺量 | | | | | | | | |
| --- | --- | --- | --- | --- | --- | --- | --- | --- | --- |
| | 18% | | | 20% | | | 22% | | |
| 20 目 | 71.6 | 74.0 | 73.5 | 76.0 | 78.0 | 78.0 | 83.1 | 83.2 | 83.0 |
| | | 73.0 | | | 77.3 | | | 83.1 | |
| 30 目 | 74.0 | 73.6 | 73.8 | 78.4 | 78.4 | 78.3 | 84.9 | 84.8 | 85.0 |
| | | 73.8 | | | 78.4 | | | 84.9 | |

表 6.22    不同胶粉掺量下橡胶沥青延度指标试验数据            (单位:cm)

| 目数 | 胶粉掺量 | | | | | | | | |
| --- | --- | --- | --- | --- | --- | --- | --- | --- | --- |
| | 18% | | | 20% | | | 22% | | |
| 20 目 | 76.0 | 76.0 | 75.0 | 84.0 | 85.3 | 84.7 | 93.0 | 93.0 | 93.1 |
| | | 75.7 | | | 84.7 | | | 93.0 | |
| 30 目 | 58.0 | 58.1 | 57.9 | 66.0 | 66.0 | 66.1 | 77.0 | 76.9 | 77.0 |
| | | 58.0 | | | 66.0 | | | 77.0 | |

表 6.23　不同胶粉掺量下橡胶沥青锥入度指标试验数据　　（单位: 0.1mm）

| 目数 | | 胶粉掺量 | | | | | | | |
|------|------|------|------|------|------|------|------|------|------|
| | | 18% | | | 20% | | | 22% | |
| 20 目 | 3.74 | 3.75 | 3.59 | 3.44 | 3.54 | 3.49 | 3.42 | 3.42 | 3.41 |
| | | 3.69 | | | 3.49 | | | 3.42 | |
| 30 目 | 3.07 | 3.13 | 3.10 | 2.62 | 2.62 | 2.63 | 2.13 | 2.14 | 2.12 |
| | | 3.10 | | | 2.62 | | | 2.13 | |

表 6.24　不同胶粉掺量下橡胶沥青回弹恢复指标试验数据　　（单位: %）

| 目数 | | 胶粉掺量 | | | | | | | |
|------|------|------|------|------|------|------|------|------|------|
| | | 18% | | | 20% | | | 22% | |
| 20 目 | 32.1 | 35.9 | 32.5 | 36.1 | 3.61 | 3.60 | 42.2 | 42.1 | 42.3 |
| | | 33.5 | | | 36.1 | | | 42.2 | |
| 30 目 | 31.2 | 28.6 | 29.9 | 34.3 | 34.2 | 34.4 | 37.8 | 37.8 | 37.7 |
| | | 29.9 | | | 34.3 | | | 37.8 | |

表 6.25　不同目数胶粉黏度随时间衰减数据

| 时间/h | 20 目 黏度/(Pa·s) | 20 目黏度 衰减率/% | 30 目 黏度/(Pa·s) | 30 目黏度 衰减率/% |
|--------|------|------|------|------|
| 0 | 4.7 | 100.0 | 8.6 | 100.0 |
| 0.5 | 4.7 | 100.0 | 7.6 | 88.4 |
| 1 | 4.7 | 100.0 | 6 | 69.8 |
| 1.5 | 4.7 | 100.0 | 6 | 69.8 |
| 2 | 4.1 | 87.2 | 4 | 46.5 |
| 2.5 | 3.8 | 80.9 | 3.5 | 40.7 |
| 3 | 3.6 | 76.6 | 3.5 | 40.7 |
| 3.5 | 3 | 63.8 | 2.5 | 29.1 |
| 4 | 2.7 | 57.4 | 2 | 23.2 |
| 4.5 | 2.4 | 51.1 | 2 | 23.2 |
| 5 | 2.2 | 46.8 | 1.8 | 21.0 |
| 5.5 | 2 | 42.6 | 1.6 | 18.6 |
| 6 | 1.8 | 29.2 | 1.6 | 18.6 |

3. 应力吸收封层黏结剂配伍性试验结论

(1) 橡胶沥青的各主要指标参数与胶粉掺量有密切的关系。

黏度、软化点、回弹恢复及延度随着胶粉掺量的增加而增加。对于韩国 SK70# 沥青，胶粉掺量 ≥20% 时，黏度有较大幅度的增长；软化点 ≥65℃，锥入度 (或针入度) 随着胶粉掺量的增加而减小。

(2) 发育温度与发育时间相关联。

在胶粉掺量相同的情况下，达到相同的黏度，发育温度越高，所需的发育时间越短。

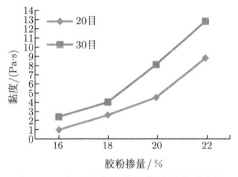

图 6.38　实测黏度与胶粉掺量的关系曲线　　图 6.39　实测软化点与胶粉掺量的关系曲线

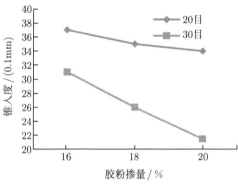
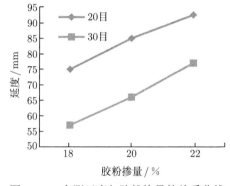

图 6.40　实测锥入度与胶粉掺量的关系曲线　　图 6.41　实测延度与胶粉掺量的关系曲线

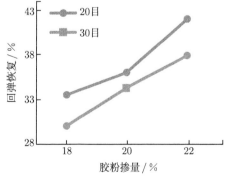

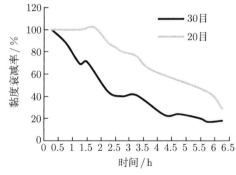

图 6.42　实测回弹恢复与胶粉掺量的关系曲线　　图 6.43　不同胶粉黏度衰减曲线

(3) 胶粉的粒度组成与橡胶沥青的黏度相关联。

在胶粉掺量相同的情况下，胶粉越细，初始达到的黏度越高；但随着时间的推移，在储存和运输过程中，细颗粒胶粉形成的橡胶沥青黏结剂的黏度较粗颗粒胶粉形成的橡胶沥青黏结剂的黏度下降更快，说明细颗粒胶粉形成的橡胶沥青与粗颗粒胶粉形成的橡胶沥青相比，耐老化性能降低。

(4) 检测指标：对于橡胶沥青，由于是固液两相混合物，测量针入度时，会出现较大的数据波动，有条件时，应尽量测量其锥入度。此外，回弹恢复指标较常规的弹性恢复指标更能从本质上反映出橡胶沥青固液两相体的弹性恢复能力。

(5) 对于韩国 SK70# 沥青和所用的橡胶粉，相容性较好。

经上述试验确定：该项目应力吸收封层黏结剂采用 30 目的胶粉，掺量 20%，发育温度 180~190℃，发育时间 45~60min。

### 6.3.4　应力吸收封层黏结剂生产工艺

橡胶沥青应力吸收层中的黏结剂不仅起连接下承层和封层中所有骨料，吸收下承层形变应力的作用，而且要阻断表层雨水等进入下承层，防止路面水损坏的发生，其作用至关重要。因此，黏结剂的质量直接影响应力吸收层的质量，必须按照前文黏结剂设计方法的要求，严控生产工艺，确保黏结剂的生产质量。

#### 1. 橡胶沥青应力吸收层黏结剂生产工艺流程

橡胶沥青应力吸收层黏结剂生产工艺流程见图 6.44。

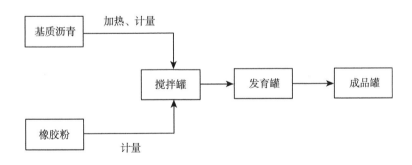

图 6.44　橡胶沥青应力吸收层黏结剂生产工艺流程

#### 2. 橡胶沥青应力吸收层黏结剂生产设备及主要工艺参数要求

橡胶沥青应力吸收层黏结剂生产设备组成及具体生产工艺参数如下。

1) 基质沥青储存

应备有基质沥青储罐，储罐的容量应能满足黏结剂的连续生产，罐内应有加热、保温及温控系统，使基质沥青的温度维持在 150~160℃。

2) 沥青加热系统

在基质沥青罐与搅拌罐之间设有快速升温装置，能够保证将基质沥青在短时间内加热至 190~218℃，若使用添加剂，温度可酌情适当降低。

3) 橡胶粉供料装置

通过电子秤计量系统，严格按照室内配伍性试验确定的掺配比例称量橡胶粉，由螺旋输料器输送至搅拌罐。

4) 搅拌装置

搅拌装置由搅拌罐罐体和搅拌系统组成。搅拌叶片按照一定速率匀速旋转，保证橡胶粉与基质沥青混合均匀。

5) 橡胶沥青应力吸收层黏结剂反应装置

在搅拌罐搅拌混合后，泵送至发育罐进行发育，发育时间在 45~60min，发育过程中要不间断均匀搅拌，并保持发育温度在 190℃。

**3. 橡胶沥青应力吸收层黏结剂的储存与运输**

发育好的橡胶沥青应力吸收层黏结剂可以输送至成品罐短期储存或直接装车运输，储存和运输过程中保持在规定的温度并不断搅拌，储存时间最好控制在 5h 之内。

# 6.4　连续密级配橡胶沥青混合料工程

橡胶沥青作为一种高品质的黏结剂，用于沥青混合料路面工程，改善了路面抵抗疲劳裂缝和反射裂缝的能力，橡胶沥青混合料高达 7%~8% 的油石比；增加了混合料中矿料裹覆油膜的厚度，使路面防水损害性能和使用耐久性提升。使用橡胶沥青混合料后，沥青路面铺层厚度也可适当减薄，这不仅降低了施工成本，还缩短了施工的时间。此外，由于废料的再利用，节省了资源，改善了环境污染；废旧轮胎中的炭黑，使橡胶沥青路面能保持更长时间的黑色，提高了路面颜色与标志线的反差，也改善了行车的安全性。

## 6.4.1　术语定义

按密级配原理设计组成的各种粒径颗粒的矿料与沥青结合料拌和而成，设计空隙率较小的、级配连续的密实式沥青混凝土混合料，称为连续密级配沥青混合料 (continuous dense graded asphalt mixtures)。

按其关键筛孔通过率的不同可分为细型连续密级配沥青混合料、粗型连续密级配沥青混合料。粗集料嵌挤作用较好的也称嵌挤密实性沥青混合料。

## 6.4.2　连续密级配橡胶沥青混合料试验段工程

西安至铜川高速公路是国家高速公路网包头至茂名高速公路 (G65) 陕西境的重要组成部分。路线起自西铜公路与西安绕城高速公路北段交叉点吕小寨立交，经草滩镇，跨越渭河、泾河、浊峪河，经陵前镇、马额镇，跨赵氏河，止于铜川新区立交，路线全长为 62.031km，主线起点至泾阳立交按八车道高速公路技术标准建设，泾阳立交至终点按六车道高速公路技术标准建设，设计速度 120km/h。

沥青路面结构如下。底面层：12cm ATB30；中面层：6cm AC20；上面层：4cm SMA13。沥青路面下封层为橡胶沥青碎石封层；上面层胶结材料为橡胶沥青。该路上的连续级配橡胶沥青混合料试验段工程，位于上面层，长度约 4km。

### 6.4.3　连续密级配橡胶沥青混合料 AR-AC13 设计

1. 原材料

1) 集料

集料的筛分数据见 6.26，原材料相关试验数据见表 6.27。

表 6.26　集料的筛分数据

| 类别 | | 以下筛孔 (mm) 通过率/% | | | | | | | | |
|---|---|---|---|---|---|---|---|---|---|---|
| | | 16 | 13.2 | 9.5 | 4.75 | 2.36 | 1.18 | 0.6 | 0.3 | 0.15 | 0.075 |
| 碎石 | 10~15mm | 100.0 | 94.4 | 22.8 | 1.2 | 0.0 | 0.0 | 0.0 | 0.0 | 0.0 | 0.0 |
| | 5~10mm | 100.0 | 100.0 | 90.8 | 12.3 | 4.8 | 3.5 | 0.0 | 0.0 | 0.0 | 0.0 |
| | 3~5mm | 100.0 | 100.0 | 100.0 | 91.3 | 17.1 | 4.1 | 2.2 | 0.0 | 0.0 | 0.0 |
| | 0~3mm | 100.0 | 100.0 | 100.0 | 100.0 | 84.1 | 51.9 | 36.9 | 18.5 | 8.6 | 7.3 |
| 水泥 | | 100.0 | 100.0 | 100.0 | 100.0 | 100.0 | 100.0 | 100.0 | 100 | 100 | 99.5 |

表 6.27　原材料相关试验数据

| 项目 | 碎石 | | | 机制砂 | 水泥 |
|---|---|---|---|---|---|
| | 10~15mm | 5~10mm | 3~5mm | | |
| 毛体积相对密度 | 2.718 | 2.702 | 2.713 | 2.799 | 2.423 |
| 表观相对密度 | 2.795 | 2.797 | 2.785 | 2.799 | 2.423 |
| 压碎值/% | 15.2 | / | / | / | / |
| 磨耗/% | 15.6 | 15.8 | / | / | / |
| 吸水率/% | 0.98 | 0.96 | 0.96 | / | / |
| 针片状/% | 7.2 | 6.1 | / | / | / |
| 坚固性/% | 1.0 | 2.0 | 1.0 | / | / |
| <0.075mm 含量/% | 0.1 | 0.2 | 0.4 | / | / |
| 软石含量/% | 1.6 | 1.8 | / | / | / |

2) 基质沥青

埃索 90# 沥青检测数据见表 6.28，各项指标均满足工程技术要求。

3) 橡胶粉

工程用橡胶粉为 2# 橡胶粉，试验筛分数据见表 6.29。

表 6.28    埃索 90# 基质沥青检测数据

| 试验项目 | 单位 | 技术要求 | 检测值 |
|---|---|---|---|
| 针入度 (25℃,100g,5s) | 0.1mm | 80～100 | 87 |
| 针入度指数 | / | −1.5 ～+1.0 | −0.41 |
| 延度 (5cm/min, 10℃) | cm | ≮ 20 | 83 |
| 延度 (5cm/min, 15℃) | cm | ≮ 100 | > 150 |
| 软化点 (环球法) | ℃ | ≮ 45 | 46.5 |
| 60℃ 动力黏度 | Pa·s | ≮ 160 | 171.9 |
| 蜡含量 (蒸馏法) | % | ≯ 2.2 | 1.3 |
| 闪点 | ℃ | ≮ 245 | 330 |
| 溶解度 | % | ≮ 99.5 | 99.95 |
| 相对密度 (25℃/25℃) | / | 实测 | 1.034 |
| RTFOT 后残留物 (163℃,85min) 质量损失率 | % | ≯ ±0.8 | 0.08 |
| 针入度比 (25℃) | % | ≮ 57 | 74.8 |
| 延度 (10℃) | cm | ≥ 20 | 21 |
| 延度 (15℃) | cm | / | 106 |

表 6.29    橡胶粉筛分数据

| 筛孔/mm | 1.18 | 0.6 | 0.3 | 0.15 | 0.075 |
|---|---|---|---|---|---|
| 通过率/% | 100 | 71.6 | 37.8 | 8 | 4.1 |

2. 混合料胶结材料橡胶沥青配伍性试验

试验采用 2# 20 目胶粉, 胶粉掺量 (内掺)18％和 20％埃索 90# 沥青发育橡胶沥青, 橡胶沥青在 190℃ 发育 45min, 平行试验多组, 制模检测, 主要试验数据见表 6.30。

表 6.30    橡胶沥青配伍性试验数据

| 胶粉掺量 (内掺)/% | 黏度/(Pa·s) | 软化点/℃ | 延度/mm | 锥入度/(0.1mm) | 回弹恢复/% |
|---|---|---|---|---|---|
| 18 | 3.7 | 65.9 | 117 | 44 | 35.6 |
| 20 | 4.5 | 69.5 | 98 | 39 | 44.2 |
| 技术标准 | 2～4 | >65 | / | 35～70 | >35 |

通过以上试验数据可以得出, 2# 胶粉与埃索 90# 沥青的配伍性较好。在胶粉掺量 18％和 20％的情况下, 除黏度指标外, 都能满足工程要求。考虑到使用的橡胶沥青生产设备具体结构和生产工艺的限制, 批量生产时, 胶粉掺量可能会低于室内试验的设定值, 导致批量生产的橡胶沥青黏度降低。因此, 安排了设备试生产, 并进行了指标检测, 证实了上面的想法。故本次试验段的铺筑选择胶粉掺量为 20‰。

### 3. 连续密级配橡胶沥青混合料级配设计

1) 目标级配

级配设计的目的是在高低温变化范围较宽的气候条件下，适合于该工程的重载交通，同时兼顾抗疲劳特性。因此，该级配既要有较好的骨架密实的结构，又要有较大的油石比，同时还要给橡胶粉颗粒留有空间。具体级配见表 6.31，目标级配曲线见图 6.45。

表 6.31　目标合成级配

| 项目 | | 以下筛孔 (mm) 通过率/% | | | | | | | | | |
|---|---|---|---|---|---|---|---|---|---|---|---|
| | | 16 | 13.2 | 9.5 | 4.75 | 2.36 | 1.18 | 0.6 | 0.3 | 0.15 | 0.075 |
| 碎石筛分 | 碎石 10~15mm | 100.0 | 94.4 | 22.8 | 1.2 | 0.0 | 0.0 | 0.0 | 0.0 | 0.0 | 0.0 |
| | 碎石 5~10mm | 100.0 | 100.0 | 90.8 | 12.3 | 4.8 | 3.5 | 0.0 | 0.0 | 0.0 | 0.0 |
| | 碎石 3~5mm | 100.0 | 100.0 | 100.0 | 91.3 | 17.1 | 4.1 | 2.2 | 0.0 | 0.0 | 0.0 |
| | 碎石 0~3mm | 100.0 | 100.0 | 100.0 | 100.0 | 84.1 | 51.9 | 36.9 | 18.5 | 8.6 | 7.3 |
| | 水泥 | 100.0 | 100.0 | 100.0 | 100.0 | 100.0 | 100.0 | 100.0 | 100 | 100 | 99.5 |
| 碎石比例 | 碎石 48 | 48.0 | 45.3 | 10.9 | 0.6 | 0.0 | 0.0 | 0.0 | 0.0 | 0.0 | 0.0 |
| | 碎石 30 | 30.0 | 30.0 | 27.2 | 3.7 | 1.4 | 1.1 | 0.0 | 0.0 | 0.0 | 0.0 |
| | 碎石 6.5 | 6.5 | 6.5 | 6.5 | 5.9 | 1.1 | 0.3 | 0.1 | 0.0 | 0.0 | 0.0 |
| | 碎石 13.5 | 13.5 | 13.5 | 13.5 | 13.5 | 11.4 | 7.0 | 5.0 | 2.5 | 1.2 | 1.0 |
| | 水泥 2 | 2.0 | 2.0 | 2.0 | 2.0 | 2.0 | 2.0 | 2.0 | 2.0 | 2.0 | 2.0 |
| 目标级配 | | 100 | 97.3 | 60.2 | 25.7 | 15.9 | 10.3 | 7.1 | 4.5 | 3.2 | 3.0 |

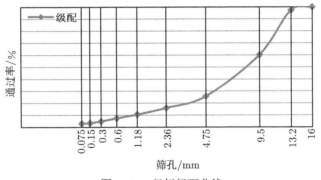

图 6.45　目标级配曲线

2) 目标级配马歇尔试验

本次试验采用双面击实 75 次，油石比从 6.5 开始，间隔 0.5，取 5 个不同的油石比进行试件成型，其体积指标见表 6.32。

3) 连续密级配橡胶沥青混合料技术指标

连续密级配橡胶沥青混合料技术指标要求如表 6.33 所示。

表 6.32    马歇尔试验数据

| 油石比 | 毛体积相对密度 | 空隙率/% | 矿料间隙率/% | 沥青饱和度/% | 稳定度/kN | 流值/mm |
|---|---|---|---|---|---|---|
| 6.5 | 2.343 | 7.0 | 19.2 | 63.6 | 6.1 | 2.1 |
| 7.0 | 2.353 | 5.9 | 19.2 | 69.1 | 6.5 | 2.3 |
| 7.5 | 2.354 | 5.4 | 19.6 | 72.6 | 6.7 | 2.5 |
| 8.0 | 2.371 | 4.0 | 19.3 | 79.3 | 6.8 | 1.6 |
| 8.5 | 2.369 | 3.5 | 19.8 | 82.3 | 7.3 | 2.2 |

表 6.33    橡胶沥青混合料技术指标要求

| 指标 | AR-AC13 橡胶改性沥青混合料 |
|---|---|
| 马歇尔击实次数 | 两面各 75 |
| 设计空隙率/% | 4~6 |
| 稳定度/kN | >3.6 |
| 流值/mm | 1.5~4 |
| 矿料间隙率/% | ≮19 |
| 沥青饱和度/% | 75~85 |
| 残留稳定度/% | ≥ 85 |
| 冻融劈裂强度/% | ≥ 80 |
| 动稳定度/(次/mm) | ≥ 2800 |
| 低温弯曲应变/με | ≥ 2000 |
| 渗水系数/(mL/min) | ≤ 120 |

4) 最佳油石比及部分路用性能指标试验

通过室内马歇尔试验，依据橡胶沥青混合料技术指标要求，确定最佳油石比为 7.5，其马歇尔试件见图 6.46。

图 6.46    油石比为 7.5 的马歇尔试件

在该油石比的条件下，进行部分路用性能试验 (车辙试验)，试验指标见表 6.34。

表 6.34    车辙试验动稳定度                    (单位: 次/mm)

| 第一次 | 第二次 | 第三次 | 平均值 |
|---|---|---|---|
| 3379 | 6024 | 5372 | 4925 |

5) 混合料生产配合比

(1) 生产配合比设计。对马额沥青拌和楼的各热仓进行筛分,确定热料仓 4#∶3#∶2#∶1# 为 38∶39∶5∶16,水泥∶2%,形成生产级配,见表 6.35,生产级配曲线见图 6.47,油石比为 7.5,20 目橡胶粉内掺 20%。

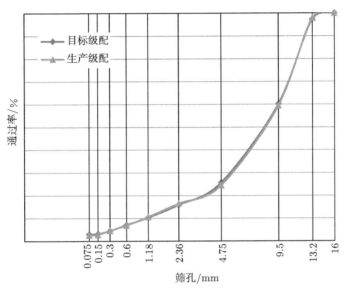

图 6.47　生产级配曲线

表 6.35　生产级配筛孔通过率

| 项目 | | | 以下筛孔 (mm) 通过率/% | | | | | | | | | |
|---|---|---|---|---|---|---|---|---|---|---|---|---|
| | | | 16 | 13.2 | 9.5 | 4.75 | 2.36 | 1.18 | 0.6 | 0.3 | 0.15 | 0.075 |
| 热仓筛分 | 碎石 | 11~16mm | 100.0 | 94.1 | 10.3 | 0.5 | 0.1 | 0.1 | 0.1 | 0.1 | 0.1 | 0.1 |
| | 碎石 | 6~11mm | 100 | 100 | 83.5 | 12.6 | 2.4 | 0.1 | 0.1 | 0.1 | 0.1 | 0.1 |
| | 碎石 | 3~6mm | 100 | 100 | 100 | 28.1 | 1.0 | 0.8 | 0.1 | 0.1 | 0.1 | 0.1 |
| | 碎石 | 0~3mm | 100 | 100 | 100 | 100.0 | 84.0 | 52.7 | 30.0 | 15.8 | 4.6 | 3.1 |
| | 水泥 | | 100.0 | 100.0 | 100.0 | 100.0 | 100.0 | 100.0 | 100.0 | 100 | 100 | 99.5 |
| 碎石比例 | 碎石 | 4# 仓 38.0 | 38.0 | 35.8 | 3.9 | 0.2 | 0.0 | 0.0 | 0.0 | 0.0 | 0.0 | 0.0 |
| | 碎石 | 3# 仓 39.0 | 39.0 | 39.0 | 32.6 | 4.9 | 0.9 | 0.0 | 0.0 | 0.0 | 0.0 | 0.0 |
| | 碎石 | 2# 仓 5.0 | 5.0 | 5.0 | 5.0 | 1.4 | 0.1 | 0.0 | 0.0 | 0.0 | 0.0 | 0.0 |
| | 碎石 | 1# 仓 16.0 | 16.0 | 16.0 | 16.0 | 16.0 | 13.4 | 8.4 | 4.8 | 2.5 | 0.7 | 0.5 |
| | 水泥 | 2 | 2.0 | 2.0 | 2.0 | 2.0 | 2.0 | 2.0 | 2.0 | 2.0 | 2.0 | 2.0 |
| 生产级配 | | | 100 | 97.8 | 59.5 | 24.5 | 16.5 | 10.6 | 6.9 | 4.6 | 2.8 | 2.6 |
| | | | 100 | 97.3 | 60.2 | 25.7 | 15.9 | 10.3 | 7.1 | 4.5 | 3.2 | 3.0 |

(2) 生产配合比验证。对沥青拌和楼生产的橡胶沥青混合料取样,进行室内马歇尔试验,试件见图 6.48,检测结果见表 6.36。与此同时,对生产的橡胶沥青也

进行各项指标检测，结果见表 6.37。

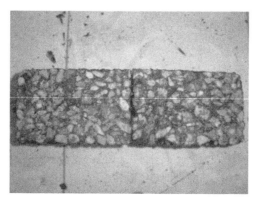

图 6.48 生产配合比所得马歇尔试件

**表 6.36 马歇尔试验检测结果**

| 油石比 | 空隙率/% | 矿料间隙率/% | 沥青饱和度/% | 稳定度/kN | 流值/mm |
|---|---|---|---|---|---|
| 7.5 | 5.2 | 19.3 | 72.5 | 7.8 | 19 |
| | 5.0 | 19.1 | 73.5 | 8.3 | 19 |

**表 6.37 橡胶沥青检测结果**

| 黏度/(Pa·s) | 软化点/℃ | 锥入度/(0.1mm) | 回弹恢复/% |
|---|---|---|---|
| 2.5 | 58.4 | 60 | 22.4 |
| 3.5 | 61.2 | 43 | 28.3 |

### 6.4.4 AR-AC13 混合料试验段铺筑

1. 试验段级配

试验段铺筑采用生产配比验证的级配，油石比为 7.5。

2. 试验段工艺

1) 混合料生产工艺

集料加热温度 180~190℃，胶结材料橡胶沥青温度 190℃，连续密级配橡胶沥青混合料出料温度 180℃，干拌 2s，湿拌 45s。

2) 摊铺工艺

3 个 ABG8620 摊铺机联机作业，摊铺速度 1.0m/min，夯锤振幅 2 档，频率 20Hz，熨平板振动器频率 30Hz。

3) 碾压工艺

戴纳派克 522 3 台、宝马格 202 3 台、英格索兰 DD110 1 台。稳压一遍，速度 2.0km/h；振动碾压三遍，速度 3.0km/h，弱振；静碾收面一遍，速度 4.0km/h。

试验段铺筑现场见图 6.49，图 6.50、图 6.51 为成型的橡胶沥青路面。

图 6.49　试验段铺筑现场

图 6.50　成型橡胶沥青路面 1

图 6.51　成型橡胶沥青路面 2

### 6.4.5　试验段路面检测

(1) 高温稳定性。

首先在料车取料进行车辙板成型，然后进行车辙试验，其试验结果见表 6.38。

表 6.38　动稳定度检测数据　　　　　　　　　　　　　　(单位：次/mm)

| 第一次 | 第二次 | 第三次 | 平均值 | 动稳定度技术标准 |
| --- | --- | --- | --- | --- |
| 3237 | 3535 | 3386 | 3386 | >2800 |

(2) 水稳定性。

对取样试件进行浸水马歇尔和冻融劈裂强度比试验，试验数据分别见表 6.39、表 6.40。

表 6.39　　浸水马歇尔试验数据

| 项目 | 样品 | 稳定度/kN | 平均稳定度/kN | 浸水残余稳定度/% | 残稳技术标准/% |
|---|---|---|---|---|---|
| 浸水马歇尔试验 | 试件 1 | 6.61 | | | |
| | 试件 2 | 7.53 | 7.58 | | |
| | 试件 3 | 8.06 | | | |
| | 试件 4 | 8.11 | | 94.8 | >85 |
| 标准马歇尔试验 | 试件 1 | 8.3 | | | |
| | 试件 2 | 7.32 | 7.99 | | |
| | 试件 3 | 8.32 | | | |
| | 试件 4 | 8.03 | | | |

表 6.40　　冻融劈裂强度比试验数据

| 项目 | 稳定度/kN | 劈裂强度/MPa | 劈裂强度平均值/MPa | 冻融劈裂强度比/% | 技术标准/% |
|---|---|---|---|---|---|
| 条件冻融劈裂 | 5.64 | 0.549 | | | |
| | 5.87 | 0.576 | 0.576 | | |
| | 5.96 | 0.582 | | | |
| | 6.1 | 0.596 | | 89.2 | >80 |
| 非条件冻融劈裂 | 6.21 | 0.606 | | | |
| | 6.7 | 0.659 | 0.646 | | |
| | 6.54 | 0.645 | | | |
| | 6.9 | 0.672 | | | |

(3) 渗水检测。

试验段铺筑完成 7 天后做渗水试验, 其试验数据见表 6.41。

表 6.41　　渗水试验渗水系数数据　　　　　　　　　　　　(单位:mL/min)

| 第一次 | 第二次 | 第三次 | 平均值 | 技术标准 |
|---|---|---|---|---|
| 12.1 | 13.2 | 24.0 | 16.4 | <120 |

(4) 构造深度检测。

用砂铺法进行构造深度检测, 数据如表 6.42。

表 6.42　　构造深度检测数据　　　　　　　　　　　　　　(单位:mm)

| 第一次 | 第二次 | 第三次 | 平均值 | 技术标准 |
|---|---|---|---|---|
| 1.21 | 1.25 | 1.24 | 1.23 | 0.8~1.3 |

(5) 压实度检测。

在试验段取芯进行压实度检测, 其数据见表 6.43, 芯样见图 6.52、图 6.53。

表 6.43　压实度检测数据

| 项目 | 芯样高度 /cm | 芯样密度 /(g/cm³) | 最大理论密度 /(g/cm³) | 压实度/% | 空隙率/% | 压实度平均值/% |
|------|------|------|------|------|------|------|
| 第一个芯样 | 4.32 | 2.384 | 2.509 | 95.0 | 5.0 | 95.1 |
| 第二个芯样 | 4.56 | 2.389 | 2.509 | 95.2 | 4.8 | |

图 6.52　试验段芯样

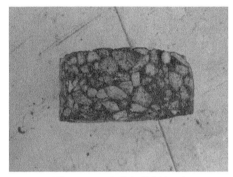

图 6.53　试验段芯样切面

### 6.4.6　试验段总结

经试验段铺筑和试验段路面检测，得出如下结论。

(1) 施工配合比。

在配合比设计阶段，不仅尝试了多种级配及油石比，而且比较了使用不同填料如矿粉、矿粉 + 消石灰、水泥等的效果，最后确定了用水泥作为填料。经试验段铺筑并检测，验证了该生产用配合比是合适的。

(2) 混合料拌和工艺。

试验段用混合料均匀一致，无花白料，混合料润泽、无滴漏，且最大限度地发挥了拌和设备的能力。因此，混合料拌和工艺合适。

(3) 混合料摊铺碾压工艺。

试验段成型路面沥青混合料颗粒均匀、无离析、无拉痕，路面松铺表面平整，初始密实度较好，说明摊铺工艺合适；碾压成型路面压实均匀，压实度好，说明碾压工艺合适。

(4) 路用性能指标。

经检测，试验段各项路用性能检测指标均符合技术要求。

(5) 连续密级配混合料胶结材料橡胶沥青。

2# 胶粉与埃索 90# 沥青的配伍性良好，室内 4 项主要技术指标 (黏度、锥入度、软化点及回弹恢复) 均符合要求。且 20 目胶粉的黏度指标随时间的衰减量仅为 40 目胶粉的 40% 左右；在回弹恢复指标上，20 目胶粉也显著优于 40 目胶粉；在软化点及锥入度指标上，20 目胶粉形成的橡胶沥青与 40 目胶粉形成的橡胶沥青相当。因此，试验段采用 20 目胶粉生产橡胶沥青在技术上是合适的。

(6) 经济性评价。

包含原材料成本和加工成本两方面。

原材料成本：胶粉 20 目的价格约为 2200 元/吨，掺量 20%，胶粉花费 440 元；SBS 改性剂的价格为 20000 元/吨，掺量 4.5%，SBS 改性剂花费 900 元。所以，使用 20 目胶粉作为改性剂，比用 SBS 作为改性剂，每吨成品节约 460 元。此外，胶粉掺量高达 20%，SBS 掺量仅 4%～4.5%，每吨橡胶沥青比 SBS 改性沥青少用 15.5%～16% 的基质沥青，沥青 5000 元/吨，此项每吨节约 775～800 元。每吨成品橡胶沥青比 SBS 改性沥青仅在以上两项材料费上就节约 1235～1260 元 (说明：相关材料价格为项目研究时的价格)。

加工成本：SBS 改性沥青加工设备较为复杂，包括了高速剪切机或胶体磨，加工过程用电量也较高；橡胶沥青加工设备简单，仅通过搅拌溶胀即可，因此，使用橡胶沥青比使用 SBS 改性剂，加工费也便宜不少。

综上，使用废旧轮胎橡胶粉做成橡胶沥青相比常规 SBS 改性沥青，既能满足路用性能要求，又具有显著的经济效益。

该项目 2011 年通车，现在连续密级配橡胶沥青试验段路面状况依然完好。

# 6.5　间断级配橡胶沥青混合料工程

随着我国对公路建设投资的加大和对沥青路面研究的深入，为了更好地适应不同道路载荷状况和气候状况，在连续级配路面的基础上，出现了开级配沥青路面和间断级配沥青路面等多种路面结构，SMA 路面就是近年来使用较多的一种间断级配沥青混合料路面。

## 6.5.1　术语定义

(1) 间断级配沥青混合料 (gap-graded asphalt mixtures)：矿料级配中缺少一个或几个粒径档次 (或用量很少) 而形成的沥青混合料。

(2) 沥青玛蹄脂混合料 (stone matrix asphalt，SMA)：由沥青结合料与少量的纤维稳定剂、细集料以及较多的填料 (矿粉) 组成的沥青玛蹄脂填充于间断级配的粗集料骨架的间隙，组成一体的沥青混合料。

(3) 橡胶沥青玛蹄脂混合料 (stone matrix rubber asphalt，SMRA)：用橡胶沥青结合料替代沥青玛蹄脂混合料中的沥青胶结材料形成的沥青混合料。其中，可视具体情况添加或不添加纤维稳定剂。

### 6.5.2　项目概况及气候特征

我国地域辽阔，最北边的漠河地区处于北纬 53°31′，最南边的曾母暗沙处于北纬 4°，东起东经 135°5′，西至东经 73°40′，南北跨度约 50°，直线距离 5500km，自南而北分布有赤道带、热带、亚热带、暖温带、温带、寒温带六个温度带，这在世界各国中无与伦比。当最南边是姹紫嫣红、骄阳似火的盛夏景象时，最北边还是白雪皑皑、银装素裹的严冬，地域温度范围很大。这些气候特点无疑给公路建设，尤其是沥青路面中的胶结材料特性带来了严峻的挑战。

按规范，严寒区是指我国最冷月平均温度 ≤ −10℃ 或日平均温度 ≤5℃ 的天数 ≥145 天的地区。严寒区沥青面层最主要的破坏形式是低温开裂、冻胀以及冻融交替造成的水损害，以常规基质沥青或传统改性沥青形成的沥青混合料已不能满足该区域气候环境下的性能要求。

项目张承高速公路一期罩面工程位于张家口北部崇礼县的严寒区，隶属东亚大陆性季风气候中温带亚干旱区，两侧山峦连绵起伏，海拔为 1500~2000m，中部地势平缓狭长。据统计张承高速公路一期工程崇礼地区 2011~2015 年，极低气温 −32℃，平均最低气温 −28.3℃，平均日最大温差 19.1℃，年最大温差将近 70℃。该地冬季长期受蒙古高压控制，冷空气活动频繁，平均低气温持续时间可长达 5 个月，最大冻土深度 1.8~2.4m，时有冰雹、暴雨灾害，短时温降较大；年平均降水量 488mm，降水总量为 11.3 亿 m³。

该项目罩面工程全线采用 SBS 沥青作为胶结材料，实施 4cm 的 AC-13 沥青混合料罩面施工。其中有 5km 试验段，采用 4cm SMRA-13 橡胶沥青间断级配混合料作为上面层，拟通过粗颗粒橡胶沥青优异的低温抗裂性、抗水损害性和高回弹恢复性能，加上间断级配的大油石比，探索其对极寒区气候的适应性。

### 6.5.3　严寒区对沥青混合料胶结材料的性能要求

严寒区沥青路面的首要技术要求就是有良好的低温抗开裂性能。因此，在道路建材和沥青混合料级配设计上，均需考虑其抵抗严寒病害的能力。SHARP 试验研究指出，沥青胶结材料的低温性能对混合料低温性能的贡献率高达 80%，因此在沥青路面上考虑抗严寒能力，要先从低温性能优异的沥青胶结材料入手，只有改善了严寒区沥青路面的低温裂缝，才能避免水从裂缝进入后形成的冻胀损坏，延长严寒区路面使用寿命。

(1) 胶结材料的低温劲度模量与蠕变速率。

在胶结材料低温性能研究方面，文献 [57] 采用低温劲度模量 $S$ 与蠕变速率 $m$ 指标，对比了橡胶沥青与 SBS 改性沥青在 −12℃ 和 −18℃ 时的低温性能，见表 6.44。

表 6.44    不同胶结材料低温性能对比

| 试验温度/℃ | 中海 70#+20%30 目橡胶粉 | | 中海 70#+4.0%SBS 改性沥青 | |
|---|---|---|---|---|
| | $S$/MPa | $m$ | $S$/MPa | $m$ |
| −12 | 75.7 | 0.349 | 156 | 0.320 |
| −18 | 153 | 0.314 | 347 | 0.301 |
| 技术要求 | ≤ 300 | ≥ 0.3 | ≤ 300 | ≥ 0.3 |

通常胶结材料的低温劲度模量 $S$ 越低，意味着低温抗裂性能越优异。$m$ 越大表示蠕变速率越大，对低温环境的适应性越强。由表 6.44 可知，−12℃ 时，无论在蠕变速率上，还是低温劲度模量上，橡胶沥青显著优于 SBS 改性沥青；当温度继续降低至 −18℃ 时，上述 2 个指标依然是橡胶沥青显著优于 SBS 改性沥青，这时的 SBS 改性沥青的低温劲度模量已经超出了技术要求，且蠕变速率也接近技术要求的下限，而橡胶沥青的低温劲度模量仍然相对较低，可见在低温抗裂性方面橡胶沥青性能优于 SBS 改性沥青。因此对于严寒区极端气温与最冷月平均气温较低的环境来说，采用橡胶沥青作为胶结材料更有助于提高路面的抗低温性能，从而避免或减少低温裂缝的产生。

(2) 胶结材料黏度及对矿料的裹覆力。

黏度是指液体流动时自身分子间产生的内摩擦力，又称黏滞系数，是量度流体黏滞性大小的物理量。对于混合料中的胶结材料，其黏度越大，内摩擦力越大，抵抗变形能力就越强。

在评价胶结材料在混合料中的作用时，也用黏度的大小来评判沥青胶结材料对矿料裹覆能力的强弱，胶结材料的黏度越大，在混合料中其对集料的裹覆性就越强，遇到低温及水损害时集料越不易松散，即抗低温与抗水损害能力越强。

参考国内外橡胶沥青与改性沥青黏度施工案例可知，对于以往常用的 SBS 改性沥青，其 135℃ 黏度一般在 3.0Pa·s 左右，180℃ 黏度往往在 0.5Pa·s 左右，而橡胶沥青在常用施工温度 180℃ 的黏度往往达到了 3.0~3.5Pa·s。可见橡胶沥青黏度明显高于 SBS 改性沥青黏度，也就意味着橡胶沥青在低温形变时，抵抗形变的能力较大，而且其对矿料的裹覆能力也比 SBS 改性沥青强，从而由其形成的混合料的低温抗裂性能更显著。为此，结合严寒区气候特点，选择橡胶沥青作为胶结材料。

(3) 胶结材料的低温延度。

延度是指材料的延展度。对于沥青这样的胶结材料，常用 5℃ 延度来评价胶结材料的低温性能。具体的试验是使用专门的延度仪在 5℃ 环境中对养生好的胶结材料试样进行拉伸，直至拉断试样时，测量拉伸的长度。对于基质沥青及常规 SBS 改性沥青，常用 5℃ 延度指标来评价其低温性能。

对于橡胶沥青，尤其是粗颗粒橡胶粉形成的橡胶沥青，其中依然保留着固体胶粉颗粒的核心，使得橡胶沥青呈现出明显的固液两相体特征，它不能像单相体的基质沥青以及近乎单相体的 SBS 改性沥青那样拉得很长，但使其产生单位形变所需的力很大，这同样表明了该材料具有良好的低温性能。只是 5℃ 延度指标不适用于评价粗颗粒橡胶粉所形成的橡胶沥青，一般采用测力延度或柔度指标来评价橡胶沥青的抗形变能力。对于低温性能，用 5℃ 测力延度或 5℃ 柔度指标来评价橡胶沥青的低温抗形变能力。

对于位于张家口严寒区的张承高速公路，其夏季时日照亦很强，沥青路面的最高地表温度能达到 60℃ 左右，所以，用于该区域的胶结材料除了要具有良好的抗低温性能外，也应综合考虑高温等其他性能。

此外，国外对橡胶沥青胶结材料主要是通过黏度、针入度或锥入度、软化点及回弹恢复指标 (表 3.1) 来检测橡胶沥青的技术性能，其中又以黏度指标作为橡胶沥青性能的主要评判指标。

综合上述分析，在国内外橡胶沥青评价指标的基础上，结合张承高速公路严寒区的特点，以表 6.45 作为该高速公路间断级配橡胶沥青路面胶结材料的主要技术性能评价检测指标。

表 6.45 张承高速公路间断级配橡胶沥青路面胶结材料性能评价检测指标与技术要求

| 检测指标 | 单位 | 试验方法 | 技术要求 | |
| --- | --- | --- | --- | --- |
| | | | 最小 | 最大 |
| 180℃ Haake 黏度 | $10^{-3}$Pa·s | 参照本书前面介绍的黏度试验方法 | 2500 | 3500 |
| 25℃ 锥入度 | 0.1mm | ASTM217-09 | 25 | 70 |
| 软化点 (环球法) | ℃ | JTG/T0606—2011 | 52 | 65 |
| 25℃ 回弹恢复 | % | ASTMD5329-09 | 18 | / |
| 5℃ 拉伸柔度 (1cm/min) | cm/N | NB/SH/T 0814—2010 | / | / |

### 6.5.4 抗严寒沥青混合料胶结材料设计

对于严寒区来说，低温性能优异的胶结材料可以使其形成的沥青混合料具备较好的抗低温特性，由此减少或避免沥青路面低温病害的产生与扩展。本项目拟采用低温性能突出的粗颗粒橡胶沥青作为胶结材料。

#### 1. 原材料

对于废旧轮胎胶粉，目数是其重要的技术指标之一。国外实体工程中采用的橡胶粉目数 16~100 目不等，有些地区甚至规定胶粉颗粒最大粒径不应大于 2.36mm，亚利桑那州和佛罗里达州的特殊工程中，还将胶粉粒径如同集料一般进行了多层次的划分。

市场上常见胶粉的规格及生产厂家、成分检测及筛分结果见表 6.46~表 6.49。

**表 6.46　常见橡胶粉规格及生产厂家**

| 生产厂家 | | 胶粉目数 | |
| --- | --- | --- | --- |
| 天津市异彩橡胶粉粒加工厂 | / | 30 目 | / |
| 西安中轩公司 | 20 目 | 30 目 | 40 目 |
| 山东邹平县鑫福源橡胶有限公司 | 20 目 | 30 目 | / |
| 唐山玉田海维商贸有限公司 | / | 30 目 | / |
| 陕西高速开发公司 | 20 目 | 30 目 | / |
| 四川泸州万发橡胶粉厂 | 20 目 | 30 目 | 40 目 |
| 湖南合得利橡胶科技公司 | / | 30 目 | 40 目 |
| 重庆圣略建材有限公司 | 20 目 | 30 目 | 40 目 |
| 宁夏亿能橡塑有限公司 | / | 30 目 | / |

**表 6.47　橡胶粉杂质含量及化学成分检测结果**

| 生产厂家(简称) | 胶粉规格 | 含水量/% | 丙酮抽出物含量/% | 金属含量/% | 纤维含量/% | 橡胶烃含量/% | 炭黑含量/% | 灰分含量/% | 天然胶定性分析 |
| --- | --- | --- | --- | --- | --- | --- | --- | --- | --- |
| | | 1* | ≤ 22* | 0.05* | 1* | ≥ 42* | ≥ 28* | ≤ 8* | / |
| 陕西高速 | 30 目 | 0.75 | 6.18 | 0 | 0.01 | 61 | 28 | 6 | 天然橡胶 |
| | 40 目 | 0.58 | 6.07 | 0 | 0 | 64 | 30.3 | 6.3 | 天然橡胶 |
| 西安中轩 | 20 目 | 0.78 | 3.86 | 0 | < 0.5 | 57.30 | 29.16 | 7.2 | 天然橡胶 |
| | 30 目 | 0.75 | 5.37 | 0 | < 0.5 | 57.11 | 29.71 | 7.26 | 天然橡胶 |
| | 40 目 | 0.66 | 5.45 | 0 | 0.02 | 61 | 29.22 | 7.14 | 天然橡胶 |
| 宁夏亿能 | 30 目 | 0.59 | 9.19 | 0 | 0.01 | 62 | 25 | 8 | 天然橡胶 |
| 四川泸州 | 30 目 | 0.77 | 5.84 | 0 | 0 | 59 | 25 | 12 | 天然橡胶 |
| | 40 目 | 0.7 | 7.15 | 0 | 0 | 59 | 26 | 10 | 天然橡胶 |
| 重庆圣略 | 20 目 | 0.81 | 8.24 | 0.02 | 0.01 | 59 | 26 | 9 | 天然橡胶 |
| | 30 目 | 0.67 | 6.89 | 0.02 | 0 | 60 | 26 | 9 | 天然橡胶 |
| | 40 目 | 0.86 | 5.82 | 0 | 0 | 59 | 25 | 12 | 天然橡胶 |
| 湖南合得利 | 30 目 | 1.04 | 6.13 | 0.01 | 0 | 57 | 27 | 11 | 天然橡胶 |
| | 40 目 | 0.90 | 7.55 | 0 | 0 | 60 | 25 | 10 | 天然橡胶 |
| 山东邹平 | 20 目 | 0.82 | 4.35 | 0.21 | < 0.5 | 56.32 | 29.51 | 8.58 | 天然橡胶 |
| | 30 目 | 0.74 | 6.22 | 0.21 | < 0.5 | 56.78 | 28.45 | 8.70 | 天然橡胶 |
| 唐山玉田 | 30 目 | 0.87 | 3.42 | 0.07 | < 0.5 | 57.89 | 29.95 | 6.48 | 天然橡胶 |
| | 40 目 | 0.71 | 5.16 | 0.03 | < 0.5 | 58.1 | 30.1 | 7.25 | 天然橡胶 |

注: 加 * 数据为技术要求。

通过对胶粉进行筛分可以看出，同为 30 目或 40 目的橡胶粉，不同生产厂家在 0.60mm、0.30mm、0.15mm 和 0.075mm 筛孔的通过率差异较大。但整体而言，30 目胶粉颗粒要粗一些，当与基质沥青发育结束后保留的固体颗粒核心要略大一些，从橡胶沥青作用机理分析可知，采用 30 目胶粉更有利于橡胶沥青低温性能的提高。

所以，将 30 目并具有良好级配的粗颗粒胶粉加入基质沥青，并经规范化的设备与适宜的生产工艺加工后，胶粉颗粒可以在成品橡胶沥青中保有较大的颗粒核心，从而为提升橡胶沥青的低温回弹性能创造条件。试验研究时选取了以下几种行业中常用的基质沥青，并对其进行了主要性能指标的检测，分别见表 6.50 和表 6.51。

表 6.48　30 目胶粉级配筛分结果

| 筛孔<br>/mm | 废胎胶粉实际质量通过率/% | | | | | | | | |
|---|---|---|---|---|---|---|---|---|---|
| | 陕西<br>高速 | 西安<br>中轩 | 天津<br>异彩 | 山东<br>邹平 | 四川<br>泸州 | 湖南<br>合得利 | 河北<br>唐山 | 重庆<br>圣略 | 宁夏<br>亿能 |
| 2.36 | 100 | 100 | 100 | 100 | 100 | 100 | 100 | 100 | 99.96 |
| 2.00 | 100 | 100 | 100 | 100 | 100 | 100 | 100 | 100 | 99.94 |
| 1.18 | 100 | 100 | 100 | 100 | 100 | 100 | 100 | 100 | 99.12 |
| 0.60 | 90.15 | 75.57 | 63.3 | 78.2 | 95.50 | 99.96 | 98.91 | 93.52 | 77.46 |
| 0.30 | 42.14 | 28.67 | 39.2 | 37.6 | 44.17 | 72.41 | 43.30 | 38.40 | 25.79 |
| 0.15 | 11.61 | 7.92 | 13.9 | 6.7 | 14.17 | 31.65 | 11.40 | 12.24 | 6.59 |
| 0.075 | 0.13 | 0.39 | 3.8 | 0.7 | 0.19 | 3.44 | 0.16 | 0.48 | 0 |

表 6.49　40 目胶粉级配筛分结果

| 筛孔<br>/mm | 废胎胶粉实际质量通过率/% | | | | | |
|---|---|---|---|---|---|---|
| | 陕西高速 | 西安中轩 | 四川泸州 | 湖南合得利 | 河北唐山 | 重庆圣略 |
| 2.36 | 100 | 100 | 100 | 100 | 100 | 100 |
| 2.00 | 100 | 100 | 100 | 100 | 100 | 100 |
| 1.18 | 100 | 100 | 100 | 100 | 100 | 100 |
| 0.60 | 93.99 | 100 | 100 | 99.96 | 99.95 | 99.89 |
| 0.30 | 54.36 | 49.05 | 77.12 | 80.36 | 42.87 | 56.47 |
| 0.15 | 14.89 | 14.00 | 20.43 | 30.28 | 9.97 | 21.00 |
| 0.075 | 0.30 | 1.03 | 0.29 | 1.93 | 0.10 | 2.13 |

表 6.50　行业中常用的几种基质沥青

| 基质沥青牌号 | 生产商/产地 | 供应公司 |
|---|---|---|
| 东海 70# | 中石化 | 厦门华特集团有限公司 |
| SK70# | 韩国 | 河北凯意石化有限公司 |
| SK90# | 韩国 | 河北凯意石化有限公司 |
| 东海 90# | 中石化 | 厦门华特集团有限公司 |
| 壳牌 90# | 荷兰 | 浙江壳牌沥青有限公司 |

2. 严寒区胶结材料橡胶沥青配伍性试验

各厂家的胶粉，由于废旧轮胎原料差异、加工工艺不同以及颗粒级配的不同，不同品牌及标号的基质沥青在配伍性上显示出较大的差异。因此先进行一轮配伍性初选试验，即取不同橡胶粉厂家的 20 目、30 目、40 目胶粉，与不同牌号的基质沥青在胶粉掺量 20%，发育温度 185℃，发育时间 45min 时进行橡胶沥青黏结剂的配制，试验方案如表 6.52 所示。

表 6.51 基质沥青抽样复检试验数据

| 检测项目 | 单位 | 规定值 | 东海 70# | SK70# | SK90# | 东海 90# | 壳牌 90# |
|---|---|---|---|---|---|---|---|
| 针入度 (25℃) | 0.1 mm | 60~80 | 70 | 73 | 85 | 85 | 91 |
| 针入度指数 | / | −1.5~+1.0 | −1.5 | −1.34 | −1.43 | −1.43 | −0.6 |
| 延度 (10℃) | cm | ≥ 20 | 72 | 51 | 65 | 69 | >100 |
| 延度 (15℃) | cm | ≥ 100 | >100 | >100 | >100 | >100 | >100 |
| 软化点 | ℃ | ≥ 45 | 49.5 | 46.5 | 46.0 | 46.0 | 45.5 |
| 密度 (15℃) | g/cm³ | 实测记录 | 1.031 | 1.03 | 1.03 | 1.03 | 1.034 |
| 溶解度 | % | ≥ 99.5 | 99.66 | 99.97 | 99.97 | 99.96 | 99.88 |
| 闪点 | ℃ | ≥ 260 | 293 | 308 | 325 | 321 | 292 |
| 质量变化 | % | ±0.8 | −0.280 | 0.04 | 0.03 | 0.02 | 0.058 |
| 残留针入度比 (25℃) | % | ≥ 61 | 66 | 63 | 60 | 65 | 66.6 |
| 残留延度 (10℃) | cm | ≥ 6 | 9 | 9 | 11 | 12 | 11 |

表 6.52 胶粉与基质沥青初选试验

| 基质沥青 | 天津异彩 | 西安中轩 | | | 山东邹平 | | 唐山玉田 | 陕西高速 | | 四川泸州 | | 湖南合得利 | | 重庆圣略 | | 宁夏亿能 |
|---|---|---|---|---|---|---|---|---|---|---|---|---|---|---|---|---|
| | 30目 | 20目 | 30目 | 40目 | 20目 | 30目 | 30目 | 30目 | 40目 | 30目 | 40目 | 30目 | 40目 | 30目 | 40目 | 30目 |
| 东海 70# | √ | √ | √ | √ | √ | √ | √ | — | √ | — | — | — | — | — | — | — |
| SK70# | √ | √ | √ | √ | √ | √ | √ | — | √ | — | — | — | — | — | — | — |
| SK90# | √ | √ | √ | √ | √ | √ | √ | √ | √ | √ | √ | √ | √ | √ | √ | √ |
| 东海 90# | — | √ | √ | √ | √ | √ | √ | — | — | — | — | — | — | — | — | — |
| 壳牌 90# | — | — | √ | √ | √ | √ | √ | — | — | √ | √ | √ | √ | √ | √ | √ |

注:"—"表示未进行此组合下的橡胶沥青配制。

橡胶沥青发育完成后进行 180℃ Haake 黏度指标检测,试验结果见图 6.54~图 6.56。

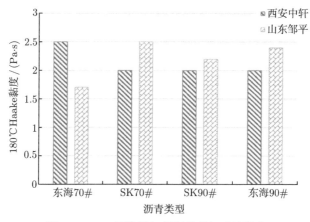

图 6.54 20 目胶粉与各沥青配伍时的黏度

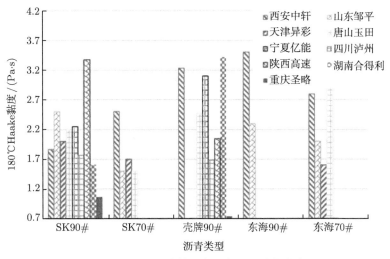

图 6.55    30 目胶粉与各沥青配伍时的黏度

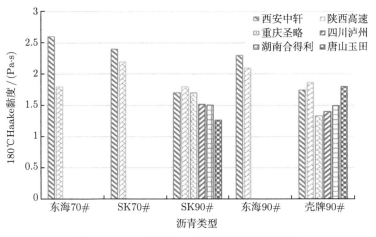

图 6.56    40 目胶粉与各沥青配伍时的黏度

由图 6.54 可以看出，西安中轩 20 目胶粉与东海 70# 基质沥青、山东邹平 20 目胶粉与 SK70# 基质沥青配伍后的黏度指标基本相当，黏度均达到了 2.5Pa·s，且高于其他组合下的黏度，因此在 20 目胶粉与各基质沥青的配伍中，优选上述两组合作为最佳组合。

由图 6.55 可以看出，9 种 30 目胶粉在与各基质沥青的配伍中，以西安中轩 30 目胶粉与东海 90# 沥青的黏度最大，为 3.5Pa·s，其次分别为湖南合得利 30 目胶粉与壳牌 90# 沥青、陕西高速 30 目胶粉与 SK90# 沥青、西安中轩 30 目胶粉与壳牌 90# 沥青的配伍性较好，黏度均在 3.2Pa·s 以上。

由图 6.56 可以看出, 6 种 40 目胶粉与各基质沥青的配伍中, 以西安中轩 40 目胶粉与东海 70#、SK90# 及东海 90# 的配伍性较好, 测得的黏度均在 2.3Pa·s 以上。重庆圣略、四川泸州、湖南合得利 40 目胶粉与壳牌 90# 沥青, 唐山玉田 40 目与 SK90# 沥青的配伍, 测得的黏度均低于技术要求的下限。

结合图 6.55 和图 6.57 可以得知, 20 目和 40 目胶粉与基质沥青配伍时, 180℃ Haake 黏度基本在 2~2.5Pa·s, 而 30 目胶粉与基质沥青配伍时, 180℃ Haake 黏度基本在 2~3.5Pa·s。从总体上来说 30 目胶粉与各基质沥青的配伍均较好于 20 目与 40 目胶粉与各基质沥青的配伍。此外, 从 30 目胶粉与各基质沥青配伍的黏度图中可以看出西安中轩 30 目胶粉与壳牌 90# 沥青、陕西高速 30 目胶粉与 SK90# 沥青、湖南合得利 30 目胶粉与壳牌 90# 沥青、西安中轩 30 目胶粉与东海 90# 沥青配伍时, 测得的橡胶沥青 180℃ Haake 黏度相当, 均在 3.2~3.5Pa·s, 且高于其他胶粉与基质沥青的配伍, 故选择上述四种组合进行后续的胶粉与基质沥青的最佳掺配比例试验。

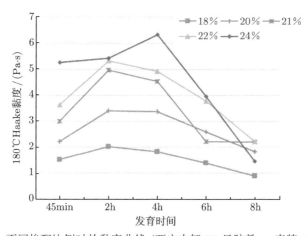

图 6.57  不同掺配比例时的黏度曲线 (西安中轩 30 目胶粉 + 壳牌 90# 沥青)

3. 严寒区胶结材料——橡胶沥青中橡胶粉掺配比例试验研究

为了获得橡胶粉不同掺配比例对橡胶沥青性能的影响情况, 同时也为依托工程试验段的施工提供技术依据, 依据前面选择的 4 组配伍性较好的橡胶粉与基质沥青, 分别在发育温度 185℃、发育时间 45min, 掺配比例 18%、20%、21%、22%、24%时, 进行了试验研究。

1) 西安中轩 30 目胶粉 + 壳牌 90# 沥青

由图 6.57 可知, 不同掺配比例时橡胶沥青的黏度随发育时间的增长呈现先增大后减小的趋势, 尤其在 4h 之后黏度的衰减较为明显。当胶粉外掺 18%时, 各时间段黏度均低于技术要求 (2.5~3.5Pa·s) 下限，黏度偏低。胶粉外掺 21% 时，2h 和 4h 的黏度均超出技术要求的 3.5Pa·s。胶粉外掺 22% 时，2h 和 4h 的黏度达到了 5.0Pa·s 左右，过高的黏度将给橡胶沥青的泵送与混合料施工的和易性带来较大的困难；45min 和 6h 的黏度接近技术要求的上限。胶粉外掺 24% 时，45min、2h 和 4h 的黏度较大，远超出技术要求的上限，不宜选用。胶粉外掺 20% 时，45min 和 8h 黏度低于技术要求的下限，2h、4h、6h 均满足技术要求。综合考虑，以 180℃ Haake 黏度作为橡胶沥青的主要评价指标，该组合下理想掺配比例为 20%。

2) 陕西高速 30 目胶粉 +SK90# 沥青

由图 6.58 可知，胶粉外掺 18% 时，各时间点黏度均偏低，不符合施工要求；胶粉外掺 21% 时，2h 的黏度较为理想，4h、6h 和 8h 的黏度均高于 3.5Pa·s，黏度过大，不利于橡胶沥青的泵送与混合料的拌和；胶粉外掺 22% 时，2h、4h、6h、8h 的黏度均超出技术要求的上限，且 2h 处的黏度最大，达到了 5.3Pa·s；胶粉外掺 24% 时，45min、2h、4h 黏度过大，且 2h 处黏度已经超出技术要求上限的 51.4%，所拌和的混合料也难以进行摊铺碾压。胶粉外掺 20% 时，45min 黏度略低，2h 和 4h 黏度较为理想。以 180℃ Haake 黏度作为橡胶沥青的主要评价指标，可知该组合下胶粉外掺 20% 时橡胶沥青的各项性能指标较好。

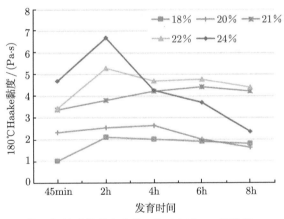

图 6.58　不同掺配比例时的黏度曲线 (陕西高速 30 目胶粉 +SK90# 沥青)

3) 湖南合得利 30 目胶粉 + 壳牌 90# 沥青

由图 6.59 可知，胶粉外掺 18% 时，经发育 45 min 后测得的黏度仅为 1.1Pa·s，不能达到施工技术要求，其余时间的黏度均在技术要求下限偏下；胶粉外掺 20% 时，较为理想的黏度位于 4h 处，达到了最大值 3.1Pa·s；而 45min 时对应的黏度低于 2.5Pa·s。胶粉外掺 22% 时，45min 的黏度达到了 4.270Pa·s，超出了技术要求上限的 20%，胶粉外掺 24% 时黏度的整体波动较大，其中 45min、2h 和 4h 黏度均超出技术要求上限较多，尤其是 2h 黏度较大，为 5.77Pa·s，超出了上限约 62.9‰。胶粉外掺 21% 时，在 8h 内的黏度均满足技术要求，较为理想。以 180℃Haake 黏度作为橡胶沥青主要评价指标，应选 21% 作为此组合下的最佳掺配比例。

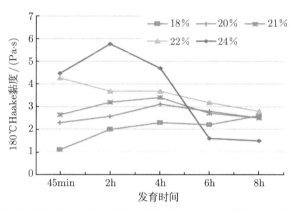

图 6.59　不同掺配比例时的黏度曲线 (湖南合得利 30 目胶粉 + 壳牌 90# 沥青)

4) 西安中轩 30 目胶粉 + 东海 90# 沥青

由图 6.60 可知，胶粉外掺 18% 时，各时间点对应的黏度整体偏低；胶粉外掺 21% 时，45min 和 2h 的黏度已超技术要求的上限，达到了 3.8~4.0Pa·s，黏度偏大。胶粉外掺 22% 时，45min、2h 和 4h 的黏度均超出了技术要求的上限，最大黏度达到了 4.4Pa·s，超出了技术要求上限的 25.7%。胶粉外掺 24% 时，45min、2h 和 4h 黏度均超出技术要求上限较多，尤其是 2h 黏度过大，为 5.0Pa·s，超出了技术要求约 42.9%，给后续混合料的摊铺碾压带来了较大挑战。胶粉外掺 20%

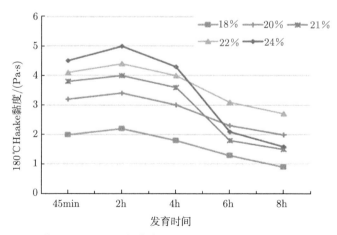

图 6.60　不同掺配比例时的黏度曲线 (西安中轩 30 目胶粉 + 东海 90# 沥青)

时，45min 的黏度在中值附近，为 3.2Pa·s，此黏度对橡胶沥青的泵送及混合料的裹覆都较为有利，且 4h 内黏度变化不大。因此以 180℃ Haake 黏度作为橡胶沥青的主要评价指标，该组合下 20% 的胶粉掺量为最佳掺配比例。

将上述各组合最佳掺配比例下的黏度进行对比，如图 6.61 所示。从图中可知，西安中轩 30 目橡胶粉与东海 90# 基质沥青发育 45min 后的 180℃ Haake 黏度达到了 3.2Pa·s，比其他三种组合中黏度最大者高出了约 21.7%。此时的黏度不会影响橡胶沥青的泵送与混合料施工的和易性问题，且该组合下的黏度在 45min~2h 的变化率较小，即相对稳定。其他组合下黏度的峰值则相继出现在 2h 或 4h，这意味着橡胶粉与基质沥青进行充分的物理化学反应，需要更长的时间，不利于寒冷地区充分利用黄金时段进行施工。综合考虑各因素，选择西安中轩 30 目橡胶粉，最佳掺配比例为 20%，与东海 90# 基质沥青进行发育。

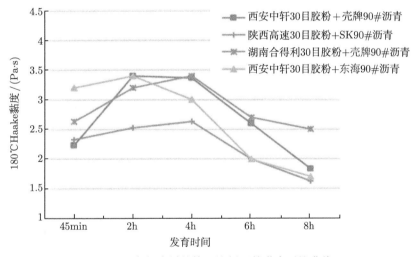

图 6.61　各组合最佳掺配比例下的黏度对比曲线

### 4. 严寒区胶结材料橡胶沥青生产工艺对比研究

橡胶沥青生产过程中胶粉与基质沥青初步混合后，一般要通过搅拌或者剪切溶胀后才能进入发育罐进行发育。搅拌或剪切对胶粉与基质沥青能否均匀混合及二者物理化学反应的程度强弱有着重要影响。适宜的搅拌或剪切工艺不但可以避免胶粉结团，促进胶粉溶胀，还能有效防止胶粉产生严重的脱硫与降解。目前橡胶沥青生产中主要有搅拌 (约 300r/min)、高速剪切 (4000r/min)、搅拌 + 高速剪切三种加工工艺，为了获得适用于粗颗粒橡胶沥青的加工工艺，以西安中轩 30 目胶粉与壳牌 90# 基质沥青为原材料，胶粉掺量 20%、发育温度 185℃，不同发育时间下制备了橡胶沥青试件，并进行了各项指标的检测，所得结果见图 6.62。

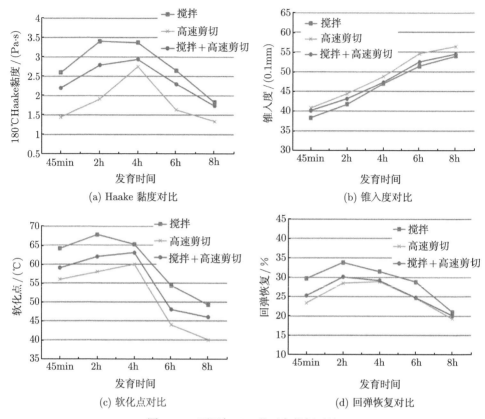

(a) Haake 黏度对比  (b) 锥入度对比

(c) 软化点对比  (d) 回弹恢复对比

图 6.62　不同加工工艺下各指标对比

由图 6.62 可以看出，三种加工工艺分别对橡胶沥青性能产生了不同程度的影响，但又以对黏度性能的影响最为显著。总体来说搅拌工艺下获得的橡胶沥青黏度最大，高速剪切时橡胶沥青黏度最小。分析认为产生这种现象的原因主要有两方面：一是高速剪切时，粗颗粒胶粉经过定子与转子部件的高速摩擦，瞬时的高温会导致部分胶粉表面裂解，高分子键断裂，不利用网络体系的形成；二是经过高速剪切作用后的粗胶粉颗粒被细化，进入发育罐后一方面在高温作用下，较细的胶粉颗粒更容易发生脱硫与降解反应，另一方面使橡胶沥青保有高黏韧性的固体颗粒核心相应减少，橡胶沥青最终形态应该更接近单相体液态，而非固液两相体系。此外，在高速剪切工艺下，橡胶沥青的黏度随着发育时间的增长先升高，后降低。其中在发育时间为 4h 时，180℃ Haake 黏度达到最大，为 2.75Pa·s，即此时技术性能达到最优。之后随着发育时间增长，黏度逐渐降低。由图 6.62(a) 中还可以得知，在 4h 后，该工艺下橡胶沥青的黏度衰减较快，因此如果采用高速剪切工艺制备橡胶沥青，应在 4h 内进行橡胶沥青混合料的拌和，以避免橡胶沥青性能下降。

在搅拌工艺下，橡胶沥青的黏度随着发育时间的增长先增大后减小。其中该胶粉与基质沥青组合在发育时间为 2h 时，180℃ Haake 黏度达到最大，为 3.4Pa·s。相较高速剪切工艺来说，在黏度提高了 19.1% 的同时，在更短的时间内达到了更高的黏度，获得了更好的性能。而且发育时间变短，有利于降低沥青在高温下的老化风险。由图 6.62(a) 还可以看出，虽然随着搅拌时间的增长，橡胶沥青的黏度也有所下降，但搅拌工艺在 4h 处的黏度仍高于高速剪切工艺下对应的黏度。此外，从总体来看，在相同的发育时间下，搅拌工艺制得的橡胶沥青的黏度普遍高于高速剪切工艺，且黏度的衰减速度相对缓慢。若以黏度作为橡胶沥青性能的主要控制指标，橡胶沥青批量加工时宜采用搅拌工艺。

由图 6.62(b) 可以看出，各加工工艺下的锥入度较为接近，但经过高速剪切的橡胶沥青其锥入度均高于搅拌工艺下的锥入度。变细的胶粉颗粒使橡胶沥青变得相对较软，不利于橡胶沥青性能的提高。

在图 6.62(c) 和 (d) 中，各工艺下的回弹恢复性能与软化点差异不大，但搅拌工艺下橡胶沥青的回弹恢复和软化点要高于其他工艺，这既提高了橡胶沥青混合料的低温抗裂性能，又保证了其高温稳定性。这可能是由于在剪切工艺下一方面要想达到要求的橡胶沥青黏度，只能增长发育时间，然而长时间的高温发育必然会使橡胶沥青某些指标随时间过长而发生衰减，整体性能变差。另一方面粗颗粒胶粉经过剪切，部分细度变细，在长时间高温过程中硫化作用增强，且成型试件中单位体积内的粗颗粒胶粉数目减少，网状体系断裂，橡胶沥青的回弹性能变差。

### 5. 严寒区胶结材料橡胶沥青发育温度研究

利用西安中轩 30 目橡胶粉与东海 90# 基质沥青在胶粉掺配比例 20%，发育温度分别为 175℃、185℃、190℃ 和 195℃ 时制备橡胶沥青并成型试件，检测其 180℃ Haake 黏度、25℃ 锥入度、25℃ 回弹恢复、软化点等指标，不同发育温度下各指标的对比见图 6.63。

由图 6.63(a) 可以看出，整体上橡胶沥青的黏度随着发育时间的增长呈现出先增大后减小。当橡胶沥青发育 45min 后，175℃ 对应的黏度已超出技术要求的最大值，达到了 4.1Pa·s，其余三种温度下的黏度接近，均在 3.0~3.5Pa·s。发育温度 175℃ 和 190℃ 时，2h 和 4h 对应的黏度过大，不能满足施工技术要求。195℃ 时 45min 黏度虽符合施工技术标准，但随着时间增长，其黏度衰减过快，尤其是 4h 黏度仅为 1.9Pa·s，性能难以保证。185℃ 时 45min 黏度较为理想，且 4h 之内黏度的变化率相对较小，在性能未衰减的同时能够相对延长施工时间。综上所述，为了避免黏度过大使施工的和易性变差及黏度衰减过快导致的橡胶沥青性能发生剧变，应优先选用 185℃ 作为发育温度。利用牛顿插值法可以获得 (185±3)℃ 时

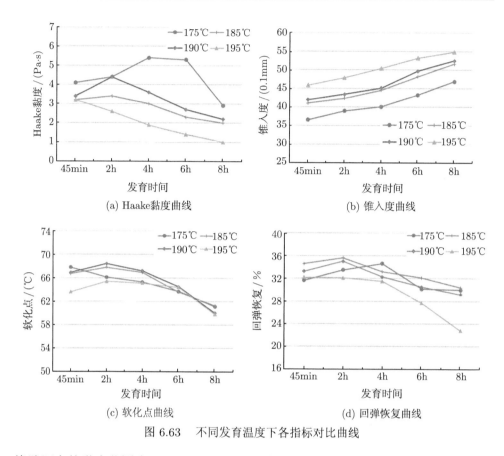

图 6.63    不同发育温度下各指标对比曲线

橡胶沥青的黏度范围为 2.652~3.353Pa·s，此时既能保证橡胶沥青的性能，又可以满足施工和易性的要求。

由图 6.63(b) 可知，橡胶沥青的锥入度随着发育时间的增长而增大，且随着发育温度的升高，锥入度有增大的趋势。175℃ 时的锥入度偏低，这与橡胶粉在该温度下不能与基质沥青进行充分的物理化学反应有关。195℃ 时锥入度较高，这是由于高温下胶粉颗粒溶解得更多，发育结束后固液体系中残留的胶粉颗粒核心减少。185℃ 与 190℃ 下橡胶沥青的锥入度较为接近，且都满足施工技术要求。如果单从锥入度因素考虑，发育温度按优劣排序应为 185℃、190℃、195℃、175℃。

由图 6.63(c) 可知，在 45min~4h 当发育温度为 195℃ 时橡胶沥青的软化点比其他三种温度时均低，仅为 63.6℃，相比 185℃ 时低了约 5%。185℃ 和 190℃ 的软化点基本接近，且在 8h 内的曲线趋势大体一致。在 175℃ 发育 45min 后得到的软化点最高，为 67.8℃，但随着发育时间的增长，该软化点曲线呈现衰减趋势，且衰减过程明显强于发育温度为 185℃ 和 190℃ 时的情况，总体来说 185~190℃

的软化点较好。

由图 6.63(d) 可以看出,四种发育温度对应的回弹恢复均达到了技术要求。其中 185℃ 时的回弹恢复最大,在 45min 时达到了 34.58%,195℃ 时最低,且 195℃ 时在 8h 处的回弹恢复已经低于技术要求的下限,仅为 22.79%。可能是由于沥青与胶粉长时间处于高温状态下,一方面加速了基质沥青的老化,另一方面加快了胶粉的脱硫、降解过程,部分粗颗粒胶粉变细,回弹恢复性能变差。175℃ 时回弹恢复性能随时间的增长,波动相对较大,其回弹恢复在 45min 时最低,在 4h 时达到最大,即该发育温度下达到相同的回弹恢复性能需要更长的发育时间,这会延误后续工序的进行。185℃ 和 190℃ 时的回弹恢复差别不大。总体来说在 45min～4h 的最佳施工时间内,发育温度为 185～190℃ 时橡胶沥青的回弹恢复性能最好。

综上所述,当发育温度为 185℃ 时橡胶沥青 180℃ Haake 黏度较为理想,且在 45min～4h 的施工期内变化率相对较小。此时既能保证橡胶沥青的性能,还可以满足施工的和易性。185℃ 和 190℃ 时橡胶沥青的其余指标及曲线趋势大体一致,均能满足使用要求。然而 190℃ 时的 2h 黏度偏大,考虑达到相同的技术指标,温度越高对橡胶沥青设备中基质沥青快速升温性能要求越高,且橡胶沥青发育温度越高,越容易导致老化现象发生,因此选择 185℃ 作为发育温度。同时结合牛顿插值法可以计算出其发育温度范围为 (185 ±3)℃。

6. 严寒区胶结材料橡胶沥青发育时间试验研究

橡胶沥青生产中,橡胶沥青的发育时间对其性能有较大的影响,因此进行了系列的试验,来研究发育时间对橡胶沥青性能的影响规律和影响程度。

图 6.64 为西安中轩 30 目橡胶粉与东海 90# 基质沥青在胶粉掺配比例 20%、发育温度 185℃,不同发育时间下的各性能指标曲线。

从图 6.64(a) 可以看出,橡胶沥青黏度在 45min 时达到了 3.2Pa·s,此时即可满足施工技术要求。此外,该黏度在 45min～4h 相对变化不大,超过 4h 后开始迅速衰减,故以黏度作为主要评价指标,橡胶沥青应发育 45min,且橡胶沥青生产结束后尽量在 4h 内使用完毕,以保证其对矿料具有较好的黏力。图 6.64(b) 和图 6.64(c) 中 4h 后橡胶沥青的锥入度开始增大,软化点呈现出较快的衰减速度,这意味着过长时间的高温发育,溶解的胶粉颗粒更多,橡胶沥青开始从固液两相状态向液相状态发展。此外,长时间的高温状态还增加了橡胶沥青老化的风险,其软化点在 6h 和 8h 处已经接近技术要求的下限,这也提醒当橡胶沥青发育结束后应确保后续施工工序的顺利展开,以避免橡胶沥青长时间高温存储造成自身性能的下降。回弹恢复表征了橡胶沥青在低温下的性能,从图 6.64(d) 可以看出,8h 内橡胶沥青的回弹恢复变化相对平稳,均满足施工技术要求,且未出现随时间增长而急剧衰减情况。综上所述,30 目橡胶沥青发育 45min 后,各项性能

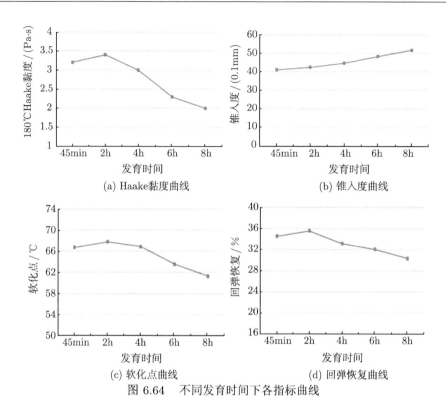

图 6.64　不同发育时间下各指标曲线

指标即可达到使用要求，在批量生产时可以作为发育结束时间。此外，综合黏度、锥入度、软化点指标的变化情况，橡胶沥青应于发育结束后 4h 内完成使用。如遇突发情况导致施工过程不能进行时，应适当降低橡胶沥青存储温度，以避免高温环境下胶粉溶解与硫化。

7. 研究结论

严寒区抗低温胶结材料配方：东海 90# 基质沥青 +20％掺量的中轩 30 目胶粉。

生产工艺等其他条件：物理高温溶胀 + 搅拌；发育温度：185℃；发育时间：45min；使用条件：45min～4h。

技术指标要求：满足表 6.45。

### 6.5.5　抗严寒橡胶沥青混合料设计

对于严寒区域用沥青混合料，一般的认识是：在级配的设计上，空隙率应较非严寒区的小；油石比设计上较非严寒区的高；总体思路就是使严寒区的路面更致密，以防止雨水和雪水的下渗，尽量减弱冻融循环等造成的路面病害。由于橡胶沥青混合料较同类型级配的一般沥青混合料或 SBS 改性沥青混合料，油石比略大，油膜厚度略高，再加上橡胶沥青本身的抗低温性能突出，因此使用橡胶沥青作为严寒区沥青混合料的胶结材料。橡胶沥青混合料在美国进行了较多的实体工程试验段，有连续密级配橡胶沥青混合料，也有开级配橡胶沥青混合料，用得最多的为间断级配的橡胶沥青混合料。

1. 几种典型的面层橡胶沥青混合料级配和技术性能要求分析

表 6.53~表 6.55 分别为美国亚利桑那州、加利福尼亚州与得克萨斯州面层橡胶沥青混合料级配混合料的设计范围 [58]。

表 6.53　美国亚利桑那州面层橡胶沥青混合料级配设计范围

| AR-AC13A | 下列筛孔 (mm) 通过率/% | | | | | |
|---|---|---|---|---|---|---|
| | 19 | 12.5 | 9.5 | 4.75 | 2.36 | 0.075 |
| 上限 | 100 | 100 | 80 | 42 | 22 | 2.5 |
| 上限 | 100 | 80 | 65 | 28 | 14 | 0 |

表 6.54　美国加利福尼亚州面层橡胶沥青混合料级配设计范围

| ARHM-GG-C | 下列筛孔 (mm) 通过率/% | | | | | | |
|---|---|---|---|---|---|---|---|
| | 19 | 12.5 | 9.5 | 4.75 | 2.36 | 1.18 | 0.6 | 0.075 |
| 上限 | 100 | 100 | 87 | 37 | 22 | 12 | / | 7 |
| 下限 | 100 | 90 | 83 | 33 | 18 | 8 | / | 2 |

从表 6.53 中可以看出，虽然亚利桑那州对于矿料的分级要求不高，粗集料的用量较多，高达 58%~72%，为间断级配结构。沥青用量接近或高于 SMA 混合料，意味着其单位体积内会拥有更多的胶粉颗粒，也致使其矿料间隙率要求高于 19%。

相对于亚利桑那州，加利福尼亚州面层橡胶沥青混合料级配设计范围除进一步细化了矿料分级外，还增大了矿粉用量，见表 6.54。

美国亚利桑那州与加利福尼亚州在设计橡胶沥青混合料级配时，往往采用较高的油石比，同时相对增大集料空隙率，以充分发挥粗颗粒胶粉的作用。

美国得克萨斯州面层橡胶沥青混合料级配设计，对于矿料的分级与我国 SMA 较为相似，在使用较大油石比的同时，进一步增加了矿粉用量，将橡胶沥青、矿粉与部分细集料视为类似 SMA 混合料中玛蹄脂成分，用其去填充粗集料间形成的间隙。级配设计范围见表 6.55。

表 6.55　美国得克萨斯州面层橡胶沥青混合料级配设计范围

| SMAR-13 | 下列筛孔 (mm) 通过率/% | | | | | | | |
|---|---|---|---|---|---|---|---|---|---|
| | 19 | 12.5 | 9.5 | 4.75 | 2.36 | 1.18 | 0.6 | 0.3 | 0.075 |
| 上限 | 100 | 85 | 70 | 45 | 27 | 22 | 20 | 15 | 9 |
| 下限 | 100 | 72 | 50 | 30 | 17 | 12 | 8 | 6 | 5 |

我国密级配沥青混合料 AC-13 及沥青玛蹄脂混合料 SMA-13 级配范围见表 6.56。

表 6.56　我国 AC-13 及 SMA-13 沥青混合料级配设计范围

| 混合料类型 | | 下列筛孔 (mm) 通过率/% | | | | | | | | | |
|---|---|---|---|---|---|---|---|---|---|---|---|
| | | 16 | 13.2 | 9.5 | 4.75 | 2.36 | 1.18 | 0.6 | 0.3 | 0.15 | 0.075 |
| AC-13 | 上限 | 100 | 100 | 85 | 68 | 50 | 38 | 28 | 20 | 15 | 8 |
| | 下限 | 100 | 90 | 68 | 38 | 24 | 15 | 10 | 7 | 5 | 4 |
| SMA-13 | 上限 | 100 | 100 | 75 | 34 | 26 | 24 | 20 | 16 | 15 | 12 |
| | 下限 | 100 | 90 | 50 | 20 | 15 | 14 | 12 | 10 | 9 | 8 |

通过对比发现,我国密级配混合料 AC-13 的级配范围与美国几个州现用的橡胶沥青混合料级配范围相差较大,故在此暂不考虑密级配混合料。现将我国的沥青玛蹄脂混合料 SMA-13 级配范围与美国各州橡胶沥青混合料技术要求进行对比,见表 6.57。

表 6.57　橡胶沥青混合料技术要求对比

| 测试项目 | 美国 | | | 中国 |
|---|---|---|---|---|
| | 亚利桑那州 | 加利福尼亚州 | 得克萨斯州 | |
| 空隙率/% | 5.5±1.0 | 3~6 | / | 3~4 |
| 沥青用量/% | 5.5~9.5 | / | 7.0~10 | / |
| 矿料间隙率/% | ≥ 19 | ≥ 18 | ≥ 19 | ≮ 17 |
| 沥青吸收率/% | 0~1.0 | / | ≤ 0.2 | / |
| 油石比/% | / | 7.5~8.7 | / | / |
| 沥青饱和度/% | / | / | / | 75~85 |
| 稳定度/kN | / | / | / | ≮ 6 |
| 汉堡车辙/mm | / | / | ≤ 0.5 | / |
| 析漏损失率/% | / | / | / | ≯ 0.1 |
| 肯塔堡飞散损失率/% | / | / | / | ≯ 15 |

对比国内外沥青混合料的技术要求可知,采用的评价指标不完全相同,且在相同指标时给出的推荐范围也存在一定的差异,因此仍需要结合具体工程的情况、所处的地理位置、交通负荷等进行具体分析、试验、验证,才能得到最佳级配。

2. 严寒区橡胶沥青混合料设计思路

沥青混合料配合比设计方法有维姆法、旋转压实法和马歇尔击实法三种方法。

一般来说,使用维姆法进行混合料级配设计时往往沥青用量较少,且不能检测橡胶沥青混合料中有关耐久性的指标,显然这难以适用严寒区环境对道路建设耐久性的要求。旋转压实法虽然能较真实地还原混合料受碾压时的受力状况,但需购买旋转压实仪, 对施工单位来说成本较高。相较前两种试验方法, 马歇尔击实法所用试验仪器较为便宜, 操作较为简单, 是最早且最普遍的级配设计方法。

在设计思路上, 首先分析不同年份多地区 SMRA-13(AR-AC13) 橡胶沥青混合料关键筛孔通过率的一般规律和变异性, 以此为基础研究关键筛孔通过率与橡胶沥青混合料体积指标与低温性能指标的关系, 以提出适宜的关键筛孔通过率范围; 基于油膜厚度理论对粗颗粒橡胶沥青用量进行试验研究, 提出适用于严寒区的橡胶沥青油膜厚度范围, 再利用批量生产的橡胶沥青进行马歇尔试件成型方法、成型过程及不同沥青混合料体积指标与路用性能的对比分析, 获得适用于该项目实体依托工程的橡胶沥青混合料最佳级配、关键生产工艺参数, 再验证严寒区粗颗粒橡胶沥青混合料技术性能要求的合理性。

在我国 SMA-13 级配的基础上, 通过多次对橡胶沥青混合料试件的马歇尔体积指标及其路用性能的分析, 并借鉴文献 [25] 的部分技术要求, 提出严寒区橡胶沥青混合料技术要求如表 6.58~表 6.60 所示。

表 6.58　严寒区 SMRA-13 橡胶沥青混合料级配范围

| SMRA-13 | 下列筛孔 (mm) 的通过率/% | | | | | | | | | |
| --- | --- | --- | --- | --- | --- | --- | --- | --- | --- | --- |
| | 16 | 13.2 | 9.5 | 4.75 | 2.36 | 1.18 | 0.6 | 0.3 | 0.15 | 0.075 |
| 上限 | 100 | 100 | 72 | 33 | 23 | 20 | 17 | 13 | 12 | 11 |
| 下限 | 100 | 94 | 60 | 25 | 15 | 13 | 11 | 10 | 9 | 8 |

表 6.59　严寒区 SMRA-13 橡胶沥青混合料技术性能要求

| 试验指标 | 技术要求 |
| --- | --- |
| 空隙率/% | 3~4 |
| 矿料间隙率/% | ⋌ 17 |
| 粗集料骨架间隙率/% | ⩽ $VCA_{DRC}$ |
| 沥青饱和度/% | 75~85 |
| 稳定度/kN | ⋌ 6 |
| 油膜厚度/μm | 19-21 |
| 肯塔堡飞散试验或浸水飞散试验的混合料损失率/% | ⩽ 15 |
| 谢伦堡沥青析漏试验结合料损失率/% | ⩽ 0.1 |
| 动稳定度/(次/mm) | ⩾ 2800 |
| 浸水马歇尔试验残留稳定度/% | ⩾ 85 |
| 冻融劈裂试验残留强度比/% | ⩾ 80 |
| 低温弯曲试验破坏应变/με | ⩾ 3000 |
| 渗水系数/(mL/min) | ⩽ 50 |
| 平整度/mm | < 3 |
| 构造深度/mm | > 0.8 |

表 6.60    严寒区 SMRA-13 橡胶沥青混合料室内试验温度

| 项目 | 温度范围/℃ |
|---|---|
| 橡胶沥青加热温度 | 185±3 |
| 集料加热温度 | 185～190 |
| 混合料拌和温度 | 185±3 |
| 混合料击实温度 | 175～180 |

### 3. 严寒区橡胶沥青混合料用原材料及性能检测

本项目粗集料选用质地坚硬、表面粗糙、棱角性好的玄武岩，细集料选用机制砂，填料选用石灰岩磨细的矿粉，见表 6.61。

表 6.61    混合料用原材料一览表

| 名称 | 生产厂家或产地 | 产品描述 |
|---|---|---|
| 9.5～16mm 玄武岩 | 崇礼五十家料场 | 无风化、无杂物 |
| 4.75～9.5mm 玄武岩 | 崇礼五十家料场 | 无风化、无杂物 |
| 2.36～4.75mm 玄武岩 | 崇礼五十家料场 | 无风化、无杂物 |
| 机制砂 | 怀来北山料场 | 无风化、无杂物 |
| 矿粉 | 怀来北山料场 | 干燥、无杂物、无结块 |
| 基质沥青 | 厦门华特集团有限公司 | 东海 90#A 级 |
| 30 目橡胶粉 | 西安中轩 | 干燥、无杂物、无结块 |

本项目选用集料的物理力学性质见表 6.62～表 6.66。

表 6.62    粗集料技术指标

| 检测项目 | | 检测结果 | | | 施工技术要求 |
|---|---|---|---|---|---|
| | | 2.36～4.75mm | 4.75～9.5mm | 9.5～16mm | |
| 表观相对密度 | | 2.896 | 2.922 | 2.918 | ≥ 2.6 |
| 吸水率/% | | 1.85 | 1.78 | 1.7 | ≤ 2.0 |
| 针片状颗粒含量/% | ≥ 9.5mm | / | / | 7.3 | ≤ 12 |
| | < 9.5mm | / | 10.8 | / | ≤ 18 |
| 洛杉矶磨耗损失率/% | | / | / | 10 | ≤ 28 |
| 坚固性/% | | 1 | 1 | 1 | ≤ 5 |
| 压碎值/% | | / | / | 14.5 | ≤ 26 |
| 软石含量/% | | / | 0.2 | 0.2 | ≤ 3 |
| < 0.075mm 颗粒含量/% | | 0.4 | 0.5 | 0.3 | ≤ 1 |
| 对沥青的黏附性/级 | | / | / | 5 | ≥ 4 |
| 磨光值/% | | / | / | 44 | ≥ 40 |

**表 6.63　细集料技术指标**

| 检测项目 | 检测结果 | 施工技术要求 |
|---|---|---|
| 表观相对密度 | 2.849 | ⩾ 2.50 |
| 亚甲蓝含量/(g/kg) | 0.8 | ⩽ 10 |
| 棱角性 (流动时间)/s | 52.5 | ⩾ 30 |
| 坚固性 (大于 0.3 mm 部分)/% | 2 | ⩽ 5 |
| 砂当量/% | 72 | ⩾ 65 |

**表 6.64　集料筛分试验结果 (一)**

| 筛孔/mm | 通过率/% | | | | |
|---|---|---|---|---|---|
|  | 9.5～16mm | 4.75～9.5mm | 2.36～4.75mm | 机制砂 | 矿粉 |
| 16 | 100 | / | / | / | / |
| 13.2 | 92.8 | / | / | / | / |
| 9.5 | 21.3 | 100 | 100 | / | / |
| 4.75 | 0.4 | 14.3 | 99.9 | 100 | / |
| 2.36 | 0.4 | 0.5 | 8.3 | 81.7 | / |
| 1.18 | 0.4 | 0.3 | 0.7 | 48.4 | / |

**表 6.65　集料筛分试验结果 (二)**

| 筛孔/mm | 通过率/% | | | | |
|---|---|---|---|---|---|
|  | 9.5～16mm | 4.75～9.5mm | 2.36～4.75mm | 机制砂 | 矿粉 |
| 0.6 | 0.4 | 0.3 | 0.5 | 30.1 | 100 |
| 0.3 | 0.4 | 0.3 | 0.5 | 21.3 | 96.8 |
| 0.15 | 0.4 | 0.3 | 0.5 | 14.1 | 91.9 |
| 0.075 | 0.4 | 0.3 | 0.5 | 11.3 | 89.2 |

**表 6.66　填料技术指标**

| 检测项目 | 检测结果 | 规范要求 |
|---|---|---|
| 表观密度/(g/cm³) | 2.887 | ⩾ 2.5 |
| 亲水系数 | 0.73 | ⩽ 0.8 |
| 塑性指数 | 2 | ⩽ 4 |
| 含水量/% | 0.2 | ⩽ 1 |
| 外观 | 无团粒结块 | 无团粒结块 |
| 加热安定性 | 无变质 | 加热后颜色无明显变化 |

由表 6.62~表 6.66 可以得知,粗、细集料及填料的各项技术性能检测结果均符合施工技术要求,但集料筛分试验中 9.5~16mm 的这档料 9.5mm 筛孔的通过率略高。

依据严寒区高等级公路面层建设所处环境特点、气候分区及对抗低温胶结材料性能的研究成果，选用西安中轩 30 目橡胶粉外掺量 20% 和东海 90#A 级基质沥青发育成橡胶沥青，发育结束后性能检测数据如表 6.67 所示。该粗颗粒橡胶沥青具有较好的黏附性与低温回弹性能，可有效减少严寒区大温差气候导致的低温收缩裂缝。此外，该橡胶沥青黏度适中，既能保证与集料的黏附性，又易于实现泵送与拌和。

表 6.67　橡胶沥青性能检测数据

| 胶粉掺量 | 180 ℃ Haake 黏度 /($10^{-3}$Pa·s) | 软化点 /℃ | 锥入度 /(0.1 mm) | 回弹恢复 /% | 5℃ 拉伸柔度 /(cm/N) |
|---|---|---|---|---|---|
| 20% | 3200 | 66.5 | 42.3 | 34.8 | 0.13 |

### 4. 严寒区实体工程目标级配

为了研究抗严寒橡胶沥青混合料级配，收集了 2010~2016 年有资料记载的我国不同地区的 AR-AC13 橡胶沥青混合料工程实例，统计了这些资料中关键筛孔通过率的情况，详见表 6.68。

表 6.68　2010~2016 年 AR-AC13 混合料关键筛孔通过率统计情况

| 年份 | 项目 | 关键筛孔通过率/% | | | | |
|---|---|---|---|---|---|---|
| | | 13.2mm | 9.5mm | 4.75mm | 2.36mm | 0.075mm |
| 2010 | 均值 | 98.650 | 70.400 | 35.800 | 24.200 | 3.725 |
| | 标准差 | 2.567 | 10.719 | 6.702 | 4.258 | 3.183 |
| | 变异系数 | 0.026 | 0.152 | 0.187 | 0.176 | 0.854 |
| 2011 | 均值 | 95.680 | 63.900 | 28.760 | 20.160 | 5.900 |
| | 标准差 | 1.268 | 2.867 | 1.932 | 3.042 | 2.933 |
| | 变异系数 | 0.013 | 0.045 | 0.067 | 0.151 | 0.497 |
| 2012 | 均值 | 93.833 | 62.700 | 26.017 | 14.250 | 2.150 |
| | 标准差 | 0.294 | 6.063 | 7.045 | 3.137 | 0.971 |
| | 变异系数 | 0.003 | 0.097 | 0.271 | 0.220 | 0.452 |
| 2013 | 均值 | 98.452 | 70.225 | 34.225 | 23.550 | 5.825 |
| | 标准差 | 0.613 | 5.654 | 7.824 | 5.543 | 1.090 |
| | 变异系数 | 0.006 | 0.081 | 0.229 | 0.235 | 0.187 |
| 2014 | 均值 | 92.675 | 62.100 | 25.450 | 19.050 | 3.025 |
| | 标准差 | 2.354 | 1.140 | 0.850 | 1.277 | 0.866 |
| | 变异系数 | 0.025 | 0.018 | 0.033 | 0.067 | 0.286 |
| 2015 | 均值 | 97.020 | 66.120 | 28.540 | 21.840 | 6.980 |
| | 标准差 | 0.415 | 2.498 | 3.932 | 2.952 | 2.507 |
| | 变异系数 | 0.004 | 0.038 | 0.138 | 0.135 | 0.359 |
| 2016 | 均值 | 93.450 | 64.575 | 29.625 | 22.000 | 5.575 |
| | 标准差 | 2.587 | 3.823 | 7.097 | 4.947 | 2.182 |
| | 变异系数 | 0.028 | 0.059 | 0.240 | 0.225 | 0.391 |

注：表中数据来自 2010~2016 年学术期刊发表的涉及橡胶沥青的论文。

2010~2016 年 AR-AC13 混合料 4.75mm 筛孔通过率及其变异系数变化分别见图 6.65 和图 6.66。

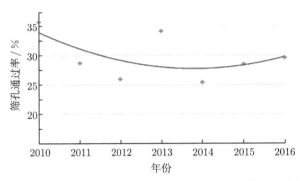

图 6.65　2010~2016 年 AR-AC13 混合料 4.75mm 筛孔通过率变化

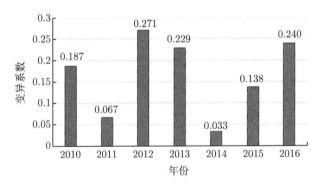

图 6.66　2010~2016 年 AR-AC13 混合料 4.75mm 筛孔通过率变异系数变化

由图 6.65 可知,2010~2016 年 AR-AC13 混合料 4.75mm 筛孔通过率呈现出先降低后略微增大的趋势。4.75mm 筛孔通过率的降低,意味着混合料级配中粗集料的成分增多,骨架结构突出,承载能力和路表面粗糙度增强。

结合图 6.66 可知,该筛孔通过率变异系数在 7 年内发生了较大的波动,且在 2012 年、2013 年及 2016 年变异系数较高,即 4.75mm 关键筛孔的通过率在实体工程中的取值变化相对较大。

矿料级配中 0.075mm 筛孔通过率及其变异系数的变化分别见图 6.67 和图 6.68。

由图 6.67 和图 6.68 可以得知,2010~2016 年 AR-AC13 混合料 0.075mm 筛孔通过率与变异系数均呈现出先略微降低后增大的趋势,且在 2013 年 0.075mm 筛孔通过率变异系数最低,为 0.187。

通过对不同年份 AR-AC13 橡胶沥青混合料相关资料统计分析可知,最大公

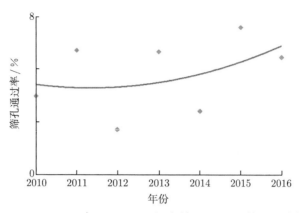

图 6.67    2010～2016 年 AR-AC13 混合料 0.075mm 筛孔通过率变化

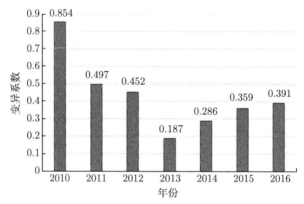

图 6.68    2010～2016 年 AR-AC13 混合料 0.075mm 筛孔通过率变异系数变化

称粒径 13.2mm 筛孔的通过率有逐渐降低的趋势，这有利于混合料骨架结构的形成。对比 SMA 混合料级配范围与交通运输部指南中规定的橡胶沥青混合料级配范围可以看出，两者曲线在某种程度上具有相似性，其级配的间断点位于粗细集料的分界线 4.75mm 处。

根据以上分析和具体的原材料情况，初步设计了 4 种 SMRA-13 级配，见表 6.69，级配曲线见图 6.69。

表 6.69    SMRA-13 目标级配

| 级配 | 下列筛孔 (mm) 通过率/% | | | | | | | | | |
|---|---|---|---|---|---|---|---|---|---|---|
| | 16 | 13.2 | 9.5 | 4.75 | 2.36 | 1.18 | 0.6 | 0.3 | 0.15 | 0.075 |
| 1 | 100.0 | 97.3 | 70.1 | 34.7 | 22.8 | 17.0 | 14.1 | 12.4 | 10.8 | 10.1 |
| 2 | 100.0 | 96.9 | 66.2 | 32.5 | 22.7 | 17.5 | 14.8 | 13.1 | 11.6 | 10.9 |
| 3 | 100.0 | 96.1 | 65.0 | 30.0 | 24.3 | 17.9 | 15.1 | 11.4 | 9.6 | 8.9 |
| 4 | 100.0 | 96.5 | 62.2 | 26.5 | 17.9 | 13.1 | 10.5 | 9.1 | 7.8 | 7.2 |

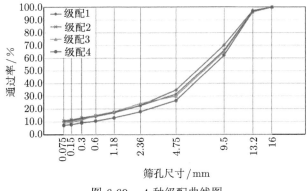

图 6.69　4 种级配曲线图

### 5. 严寒区橡胶沥青混合料油石比

初选油石比：对于严寒区气候，适当增大沥青用量可以增加集料油膜裹覆厚度，有利于提高混合料低温性能和耐久性能。用粗颗粒橡胶沥青作为胶结材料，由于它是一种固液两相材料，即橡胶沥青发育结束后仍有胶粉颗粒核心存在，不仅会占据一些原本属于细集料的空间，而且其与矿粉结合而成的油膜厚度也比普通沥青以及 SBS 改性沥青中形成的油膜厚度要大。因此，初选油石比为 5.9%、6.1%、6.3%、6.5%、6.7%，以 0.2% 为间隔，对 5 个不同的油石比、4 种级配在 185℃ 进行橡胶沥青混合料拌和，控制温度在 180℃ 采用双面击实 75 次成型试件，分别进行马歇尔试验，比较其各项体积指标后，初选油石比为 6.3%。初选出的油石比6.3% 下的各项指标汇总见表 6.70。

表 6.70　4 种级配混合料马歇尔试验结果

| 级配 | 油石比/% | 空隙率/% | 矿料间隙率/% | 沥青饱和度/% | 稳定度/kN | 流值/mm |
|---|---|---|---|---|---|---|
| 1 | 6.3 | 5.3 | 17.6 | 71.3 | 7.03 | 3.48 |
| 2 | 6.3 | 4.2 | 16.3 | 74.9 | 7.75 | 4.41 |
| 3 | 6.3 | 4.0 | 16.2 | 76.3 | 9.45 | 4.21 |
| 4 | 6.3 | 5.9 | 19.2 | 70.4 | 7.34 | 3.68 |

从表 6.70 可以看出，级配 1 与级配 4 空隙率偏大，沥青饱和度偏低，这对于抗严寒不利；级配 2、级配 3 的上述各项指标满足要求。

通常用低温弯曲小梁试验测得的破坏弯拉应变来反映混合料处于低温或瞬时温度骤降时抵抗开裂破坏的能力，对于严寒区域这一指标尤为重要，其数值越高，意味着路面处于低温时抵抗收缩应力的效果越好，路面越不易出现裂缝，相应的服役寿命越长。依据文献 [35] 中 T0715 试验方法切割四组级配下的车辙板试件至所需尺寸，并于 (−10±0.5)℃ 时进行检测，所得结果见图 6.70。

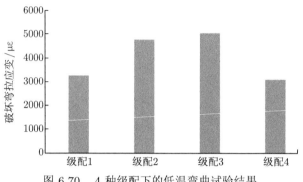

图 6.70　4 种级配下的低温弯曲试验结果

从图 6.70 可以看出，4 种级配的混合料低温弯曲试验结果都满足技术要求。级配 2、级配 3 较级配 1、级配 2 的橡胶沥青混合料的低温性能更优。

再结合浸水马歇尔试验与冻融劈裂试验来评价沥青混合料的水稳定性能，这两项指标对于严寒区环境来说也非常重要。浸水残留稳定度与冻融劈裂强度比越高，意味着生产的橡胶沥青混合料抗水损害能力越强。按照文献 [35] 中 T0709 试验方法将橡胶沥青混合料马歇尔试件置于 60℃ 水槽内，恒温 48h 后检测该试件的稳定度，所得试验结果见图 6.71。

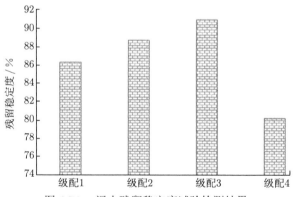

图 6.71　浸水残留稳定度试验检测结果

此外，依据 T0729 试验方法将同一批次马歇尔试件置于 (−18±2)℃ 的冰箱内恒温 16h，之后再经 (60±0.5)℃ 水槽恒温 24h，取试件进行试验，所得结果见图 6.72。

从图 6.71 和图 6.72 可以看出，级配 4 的残留稳定度和冻融劈裂强度比都是最小的，其次是级配 1，这是因为级配 4 的空隙率最大，高达 5.9%，级配 1 的空隙率也较大，为 5.3%；而级配 4 和级配 1 的沥青饱和度都偏低，分别为 70.4% 和 71.3%，这表明沥青胶浆填充效果较差，导致残留稳定度和冻融劈裂强度比较小，

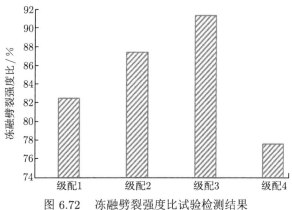

图 6.72    冻融劈裂强度比试验检测结果

级配 4 与级配 3 相比, 残留稳定度降低了 11.8%, 冻融劈裂强度比降低了 15%, 故低温性能较差。

不良的沥青混合料级配下沥青胶结材料对集料的填充和裹覆不足, 在长时间反复的车辆载荷作用下, 会导致矿料与胶结材料的逐渐剥离, 加之严寒区长期积雪的侵蚀和冻融循环, 易出现混合料松散, 路面坑槽等病害。为此, 对 4 种级配下的橡胶沥青混合料进行了肯塔堡飞散试验及渗水试验, 试验结果见表 6.71。

表 6.71    浸水飞散试验及渗水试验结果

| 级配 | 飞散损失率/% | 渗水系数/ (mL/min) |
| --- | --- | --- |
| 1 | 7.68 | 34.7 |
| 2 | 5.13 | 25.9 |
| 3 | 1.36 | 18.7 |
| 4 | 8.42 | 38.4 |

从表 6.71 可以看出, 飞散试验结果均小于 15%, 渗水系数试验均小于 80mL/min, 满足施工规范要求。在这两项指标上, 级配 3 较其他级配更优。

在评价严寒区橡胶沥青混合料水稳定性能时, 采用的是以残留稳定度及冻融劈裂强度比为主要控制指标, 以飞散损失率及渗水系数为参考指标。

沥青胶结材料处于高温时会发生流变, 使沥青混合料在同样温度下受到载荷作用而发生一定的塑性变形, 良好的高温稳定性应能有效抑制这种变形的产生。本项目所处的区域, 夏季温度不高, 但紫外线很强, 中午太阳的光照并不弱, 所以级配设计时仍需要检查当地表温度较高、车辆载荷循环作用时, 橡胶沥青混合料是否能保持结构与性能的稳定不变。依据文献 [35] 中 T0719 试验方法, 在油石比 6.3% 时对上述 4 种级配成型车辙板试件进行了多次试验, 舍去奇异值并求取每组级配试验结果一致性较高时的 5 组平均值, 以检测沥青混合料的高温性能, 试验结果见图 6.73。

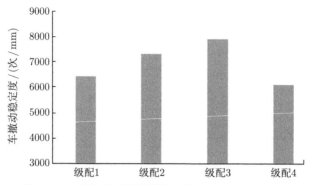

图 6.73  4 种级配成型试件的车辙动稳定度试验结果

从图 6.73 可以看出，级配 3 所成型的橡胶沥青混合料试件，车辙动稳定度较高，达到了 7326～7913 次/mm；级配 2 次之，都明显高于规范要求值。

对比级配 2 和级配 3 可以发现，当粗集料比例增加至一定程度后，适当降低矿粉的用量车辙动稳定度会提升，这可能是因为橡胶沥青中胶粉核心的存在使混合料对矿粉的需求量降低，且固体胶粉颗粒在橡胶沥青中形成的网状体系结构促使混合料呈现出更高的强度。因此进行橡胶沥青混合料级配设计时应首先保证 4.75mm 关键筛孔的通过率，可适当降低矿粉用量。

通过以上对比试验，采用级配 3 作为本项目的目标级配，其级配曲线见图 6.74。

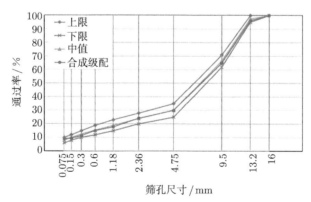

图 6.74  严寒区 SMRA-13 目标级配曲线

按试验研究得出的最佳油石比 6.3%，在温度 185℃ 时拌和，击实温度 180℃ 下成型马歇尔试件，试件双面各击实 75 次，测定并计算得到的马歇尔体积指标为密度：2.483g/cm³；稳定度：11.83kN；流值：4.17mm；空隙率：4.0%；沥青饱和度：76.3%；矿料间隙率：16.2%。其马歇尔试件切面见图 6.75。

图 6.75　油石比 6.3%时马歇尔试件切面图

由图 6.75 可以看出,采用该级配及油石比时,粗集料与细集料的分布较为均匀,且形成了骨架密实结构。

因此,确定了以级配 3 作为本项目的目标配合比,以 6.3%作为初选油石比,再进行下一步深入的验证研究。

6. 抗严寒橡胶沥青混合料油石比验证研究

良好的级配 + 最佳油石比,是保证沥青混合料具有合适的体积参数,从而形成具有优异路用性能的沥青路面的基本条件。沥青混合料中沥青用量过大,在混合料摊铺、碾压时极易出现推移现象;已成型的路面构造深度小,抗滑性能差;遇高温易泛油;在车轮作用下还易出现车辙。相反,沥青混合料中沥青用量过小,不仅其外观灰暗,施工过程中不易压实,成型后的路面内部也会空隙较大,雨雪容易渗入,在行车载荷及冬胀春融作用下,路面就会发生裂缝、松散等病害。此外,对于严寒区气候来说,适当增大油石比,可提高混合料的柔韧性与低温耐久性。

1) 油膜厚度

为了保证矿料中的合理沥青用量,通常利用油膜厚度这一指标来进行评价。油膜厚度的计算有基于规范算法、基于实体工程矿料密度算法、基于隔离膜算法等。不同沥青用量时混合料特性与不同算法油膜厚度对比见表 6.72,油膜厚度对比曲线见图 6.76。

由表 6.72 及图 6.76 可知,3 种算法都符合油膜厚度随沥青用量的增加而变厚的规律,但是它们之间又存在一定的差异,基于规范推荐算法与基于实体工程矿料密度算法得到的油膜厚度与沥青用量呈线性关系,基于隔离膜算法的油膜厚度与沥青用量呈非线性规律,继续深入研究得出,基于隔离膜算法的油膜厚度与实际沥青混合料油膜厚度较为接近。

2) 马歇尔体积参数与油膜厚度的关系

对马歇尔体积参数与油膜厚度间的关系进行研究,发现当油膜厚度控制在 19~21μm 时,其马歇尔试件空隙率为 4%左右,矿料间隙率为 16.0%~16.5%,稳定度

表 6.72    不同沥青用量时混合料特性与不同算法油膜厚度对比

| 项目 | 沥青用量/% | | | | |
|---|---|---|---|---|---|
| | 5.4 | 5.7 | 5.9 | 6.2 | 6.5 |
| 理论最大密度/(kg/m³) | 2.441 | 2.461 | 2.483 | 2.510 | 2.520 |
| 沥青相对密度 | 1.034 | 1.034 | 1.034 | 1.034 | 1.034 |
| 吸收沥青用量/% | 1.129 | 1.129 | 1.129 | 1.129 | 1.129 |
| 空隙率/% | 5.8 | 5.0 | 4.0 | 3.5 | 3.1 |
| 矿料间隙率/% | 18.8 | 17.6 | 16.2 | 15.8 | 15.5 |
| 稳定度/kN | 11.74 | 10.53 | 9.45 | 8.26 | 7.37 |
| 流值/mm | 3.02 | 3.48 | 4.21 | 5.24 | 6.03 |
| 基于规范算法油膜厚度/μm | 9.32 | 9.83 | 10.35 | 10.88 | 11.40 |
| 基于实体工程矿料密度算法油膜厚度/μm | 8.80 | 9.29 | 9.79 | 10.28 | 10.78 |
| 基于隔离膜算法油膜厚度/μm | 14.16 | 15.83 | 20.17 | 25.68 | 34.79 |

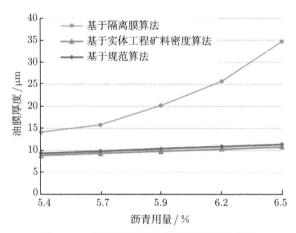

图 6.76    不同算法下的油膜厚度对比曲线

值也在较优范围内,能够较好地满足严寒区技术要求,故从各项体积指标来看,严寒区橡胶沥青混合料的油膜厚度宜控制在 19~21μm,具体见图 6.77~图 6.79。

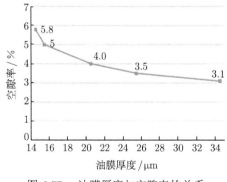

图 6.77    油膜厚度与空隙率的关系

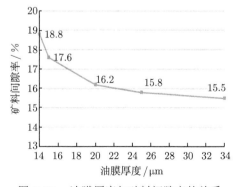

图 6.78    油膜厚度与矿料间隙率的关系

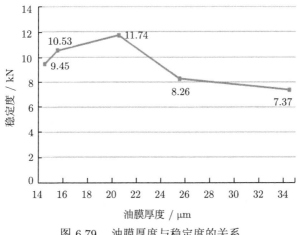

图 6.79　油膜厚度与稳定度的关系

3) 路用性能与油膜厚度的关系

进行路用性能与油膜厚度间的关系研究，以目标配比与沥青用量 5.4%、5.7%、5.9%、6.2% 和 6.5% 分别拌和混合料，制备低温弯曲、冻融劈裂、车辙等路用性能试件。为了减少人为因素对试验结果造成的影响，进行了多组平行试验，求取试验结果的平均值，并绘制油膜厚度与 SMRA-13 橡胶沥青混合料各路用性能指标关系曲线，见图 6.80~图 6.83。

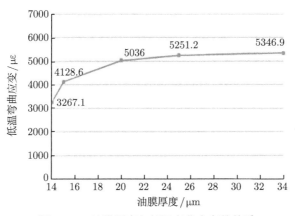

图 6.80　油膜厚度与低温弯曲应变的关系

可以发现，当沥青膜厚度为 19~21μm 时，低温弯曲、冻融劈裂、飞散以及车辙动稳定度各项性能指标均满足项目的技术要求。

综上所述，严寒区 SMRA-13 橡胶沥青混合料的适宜沥青油膜厚度范围为 19~21μm，此油膜厚度对应的沥青含量为 5.9%，即油石比为 6.3%。至此，确定目标级配的最佳油石比为 6.3%。

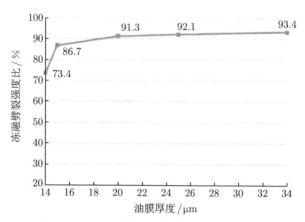

图 6.81　油膜厚度与冻融劈裂强度比的关系

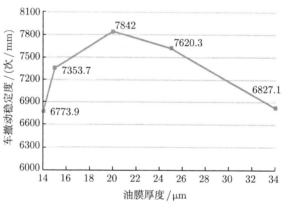

图 6.82　油膜厚度与车辙动稳定度的关系

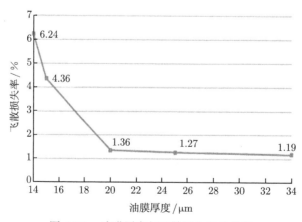

图 6.83　油膜厚度与飞散损失率的关系

### 6.5.6　抗严寒橡胶沥青混合料试验段铺筑

#### 1. 试验段施工机械配置

试验段施工采用的主要机械设备配置如表 6.73 所示。

**表 6.73　主要机械设备配置**

| 机械名称 | 规格型号 | 单位 | 数量 |
|---|---|---|---|
| 沥青混合料拌和楼 | 榆筑 4000 型 | 套 | 1 |
| 摊铺机 | DYNAPAC SD2550CS | 台 | 1 |
| 双钢轮压路机 | 戴纳帕克 624 | 台 | 1 |
| 双钢轮压路机 | BOMAG | 台 | 1 |
| 双钢轮压路机 | HAMM HD130 | 台 | 1 |
| 沥青同步碎石封层车 | 西安达刚 | 台 | 1 |
| 强力清扫车 | 山猫 | 台 | 1 |
| 自卸汽车 | ≥ 25t | 台 | 15 |
| 洒水车 | 10t | 台 | 1 |
| 森林灭火器 | / | 台 | 5 |

#### 2. SMRA-13 橡胶沥青混合料拌和与运输工艺

SMRA-13 橡胶沥青混合料由 1 套榆筑 4000 型沥青拌和设备进行生产，按照集料 → 矿粉 → 干拌 → 橡胶沥青 → 湿拌的投料顺序，集料加热温度 190℃，橡胶沥青加热温度 185℃，控制拌和温度在 185℃ 左右，每锅混合料拌和时间在 53~55s，其中干拌时间为 2~3s。每锅混合料拌和完成放入运输车内后，有专人对混合料的外观均匀性进行目测检查，见图 6.84。

橡胶沥青混合料自拌和楼运输至试验段施工现场，途经道路为乡道，路况较差，车速仅 30km/h，运抵施工现场需 40min 左右，为防止运输过程中外界环境因素导致混合料发生较大的温度离析，使用了岩棉包裹车厢四周，车厢顶部测温结束后使用棉被及防雨帆布覆盖保温，见图 6.85。

图 6.84　出料后目测检查

图 6.85　运输车覆盖

为确保施工现场各设备连续稳定运行，开始摊铺时，现场运输车应不少于3 辆，且应由第 2 辆运输车先行卸料，以减弱摊铺机初始温度较低对沥青混合料摊铺碾压造成的影响。

3. SMRA-13 橡胶沥青混合料摊铺工艺

试验段在不中断交通的情况下，由 1 台戴纳派克履带型摊铺机进行半幅摊铺，摊铺宽度为 6m，其工艺如下。

由于试验段所在区域环境温度相对较低，故摊铺机作业前 1h 需将熨平板预热至 130℃ 以上，同时要保证摊铺机熨平板上部整洁，不允许放置任何杂物。铺筑过程中，还应依据松铺系数调节摊铺机振捣锤的振动频率与振幅，以提高路面的初始压实度。运输车卸料时由摊铺机推辊推动运输车缓缓前行，见图 6.86。

图 6.86    运输车轮胎应与摊铺机推辊接触

摊铺作业现场见图 6.87，应注意保持摊铺机行驶速度、刮板输送器进料速度、螺旋摊铺器布料速度之间的合理匹配；保证螺旋摊铺器吃料深度不低于螺旋分料器直径的 2/3。摊铺机作业速度应维持在 1.5～2.0m/min，开始作业后，要保持摊铺速度恒定，并减少受料斗收斗频次，以避免路面出现窝状离析现象。

图 6.87    摊铺作业现场

摊铺作业中，始终有专人检查混合料的摊铺宽度、厚度、平整度、路拱及温度，对不合格之处及时采取有效措施。

4. SMRA-13 橡胶沥青混合料碾压工艺

碾压依然执行初压、复压和终压三段式碾压工艺。

初压：由 1 台戴纳帕克 624 双钢轮压路机紧跟摊铺机执行初压，以碾压速度 1.5~2km/h，对摊铺表面初次碾压，不开振动，实行静碾 0.5 遍，回程即可振动碾压。

复压：由宝马格、悍马 HD130 双钢轮压路机执行复压，紧跟前台执行初压的戴纳帕克 624 压路机进行大振幅碾压；碾压速度 3.0km/h，每台压路机先强振 2 遍、后弱振碾压 2 遍。

终压：由悍马 HD130 双钢轮压路机执行终压，碾压速度 4.0km/h，静碾收面。

压路机碾压中，保持直线行驶，碾压作业面呈阶梯形排布。有专人负责标记初压、复压及终压各碾压段落，检查有无漏压、过压情况的发生。

由于作业过程中无法中断交通，故摊铺作业只能逐个车道进行，对由此形成的冷接缝，由人工在侧壁上涂刷 1.0kg/m$^2$ 的热改性沥青，见图 6.88，再进行混合料的摊铺。

图 6.88　纵向冷接缝处理

5. 试验段检测

1) 试验段混合料质量检测

由沥青拌和楼出料口两次取样，进行橡胶沥青混合料抽提与马歇尔试验，试验结果如表 6.74 所示。对两次取样的混合料分别制备路用性能检测试件，经试验后所得结果见表 6.75。由表中数据可以看出，马歇尔试验体积指标和路用性能检测结果与室内试验基本一致，且均符合严寒区技术要求。

表 6.74　现场取料马歇尔试验体积指标

| 项目 | 油石比/% | 空隙率/% | 矿料间隙率/% | 饱和度/% | 稳定度/kN | 流值/mm |
|---|---|---|---|---|---|---|
| 第一次取样 | 6.4 | 3.8 | 16.9 | 78.7 | 10.7 | 4.35 |
| 第二次取样 | 6.3 | 4.0 | 17.2 | 76.4 | 9.76 | 3.87 |
| 项目施工要求范围 | 6.2~6.4 | 3~4 | ≮ 16.5 | 75~85 | ≥ 6 | 实测 |

表 6.75　现场生产混合料路用性能检测结果

| 项目 | 第一次取样 | 第二次取样 | 施工技术要求 |
|---|---|---|---|
| 浸水残留稳定度/% | 93.4 | 92.9 | ≥ 80 |
| 冻融劈裂强度比/% | 91.6 | 90.5 | ≥ 85 |
| 动稳定度/(次/mm) | 7829.4 | 7637.8 | ≥ 3000 |
| 低温弯曲破坏应变/με | 5036 | 5017 | ≥ 2800 |
| 结合料析漏损失率/% | 0.02 | 0.03 | ≤ 0.1 |
| 浸水飞散损失率/% | 4.94 | 4.66 | ≤ 15 |

2) 试验段路面检测

试验路段摊铺结束后，对试验路面 (图 6.89) 进行了施工后检测，所得试验结果见表 6.76~表 6.79。由表中数据可以看出，施工后检测结果均能达到《公路沥青路面施工技术规范》[59] 的要求，其中试验路段的构造深度约为施工要求的 1.2 倍，渗水系数和压实度也均符合严寒区技术要求。

图 6.89　成型路面及取芯

表 6.76　压实度试验结果

| 桩号 | 横距/m | 压实度/% |
|---|---|---|
| K53+800 | 3 | 98.7 |
| K54+000 | 7 | 99.7 |
| K54+200 | 8 | 98.4 |
| K54+400 | 6 | 99.3 |
| K54+600 | 7 | 98.8 |
| K54+800 | 6 | 98.4 |
| 项目施工要求 | | ≥ 97 |

表 6.77　渗水试验结果

| 桩号 | 横距/m | 渗水系数/(mL/min) | | | | 技术要求 |
| --- | --- | --- | --- | --- | --- | --- |
| | | 结果单值 | | | 平均值 | |
| K53+800 | 7 | 29 | 28 | 30 | 29 | |
| K54+000 | 8 | 29 | 29 | 29 | 29 | |
| K54+200 | 3 | 28 | 29 | 27 | 28 | ≤ 50 |
| K54+400 | 8 | 33 | 31 | 32 | 32 | |
| K54+600 | 7 | 29 | 30 | 31 | 30 | |
| K54+800 | 5 | 28 | 28 | 28 | 28 | |

表 6.78　平整度试验结果

| 桩号 | 结果/mm | 技术要求 |
| --- | --- | --- |
| K52+100 | 0.75 | |
| K52+300 | 0.89 | |
| K52+600 | 0.89 | |
| K52+900 | 0.98 | < 3mm |
| K53+100 | 0.78 | |
| K53+300 | 0.87 | |
| K53+500 | 0.95 | |

表 6.79　构造深度检测结果

| 桩号 | 横距/m | 构造深度/mm | | | | 技术要求 |
| --- | --- | --- | --- | --- | --- | --- |
| | | 结果单值 | | | 平均值 | |
| K53+800 | 7 | 0.98 | 0.88 | 0.88 | 0.91 | |
| K54+000 | 3 | 0.93 | 0.98 | 0.98 | 0.96 | |
| K54+200 | 6 | 0.93 | 0.93 | 0.98 | 0.95 | > 0.8 |
| K54+400 | 6 | 0.93 | 0.93 | 0.88 | 0.91 | |
| K54+600 | 7 | 0.93 | 0.93 | 0.93 | 0.93 | |
| K54+800 | 3 | 0.98 | 0.93 | 0.88 | 0.91 | |

　　虽然橡胶沥青混合料试验路段各项指标施工后检测试验结果均满足技术要求，但检测值相对试验路段的真实值偏低。究其原因主要有两方面：一方面是项目配套沥青拌和楼租用场地到期，不得不加快施工进度，致使摊铺机并未严格按照 2m/min 的速度行驶。摊铺速度过快易导致摊铺表面形成横纹，且不利于成型路面的平整度，尤其对于黏度较大的橡胶沥青混合料来说，更应该降低摊铺速度，并保持稳定。此外，摊铺速度的加快，必然使得压路机碾压作业速度加快，从而易发生推涌现象，也不利于平整度和压实度的提高。另一方面，对于橡胶沥青混合料来说，路面成型后取芯一般在一周后进行，这是因为粗颗粒橡胶粉的作用下成型路面恢复至自然状态的时间较长，所以不能简单地沿用聚合物改性沥青混合料的检测时间 48h 来进行检测，然而工地实验室要搬迁，为了能够充分利用其试验仪器，不得不提前进行取芯 (图 6.90)，以测试其体积指标，故所得到的检测值相对真实值偏低。

图 6.90  试验段路面取芯

### 6.5.7  实体工程跟踪观测

试验路段 2016 年 9 月竣工通车至今, 据期间气象资料统计, 崇礼县城内最高温度 32℃, 最低温度 −37℃, 雨雪天共计 150 天, 雪厚 26cm 以上。由于试验路段偏离县城, 路表温差要远高于县城内部且最低温度更低, 经历了多次冬春强冻融循环后的 SMRA-13 橡胶沥青混合料试验路段与 SBS 改性沥青混合料路面分别见图 6.91 和图 6.92。

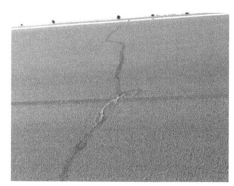

图 6.91  SMRA-13 橡胶沥青混合料试验路段        图 6.92  SBS 改性沥青混合料路面

从图 6.91 和图 6.92 可以看出, 经过多个严冬和春融之后, SMRA-13 橡胶沥青混合料试验路段裂缝较少, 且出现裂缝的频次远低于同一时间施工的 SBS 改性沥青混合料路面; SMRA-13 橡胶沥青混合料试验路段 50～60m 才出现一道隐隐约约的细裂缝, 而 SBS 改性沥青混合料路面每 10～20m 就会出一道裂缝, 裂缝较宽, 一般在 2～5mm, 并已实施了灌缝处理。因此, 相对于 SBS 改性沥青, 粗颗粒橡胶沥青在减少低温裂缝方面优势较为突出, 更适用于严寒区环境。

### 6.5.8　用于严寒区的橡胶沥青与其他改性沥青混合料路用性能对比分析

为了更清楚地了解严寒区不同混合料的路用性能,将张家口地区常用的 3 种胶结材料所形成的 SMA 沥青混合料,即 SMRA-13 橡胶沥青混合料、胶粉/SBS 复合改性 SMA-13 沥青混合料、SBS 改性 SMA-13 沥青混合料,通过实测、查阅资料及归纳分析等得到的路用性能汇总于表 6.80,并对低温弯曲破坏应变、冻融劈裂强度比、浸水残留稳定度进行对比,见图 6.93~图 6.95。

表 6.80　三种改性沥青混合料路用性能对比

| 检测项目 | 单位 | SMRA-13 橡胶沥青混合料 | 胶粉/SBS 复合改性 SMA-13 沥青混合料 | SBS 改性 SMA-13 沥青混合料 |
| --- | --- | --- | --- | --- |
| 车辙试验动稳定度 | 次/mm | 7842 | 7326 | 6894 |
| 渗水试验渗水系数 | mL/min | 18.7 | 43 | 34 |
| 低温弯曲试验破坏应变 | με | 5036 | 4140 | 2983 |
| 冻融劈裂试验残留强度比 | % | 90.2 | 86.3 | 85.9 |
| 浸水马歇尔试验残留稳定度 | % | 94.1 | 90.8 | 90.3 |

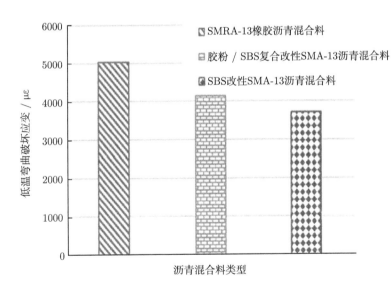

图 6.93　3 种混合料的低温弯曲破坏应变对比

SMRA-13 橡胶沥青混合料使用的油石比为 6.3%,高于胶粉/SBS 复合改性沥青混合料的油石比 5.4% 和 SBS 改性沥青 SMA-13 混合料的油石比 6.0%。单位质量混合料的沥青用量增大,使得矿料表面裹覆的沥青油膜厚度增加,混合料的柔性增强,同时因为橡胶沥青具有较高的黏度,混合料油膜较厚且不会析漏,能有效解决张承高速一期病害治理中罩面层与原路面的黏结问题,原路面的各种细小裂缝将难以穿透上面层而反射出来。

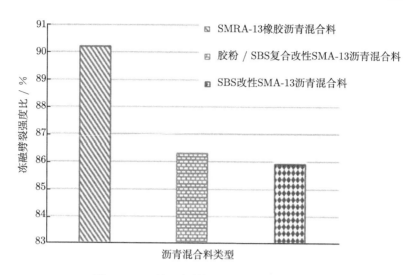

图 6.94　3 种混合料的冻融劈裂强度比对比

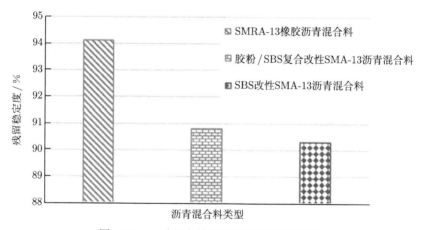

图 6.95　3 种混合料的浸水残留稳定度对比

从表 6.80 和图 6.93~图 6.95 可以看出，路用性能试验检测中 SMRA-13 橡胶沥青混合料的低温弯曲破坏应变为 5036 με，冻融劈裂强度比为 90.2%，浸水残留稳定度为 94.1%，分别比胶粉/SBS 复合改性 SWA-13 沥青混合料提高了 21.7%、4.5%、3.6%，比 SBS 改性 SMA-13 沥青混合料提高了 35.4%、5%、4.2%。可见粗颗粒橡胶粉的加入及油石比的增大使橡胶沥青混合料的抗低温性能明显增强。此外，在防渗水性能方面也有很大的改善，这对于严寒区雨雪量大、持续时间长、冬胀春融现象显著的特殊气候条件非常有利，在提高沥青路面耐久性及低温抗裂性的同时，延长路面的使用寿命，降低工程后期的养护费用。

图 6.96 是 3 种混合料的车辙动稳定度对比图，从图可以看出，虽然 SMRA-13

橡胶沥青混合料的油石比增大，单位质量混合料的沥青用量增加，但其车辙动稳定度仍分别比胶粉/SBS 复合改性 SWA-13 沥青混合料与 SBS 改性 SMA-13 沥青混合料提高了 7% 和 13.8%。这充分表明了粗颗粒橡胶沥青混合料既具有良好的低温性能，又具有较突出的高温性能。需要说明的是，由于试验段工期较为紧张，此次车辙稳定度试验仍依据《公路工程沥青及沥青混合料试验规程》(JTG E20—2011) 在车辙板试件成型后的 48 h 后测得，然而对 SMRA-13 橡胶沥青混合料来说，其成型后仍有一缓慢冷却的过程，若在自然放置一周后进行试验，其车辙动稳定度会更高。

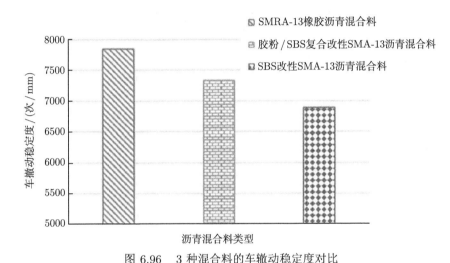

图 6.96　3 种混合料的车辙动稳定度对比

### 6.5.9　SMRA-13 粗颗粒橡胶沥青混合料效益分析

本项目设计施工的 SMRA-13，在改善沥青路面低温性能的同时，提高了沥青路面耐久性，创造了良好的经济效益和社会效益。

(1) 直接经济效益分析。

本项目试验段上面层应用了 SMRA-13 橡胶沥青混合料,与传统 SBS 改性 SMA-13 沥青混合料和 AC-13 混合料相比不再使用 SBS 改性沥青,节省了价格昂贵的 SBS 改性剂。本项目采用的 30 目橡胶粉,采购单价约为 2800 元/t,根据配合比计算,每生产 1t SMRA-13 橡胶沥青上面层混合料,添加橡胶粉为 9.88kg,费用为 27.664 元；而生产 1t SBS 改性沥青 SMA-13 上面层混合料,添加 SBS 改性剂为 2.44kg,其单价为 15800 元/t,产生费用为 38.552 元；仅利用橡胶粉代替 SBS 改性剂来生产橡胶沥青 SMRA-13 上面层混合料每吨可节省改性剂材料成本 10.89 元。

若考虑其他因素，如一般用 SBS 改性沥青胶结材料做 SMA 还需添加混合料 3‰ 的木质纤维，加之 SBS 改性沥青的生产往往还需加入抽出油，使用高速剪切机或胶体磨进行磨削加工，耗电量也较高，计算可知每吨 SMRA 橡胶沥青上面层混合料比每吨 SBS 改性沥青 SMA13 混合料可节省成本 42.352 元，比每吨 SBS 改性沥青 AC-13 混合料可节省成本 11.118 元。

本试验段设计 4cm 厚 SMRA-13 橡胶沥青上面层共 52628m$^2$，混合料用量 5262.8t，与 SBS 改性沥青 SMA-13 混合料相比全试验段可节省成本为 22.29 万元，与 SBS 改性沥青 AC-13 混合料相比，全试验段可节省成本为 5.85 万元。

若张承高速一期路面病害治理工程、二期新建工程全线均采用 SMRA-13 橡胶沥青混合料作为上面层，则可为整体工程节约成本约 1284.25 万元。其中二期工程崇礼至张承界共 101km，上面层使用 SBS 改性 SMA-13 沥青混合料 276884.525t，可节省成本约 1164.79 万元。一期病害治理工程共使用混合料 107450.12t，可节约成本约 119.46 万元，见表 6.81。

表 6.81　张承高速张家口段工程采用粗颗粒橡胶沥青混合料可节约成本

| 标段 | 面层 | 级配结构 | 混合料用量/t | 节省费用/万元 |
|---|---|---|---|---|
| 一期 | | AC-13 | 107450.12 | 119.46 |
| 二期 A 标 | | SMA-13 | 32043.5 | 135.71 |
| 二期 B 标 | | SMA-13 | 44828.35 | 189.86 |
| 二期 D 标 | 上面层 | SMA-13 | 38120.215 | 161.45 |
| | | AC-13 | 2524.270 | 2.81 |
| 二期 E 标 | | SMA-13 | 30019.88 | 127.14 |
| 二期 F 标 | | SMA-13 | 30517.36 | 129.25 |
| 二期 G 标 | | SMA-13 | 98830.95 | 418.57 |
| 合计 | | | 384334.645 | 1284.25 |

(2) 间接经济效益和社会效益分析。

本项目试验段所用橡胶粉全部来自废旧轮胎，其中生产橡胶沥青混合料 5262.8t，橡胶粉用量为 51.97t。如果按每条轮胎 8kg，废旧轮胎出粉率 70% 计算，本次试验段可处理废旧轮胎 9269.6 条。此外，张承一期路面病害治理工程使用混合料 107450.12t，按油石比 5.4% 计算，需改性沥青 5505.03t。二期新建工程上面层使用 SMA-13 混合料 274360.255t，按油石比 6.0% 计算，需 SBS 改性沥青 15529.83t，二期中面层使用 AC-20 混合料 333766.127t，按油石比 4.2% 计算，需 SBS 改性沥青 13453.15t。若全部使用粗颗粒橡胶沥青，按胶粉掺配比例 20% 计算，橡胶粉用量为 3730t，可处理废旧轮胎 666072 条，对治理黑色污染及减少废旧轮胎堆放场地极其有利。

粗颗粒橡胶粉的加入以及 SMRA 混合料油石比的增大使橡胶沥青混合料的抗低温性能明显增强，同时路表面几乎不渗水，这对于严寒区雨雪量大、持续时间长、春冬交替冻融作用强的特殊气候条件非常有利，在提高沥青路面的耐久性及低温抗裂性的同时，延长了路面的使用寿命，推迟了路面养护周期，降低工程后期的养护费用。

以路面使用寿命 8 年, 抗低温性能较其他混合料提高 20% 计算, 可以使路面使用寿命延长 1.6 年。

此外, 橡胶沥青能够增加车辆轮胎与路面的附着性, 增大摩擦系数, 且胶粉颗粒能够有效提升弹性, 吸收噪声, 一定程度上提高了行车安全性与行车舒适性, 减少交通事故的发生, 保证高速公路的顺利运营, 具有良好的社会效益。

## 6.6　温拌橡胶沥青混合料技术

### 6.6.1　工程概况

陕西省西 (安) 咸 (阳) 北环线是国家高速公路连霍线的并行线, 也是京昆线、包茂线等国家高速公路在西安绕城高速公路外围的便捷联络线。该施工项目的周围涉及多个产业园区和文物保护单位, 对施工环境保护的要求较高。根据交通运输部加快推进绿色交通的发展要求, 陕西省在西咸北环线的建设过程中对建筑垃圾再生材料、节能环保设备和废旧轮胎橡胶粉沥青路面等多项环保技术进行了综合应用, 该项目还被列为交通运输部的 "生态环保示范工程"。该高速公路全长约 122km, 主线为双向六车道高速公路技术标准, 设计时速 120km/h, 路基宽度 34.5m, 最大纵坡 3.0%, 设计荷载公路 I 级。结构层设计为 ATB-30 沥青碎石下面层、AC-20 改性沥青混凝土中面层、AR-SMA-13 (即 SMRA-13) 橡胶沥青上面层, 其中上面层厚度为 4cm。

项目上面层部分路段的施工恰逢深秋初冬, 气温较低, 故采用了温拌橡胶沥青技术, 既符合节能减排的环保理念和要求, 又能提高在低温环境下混合料的施工和易性, 利于减轻沥青老化进而提高路面的使用性能和寿命。

### 6.6.2　胶结材料设计

西咸北环线地理位置处于暖温带半湿润大陆性季风气候, 夏季高温多雨, 冬季稍冷少雨; 年极端最低气温 −20.6℃, 年极端最高气温 43.4℃; 年降水量 558～750mm, 由北向南递增。

西咸北环线是西安市大外环线的组成部分, 主要用于分流途径西安的大货车流量, 属于重载交通。故此胶结材料的设计既要考虑夏季的炎热天气, 也要考虑冬季的低温, 同时还要考虑重载交通的影响因素。

1. 原材料试验检测

1) 基质沥青

西咸北环线实体工程招标的基质是 SK90# 沥青和壳牌 90# 沥青, 其抽样检测技术指标如表 6.82 所示。

表 6.82　　90# 沥青抽样试验数据

| 序号 | 项目 | 单位 | 规定值 | 细则要求值 | 90# 沥青 | |
|------|------|------|--------|-----------|------|------|
| | | | | | SK | 壳牌 |
| 1 | 针入度 (25℃) | 0.1mm | 80~100 | 80~100 | 89 | 91 |
| 2 | 针入度指数 | / | −1.5~+1.0 | −1.0~+1.0 | −0.6 | −0.6 |
| 3 | 延度 (10℃) | cm | ≥ 20 | ≥ 25 | >100 | >100 |
| | 延度 (15℃) | cm | ≥ 100 | ≥ 100 | >100 | >100 |
| 4 | 软化点 | ℃ | ≥ 45 | ≥ 45 | 46.0 | 45.5 |
| 5 | 密度 | g/cm³ | 实测记录 | ≥ 1.01 | 1.034 | 1.034 |
| 6 | 溶解度 | % | ≥ 99.5 | ≥ 99.5 | 99.88 | 99.88 |
| 7 | 闪点 | ℃ | ≥ 245 | ≥ 245 | 294 | 292 |
| 8 | 质量变化 | % | ±0.8 | ±0.8 | 0.057 | 0.058 |
| 9 | 残留针入度比 (25℃) | % | ≥ 57 | ≥ 57 | 61.4 | 66.6 |
| 10 | 残留延度 (10℃) | cm | ≥ 8 | ≥ 8 | 10 | 11 |

2) 橡胶粉

选用了陕西高速开发公司、西安中轩公司、宁夏亿能橡塑有限公司、四川泸州万发橡胶粉厂、重庆圣略建材有限公司、湖南合得利橡胶科技公司、河北唐山国泰科技公司共 7 个生产厂家的 20 目、22 目、26 目、30 目、36 目及 40 目多个规格的废旧轮胎橡胶粉，其物理化学成分及杂质含量见表 6.83。

对各厂家橡胶粉样品进行了级配筛分试验，结果如表 6.84 ~ 表 6.86 所示。

从表 6.84 可以看出，各厂家 20 目胶粉的级配存在比较显著的差异。

从表 6.85 可以看出，各厂家 30 目的胶粉在 0.60mm、0.30mm、0.15mm 和 0.075mm 筛孔的通过率差异较大，即各厂家 30 目胶粉的级配存在较大的差异。

从表 6.86 可以看出，各厂家 40 目的胶粉在各级筛孔的通过率差异较大，即各厂家 20 目胶粉的级配存在显著的差异。

**2. 橡胶沥青技术标准**

橡胶沥青的技术标准见表 6.87。

**3. 废旧轮胎胶粉与基质沥青的配伍性**

结合项目情况，通过胶粉与沥青的配伍性试验，确定项目胶结材料——橡胶沥青的基本原材料品牌和规格。

1) 配伍性试验

取不同橡胶粉厂家的 30 目和 40 目胶粉，统一掺量 20%(占沥青质量分数)，和两种沥青 (SK90# 和壳牌 90#) 进行橡胶沥青黏结剂的配制，在发育温度为190℃ 的条件下，不断搅拌 45min 后，进行橡胶沥青主要技术指标检测。

表 6.83　橡胶粉物理化学成分及杂质含量检测结果汇总

| 序号 | 生产厂家 | 首样编号 | 规格 | 筛余物/%20目 | 筛余物/%40目 | 含水量/% | 丙酮抽出物含量/% | 金属含量/% | 纤维含量/% | 橡胶烃含量/% | 炭黑含量/% | 灰分含量/% | 天然胶定性分析 |
|---|---|---|---|---|---|---|---|---|---|---|---|---|---|
| | | | 合同要求指标 | | | <1 | 6~16 | <0.01 | <0.05 | ≥42 | 28~38 | ≤8 | / |
| | | | 规范要求指标 | | | <1 | ≤22 | <0.05 | <1 | >42 | >28 | ≤8 | / |
| 1 | 陕西高速开发公司 | A | 20目 | 41.1 | 65.8 | 0.75 | 6.18 | 0 | 0.01 | 61 | 28 | 6 | 天然橡胶 |
| 2 | | B | 36目 | 0.7 | 34.8 | 0.81 | 6.55 | 0 | 0 | 58 | 28 | 8 | 天然橡胶 |
| 3 | 西安中轩公司 | C | 20目 | 88.0 | 97.3 | 0.61 | 6.51 | 0 | 0.02 | 58 | 24 | 14 | 天然橡胶 |
| 4 | | D | 30目 | 11.3 | 51.8 | 0.62 | 6.10 | 0 | 0.01 | 61 | 23 | 11 | 天然橡胶 |
| 5 | | E | 40目 | 0 | 14.7 | 0.66 | 5.45 | 0 | 0.02 | 61 | 27 | 9 | 天然橡胶 |
| 6 | 宁夏亿能橡塑有限公司 | L | 30目 | 9.8 | 54.6 | 0.59 | 9.19 | 0 | 0.01 | 62 | 25 | 8 | 天然橡胶 |
| 7 | 四川泸州万发橡胶粉厂 | F | 22目 | 18.8 | 68.6 | 0.61 | 6.91 | 0 | 0.02 | 62 | 25 | 7 | 天然橡胶 |
| 8 | | | 26目(斜胶胎) | 0 | 21.2 | 0.75 | 10.81 | 0 | 0.52 | 59 | 23 | 11 | 天然、丁苯橡胶 |
| 9 | | G | 30目 | 0.9 | 31.1 | 0.77 | 5.84 | 0 | 0 | 59 | 25 | 12 | 天然橡胶 |
| 10 | | H | 40目 | 0 | 0 | 0.7 | 7.15 | 0 | 0 | 59 | 26 | 10 | 天然橡胶 |
| 11 | 重庆圣略建材有限公司 | I | 20目 | 6.8 | 45.8 | 0.81 | 8.24 | 0.02 | 0.01 | 59 | 26 | 9 | 天然橡胶 |
| 12 | | G | 30目 | 0.4 | 37.7 | 0.67 | 6.89 | 0.02 | 0 | 60 | 26 | 9 | 天然橡胶 |
| 13 | | K | 40目 | 0 | 7.5 | 0.86 | 5.82 | 0 | 0 | 59 | 25 | 12 | 天然橡胶 |
| 14 | 湖南合得利橡胶科技公司 | M | 30目 | 0.3 | 27.1 | 1.04 | 6.13 | 0.01 | 0 | 57 | 27 | 11 | 天然橡胶 |
| 15 | | N | 40目 | 0.1 | 0 | 0.90 | 7.55 | 0 | 0 | 60 | 25 | 10 | 天然橡胶 |
| 16 | 河北唐山国泰科技公司 | O | 30目 | 2.0 | 35.7 | 0.88 | 6.03 | 0 | 0.01 | 59 | 28 | 8 | 天然橡胶 |
| 17 | | P | 40目 | 35.3 | 42.5 | 0.97 | 7.21 | 0 | 0.01 | 62 | 26 | 6 | 天然、丁苯橡胶 |

表 6.84    20 目胶粉级配筛分结果

| 筛孔 /mm | 规范要求 质量通过率/% | 废胎胶粉实际质量通过率/% | | | | |
|---|---|---|---|---|---|---|
| | | 陕西高速 20 目 | 四川泸州 22 目* | 重庆圣略 20 目 | 西安中轩 20 目 | 河北唐山 20 目 |
| 2.36 | 100 | 98.48 | 100.00 | 100.00 | 100.00 | 100.00 |
| 2.00 | 98~100 | 97.70 | 100.00 | 100.00 | 100.00 | 100.00 |
| 1.18 | 45~75 | 81.19 | 99.98 | 100.00 | 97.45 | 99.91 |
| 0.60 | 2~20 | 47.05 | 68.28 | 84.61 | 7.39 | 76.01 |
| 0.30 | 0~6 | 21.51 | 10.29 | 34.57 | 1.84 | 31.16 |
| 0.15 | 0~2 | 8.52 | 3.68 | 10.50 | 1.50 | 9.90 |
| 0.075 | 0 | 0.67 | 0.16 | 0.00 | 0.56 | 0.29 |

\* 取样时该厂家无 20 目胶粉，故取与 20 目胶粉最为接近的 22 目胶粉。

表 6.85    30 目胶粉级配筛分结果

| 筛孔 /mm | 废胎胶粉实际质量通过率/% | | | | | | | |
|---|---|---|---|---|---|---|---|---|
| | 陕西高速 30 目 | 西安中轩 30 目 (1) | 西安中轩 30 目 (2) | 四川泸州 30 目 | 湖南合得利 30 目 | 河北唐山 30 目 | 重庆圣略 30 目 | 宁夏亿能 30 目 |
| 2.36 | 100 | 100 | 100 | 100 | 100 | 100 | 100 | 99.96 |
| 2.00 | 100 | 100 | 100 | 100 | 100 | 100 | 100 | 99.94 |
| 1.18 | 100 | 100 | 100 | 100 | 100 | 100 | 100 | 99.12 |
| 0.60 | 90.15 | 75.57 | 81.92 | 95.50 | 99.96 | 98.91 | 93.52 | 77.46 |
| 0.30 | 42.14 | 28.67 | 29.31 | 44.17 | 72.41 | 43.30 | 38.40 | 25.79 |
| 0.15 | 11.61 | 7.92 | 10.42 | 14.17 | 31.65 | 11.40 | 12.24 | 6.59 |
| 0.075 | 0.13 | 0.39 | 1.61 | 0.19 | 3.44 | 0.16 | 0.48 | 0 |

表 6.86    40 目胶粉级配筛分结果

| 筛孔 /mm | 废胎胶粉实际质量通过率/% | | | | | | | |
|---|---|---|---|---|---|---|---|---|
| | 陕西高速 40 目 (新样品) | 陕西高速 36 目 | 西安中轩 40 目 (新样品) | 西安中轩 40 目 | 四川泸州 40 目 | 湖南合得利 40 目 | 河北唐山 40 目 | 重庆圣略 40 目 |
| 2.36 | 100 | 100 | 100 | 100 | 100 | 100 | 100 | 100 |
| 2.00 | 100 | 100 | 100 | 100 | 100 | 100 | 100 | 100 |
| 1.18 | 100 | 99.99 | 100 | 100 | 100 | 100 | 100 | 100 |
| 0.60 | 93.99 | 94.30 | 100 | 99.99 | 100 | 99.96 | 99.95 | 99.89 |
| 0.30 | 54.36 | 40.96 | 49.05 | 47.29 | 77.12 | 80.36 | 42.87 | 56.47 |
| 0.15 | 14.89 | 14.23 | 14.00 | 12.34 | 20.43 | 30.28 | 9.97 | 21.00 |
| 0.075 | 0.30 | 0.37 | 1.03 | 0.37 | 0.29 | 1.93 | 0.10 | 2.13 |

表 6.87    橡胶沥青技术标准

| 试验指标 | | 试验方法 | 技术要求 | |
|---|---|---|---|---|
| | | | 最小 | 最大 |
| Haake 黏度 (190℃)/($10^{-3}$Pa·s) | | 《西咸北环线橡胶沥青技术应用指南》 | 1500 | 4000 |
| 锥入度 (25℃)/(0.1mm) | | ASTM217-09 | 25 | 70 |
| 回弹恢复 (25℃)/% | | ASTM D5329-09 | 18 | / |
| 软化点 (环球法)/℃ | | JTG/T 0606—2011 | 52 | 74 |
| 测力延度 (5℃) | 平均延度/cm | 《橡胶沥青及混合料设计施工技术指南》 | 10 | / |
| | 最大拉力值/N | | / | / |

(1) 陕西高速 36 目、30 目和 40 目胶粉与两种基质沥青的配伍性试验见
表 6.88 ~ 表 6.93。

表 6.88　陕西高速 36 目胶粉 ＋ SK90# 沥青配伍性试验

| 试验指标 | | 试验检测结果 | | 技术要求 | |
| --- | --- | --- | --- | --- | --- |
| | | | | 最小 | 最大 |
| Haake 黏度 (190℃)/($10^{-3}$Pa·s) | | 1367 | 1433 | 1500 | 4000 |
| 锥入度 (25℃)/(0.1mm) | | 46.77 | 42.60 | 25 | 70 |
| 回弹恢复 (25℃)/% | | 26.15 | 27.03 | 18 | / |
| 软化点 (环球法)/℃ | | 61.75 | 63.35 | 52 | 74 |
| 测力延度 (5℃) | 平均延度/cm | 9.9 | 10.2 | 10 | / |
| | 最大拉力值/N | 48.9 | 51.1 | / | / |

表 6.89　陕西高速 36 目胶粉 ＋ 壳牌 90# 沥青配伍性试验

| 试验指标 | | 试验检测结果 | | | 技术要求 | |
| --- | --- | --- | --- | --- | --- | --- |
| | | | | | 最小 | 最大 |
| Haake 黏度 (190℃)/($10^{-3}$Pa·s) | | 1233 | 2333 | 1267 | 1500 | 4000 |
| 锥入度 (25℃)/(0.1mm) | | 48.5 | 36.87 | 47.70 | 25 | 70 |
| 回弹恢复 (25℃)/% | | 23.49 | 29.95 | 24.03 | 18 | / |
| 软化点 (环球法)/℃ | | 61.95 | 64.15 | 64.85 | 52 | 74 |
| 测力延度 (5℃) | 平均延度/cm | 9.7 | 9.0 | 9.8 | 10 | / |
| | 最大拉力值/N | 42.2 | 68.9 | 44.4 | / | / |

表 6.90　陕西高速 30 目胶粉 ＋ SK90# 沥青配伍性试验

| 试验指标 | | 试验检测结果 | | | 技术要求 | |
| --- | --- | --- | --- | --- | --- | --- |
| | | | | | 最小 | 最大 |
| Haake 黏度 (190℃)/($10^{-3}$Pa·s) | | 1933 | 1667 | 1433 | 1500 | 4000 |
| 锥入度 (25℃)/(0.1mm) | | 46.2 | 42.9 | 44.4 | 25 | 70 |
| 回弹恢复 (25℃)/% | | 27.86 | 28.66 | 23.71 | 18 | / |
| 软化点 (环球法)/℃ | | 62.2 | 64.85 | 63.9 | 52 | 74 |
| 测力延度 (5℃) | 平均延度/cm | 11.9 | 11.0 | 12.1 | 10 | / |
| | 最大拉力值/N | 46.6 | 57.7 | 48.9 | / | / |

表 6.91　陕西高速 30 目胶粉 ＋ 壳牌 90# 沥青配伍性试验

| 试验指标 | | 试验检测结果 | | | 技术要求 | |
| --- | --- | --- | --- | --- | --- | --- |
| | | | | | 最小 | 最大 |
| Haake 黏度 (190℃)/($10^{-3}$Pa·s) | | 2167 | 1767 | 2200 | 1500 | 4000 |
| 锥入度 (25℃)/(0.1mm) | | 42.3 | 43.8 | 41.2 | 25 | 70 |
| 回弹恢复 (25℃)/% | | 29.7 | 21.9 | 27.0 | 18 | / |
| 软化点 (环球法)/℃ | | 68.2 | 66.1 | 68.0 | 52 | 74 |
| 测力延度 (5℃) | 平均延度/cm | 11.6 | 11.6 | 10.3 | 10 | / |
| | 最大拉力值/N | 51.1 | 51.1 | 62.2 | / | / |

分析：陕西高速 30 目胶粉与壳牌 90# 沥青配伍的三次试验，各项性能指标均满足要求。

表 6.92　　陕西高速 40 目胶粉 ＋ SK90# 沥青配伍性试验

| 试验指标 | | 试验检测结果 | | 技术要求 | |
|---|---|---|---|---|---|
| | | | | 最小 | 最大 |
| Haake 黏度 (190℃)/($10^{-3}$Pa·s) | | 1700 | 1900 | 1500 | 4000 |
| 锥入度 (25℃)/(0.1mm) | | 43.7 | 43.6 | 25 | 70 |
| 回弹恢复 (25℃)/% | | 21.95 | 26.10 | 18 | / |
| 软化点 (环球法)/℃ | | 62.8 | 66.0 | 52 | 74 |
| 测力延度 (5℃) | 平均延度/cm | 12.0 | 11.2 | 10 | / |
| | 最大拉力值/N | 53.3 | 53.3 | / | / |

分析：陕西高速 40 目胶粉与 SK90# 沥青配伍的两次试验，各项性能指标均满足要求；两次试验数据比较稳定。

表 6.93　　陕西高速 40 目胶粉 ＋ 壳牌 90# 沥青配伍性试验

| 试验指标 | | 试验检测结果 | | | 技术要求 | |
|---|---|---|---|---|---|---|
| | | | | | 最小 | 最大 |
| Haake 黏度 (190℃)/($10^{-3}$Pa·s) | | 1867 | 1700 | 2033 | 1500 | 4000 |
| 锥入度 (25℃)/(0.1mm) | | 45.1 | 47.1 | 46.9 | 25 | 70 |
| 回弹恢复 (25℃)/% | | 26.13 | 19.11 | 23.64 | 18 | / |
| 软化点 (环球法)/℃ | | 62.8 | 63.8 | 65.5 | 52 | 74 |
| 测力延度 (5℃) | 平均延度/cm | 11.5 | 11.5 | 11.3 | 10 | / |
| | 最大拉力值/N | 48.9 | 51.1 | 53.3 | / | / |

分析：陕西高速 40 目胶粉与壳牌 90# 沥青配伍的三次试验，各项性能指标均满足要求。

(2) 西安中轩废旧轮胎 30 目和 40 目胶粉与两种基质沥青的配伍性试验见表 6.94 ～ 表 6.97。

表 6.94　　西安中轩 30 目胶粉 ＋ SK90# 沥青配伍性试验

| 试验指标 | | 试验检测结果 | | | 技术要求 | |
|---|---|---|---|---|---|---|
| | | | | | 最小 | 最大 |
| Haake 黏度 (190℃)/($10^{-3}$Pa·s) | | 1600 | 1900 | 2100 | 1500 | 4000 |
| 锥入度 (25℃)/(0.1mm) | | 48.4 | 43.3 | 42.6 | 25 | 70 |
| 回弹恢复 (25℃)/% | | 17.77 | 21.29 | 20.83 | 18 | / |
| 软化点 (环球法)/℃ | | 61.55 | 61.85 | 65.20 | 52 | 74 |
| 测力延度 (5℃) | 平均延度/cm | 9.7 | 9.5 | 9.2 | 10 | / |
| | 最大拉力值/N | 44.4 | 53.3 | 55.5 | / | / |

表 6.95　西安中轩 30 目胶粉 + 壳牌 90# 沥青配伍性试验

| 试验指标 | | 试验检测结果 | | | 技术要求 | |
|---|---|---|---|---|---|---|
| | | | | | 最小 | 最大 |
| Haake 黏度 (190℃)/($10^{-3}$Pa·s) | | 3333 | 2267 | 2000 | 1500 | 4000 |
| 锥入度 (25℃)/(0.1mm) | | 40.2 | 39.9 | 40.0 | 25 | 70 |
| 回弹恢复 (25℃)/% | | 31.52 | 28.10 | 26.07 | 18 | / |
| 软化点 (环球法)/℃ | | 67.95 | 64.70 | 63.40 | 52 | 74 |
| 测力延度 (5℃) | 平均延度/cm | 9.4 | 9.2 | 9.2 | 10 | / |
| | 最大拉力值/N | 57.7 | 57.7 | 57.7 | / | / |

表 6.96　西安中轩 40 目胶粉 + SK90# 沥青配伍性试验

| 试验指标 | | 试验检测结果 | | 技术要求 | |
|---|---|---|---|---|---|
| | | | | 最小 | 最大 |
| Haake 黏度 (190℃)/($10^{-3}$Pa·s) | | 1667 | 1733 | 1500 | 4000 |
| 锥入度 (25℃)/(0.1mm) | | 51.6 | 54.7 | 25 | 70 |
| 回弹恢复 (25℃)/% | | 22.97 | 20.54 | 18 | / |
| 软化点 (环球法)/℃ | | 61.05 | 61.70 | 52 | 74 |
| 测力延度 (5℃) | 平均延度/cm | 10.3 | 11.1 | 10 | / |
| | 最大拉力值/N | 42.2 | 37.7 | / | / |

分析：西安中轩 40 目胶粉与 SK90# 沥青的两次配伍试验，各项指标均满足要求；两次试验数据比较稳定。

表 6.97　西安中轩 40 目胶粉 + 壳牌 90# 沥青配伍性试验

| 试验指标 | | 试验检测结果 | | | 技术要求 | |
|---|---|---|---|---|---|---|
| | | | | | 最小 | 最大 |
| Haake 黏度 (190℃)/($10^{-3}$Pa·s) | | 1567 | 1600 | 2067 | 1500 | 4000 |
| 锥入度 (25℃)/(0.1mm) | | 48.6 | 48.9 | 52.2 | 25 | 70 |
| 回弹恢复 (25℃)/% | | 19.43 | 25.50 | 23.02 | 18 | / |
| 软化点 (环球法)/℃ | | 65.25 | 62.35 | 61.00 | 52 | 74 |
| 测力延度 (5℃) | 平均延度/cm | 11.3 | 11.0 | 11.5 | 10 | / |
| | 最大拉力值/N | 48.9 | 44.4 | 40.0 | / | / |

分析：西安中轩 40 目胶粉与壳牌 90# 沥青的配伍性能指标满足要求。

(3) 四川泸州废旧轮胎 30 目和 40 目胶粉与两种基质沥青的配伍性试验见表 6.98 ～ 表 6.101。

表 6.98    四川泸州 30 目胶粉 ＋ SK90# 沥青配伍性试验

| 试验指标 | | 试验检测结果 | | 技术要求 | |
| --- | --- | --- | --- | --- | --- |
| | | | | 最小 | 最大 |
| Haake 黏度 (190℃)/(10⁻³Pa·s) | | 1733 | 1800 | 1500 | 4000 |
| 锥入度 (25℃)/(0.1mm) | | 45.4 | 56.6 | 25 | 70 |
| 回弹恢复 (25℃)/% | | 24.24 | 19.44 | 18 | / |
| 软化点 (环球法)/℃ | | 62.65 | 63.15 | 52 | 74 |
| 测力延度 (5℃) | 平均延度/cm | 9.9 | 9.7 | 10 | / |
| | 最大拉力值/N | 53.3 | 48.9 | / | / |

分析：四川泸州 30 目胶粉与 SK90# 沥青的配伍试验，5℃ 延度均偏低，但已接近要求的最低值；两次试验的黏度值接近，比较稳定。

表 6.99    四川泸州 30 目胶粉 ＋ 壳牌 90# 沥青配伍性试验

| 试验指标 | | 试验检测结果 | | | | | 技术要求 | |
| --- | --- | --- | --- | --- | --- | --- | --- | --- |
| | | | | | | | 最小 | 最大 |
| Haake 黏度 (190℃)/(10⁻³Pa·s) | | 1567 | 2133 | 1400 | 1633 | 1170 | 1500 | 4000 |
| 锥入度 (25℃)/(0.1mm) | | 53.3 | 46.0 | 50.0 | 45.8 | 60.9 | 25 | 70 |
| 回弹恢复 (25℃)/% | | 24.14 | 27.8 | 21.96 | 23.25 | 7.07 | 18 | / |
| 软化点 (环球法)/℃ | | 58.95 | 63.45 | 61.35 | 65.05 | 59.70 | 52 | 74 |
| 测力延度 (5℃) | 平均延度/cm | 11.7 | 9.6 | 10.4 | 10.0 | 9.83 | 10 | / |
| | 最大拉力值/N | 42.2 | 44.4 | 40.0 | 46.6 | 31.1 | / | / |

分析：四川泸州 30 目胶粉与壳牌 90# 沥青配伍性试验，25℃ 回弹恢复为 7.07%，属异常数据，可能是由于试验中沥青已经老化，故此次试验数据不予考虑；存在个别试验 5℃ 测力延度略低、黏度略低的问题。

表 6.100    四川泸州 40 目胶粉 ＋ SK90# 沥青配伍性试验

| 试验指标 | | 试验检测结果 | | | 技术要求 | |
| --- | --- | --- | --- | --- | --- | --- |
| | | | | | 最小 | 最大 |
| Haake 黏度 (190℃)/(10⁻³Pa·s) | | 1733 | 967 | 1300 | 1500 | 4000 |
| 锥入度 (25℃)/(0.1mm) | | 48.0 | 54.4 | 57.5 | 25 | 70 |
| 回弹恢复 (25℃)/% | | 20.84 | 16.18 | 18.22 | 18 | / |
| 软化点 (环球法)/℃ | | 62.1 | 58.9 | 63.0 | 52 | 74 |
| 测力延度 (5℃) | 平均延度/cm | 12.2 | 12.2 | 12.0 | 10 | / |
| | 最大拉力值/N | 44.4 | 37.7 | 40.0 | / | / |

分析：四川泸州 40 目胶粉与 SK90# 沥青有两次配伍试验的黏度较小，不满足要求；有一次回弹恢复较低，未达标；三次配伍试验的黏度差异较大。

表 6.101 四川泸州 40 目胶粉 + 壳牌 90# 沥青配伍性试验

| 试验指标 | | 试验检测结果 | | | 技术要求 | |
|---|---|---|---|---|---|---|
| | | | | | 最小 | 最大 |
| Haake 黏度 (190℃)/(10⁻³Pa·s) | | 1400 | 1400 | 1900 | 1500 | 4000 |
| 锥入度 (25℃)/(0.1mm) | | 49.0 | 56.1 | 52.1 | 25 | 70 |
| 回弹恢复 (25℃)/% | | 19.24 | 18.87 | 16.07 | 18 | / |
| 软化点 (环球法)/℃ | | 61.65 | 61.85 | 62.95 | 52 | 74 |
| 测力延度 (5℃) | 平均延度/cm | 11.5 | 12.5 | 12.3 | 10 | / |
| | 最大拉力值/N | 42.2 | 37.7 | 40.0 | / | / |

分析：40 目胶粉与壳牌 90# 沥青有两次配伍试验的黏度偏低，未达到要求；有一次试验的回弹恢复较低，未达到要求。

(4) 河北唐山废旧轮胎 30 目和 40 目胶粉与两种基质沥青的配伍性试验见表 6.102～表 6.105。

表 6.102 河北唐山 30 目胶粉 + SK90# 沥青配伍性试验

| 试验指标 | | 试验检测结果 | | | 技术要求 | |
|---|---|---|---|---|---|---|
| | | | | | 最小 | 最大 |
| Haake 黏度 (190℃)/(10⁻³Pa·s) | | 1700 | 2733 | 2133 | 1500 | 4000 |
| 锥入度 (25℃)/(0.1mm) | | 47.8 | 45.4 | 44.6 | 25 | 70 |
| 回弹恢复 (25℃)/% | | 22.13 | 24.84 | 22.22 | 18 | / |
| 软化点 (环球法)/℃ | | 62.05 | 64.7 | 62.75 | 52 | 74 |
| 测力延度 (5℃) | 平均延度/cm | 10.2 | 10.0 | 9.2 | 10 | / |
| | 最大拉力值/N | 51.1 | 51.1 | 57.7 | / | / |

分析：河北唐山 30 目胶粉与 SK90# 沥青的配伍试验中，有一次 5℃ 测力延度较低。

表 6.103 河北唐山 30 目胶粉 + 壳牌 90# 沥青配伍性试验

| 试验指标 | | 试验检测结果 | | | 技术要求 | |
|---|---|---|---|---|---|---|
| | | | | | 最小 | 最大 |
| Haake 黏度 (190℃)/(10⁻³Pa·s) | | 3600 | 2133 | 2800 | 1500 | 4000 |
| 锥入度 (25℃)/(0.1mm) | | 38.0 | 45.7 | 37.7 | 25 | 70 |
| 回弹恢复 (25℃)/% | | 33.0 | 24.6 | 23.0 | 18 | / |
| 软化点 (环球法)/℃ | | 69.0 | 61.75 | 63.55 | 52 | 74 |
| 测力延度 (5℃) | 平均延度/cm | 8.9 | 10.6 | 9.3 | 10 | / |
| | 最大拉力值/N | 64.4 | 48.9 | 60.0 | / | / |

分析：河北唐山 30 目胶粉与壳牌 90# 沥青配伍试验的黏度较高，但有两次试验 5℃ 测力延度未达到要求。

表 6.104　河北唐山 40 目胶粉 ＋ SK90# 沥青配伍性试验

| 试验指标 | | 试验检测结果 | | 技术要求 | |
| --- | --- | --- | --- | --- | --- |
| | | | | 最小 | 最大 |
| Haake 黏度 (190℃)/(10⁻³Pa·s) | | 1400 | 1133 | 1500 | 4000 |
| 锥入度 (25℃)/(0.1mm) | | 52.5 | 59.1 | 25 | 70 |
| 回弹恢复 (25℃)/% | | 23.69 | 19.46 | 18 | / |
| 软化点 (环球法)/℃ | | 62.2 | 58.9 | 52 | 74 |
| 测力延度 (5℃) | 平均延度/cm | 9.8 | 9.8 | 10 | / |
| | 最大拉力值/N | 40.0 | 35.5 | / | / |

分析：河北唐山 40 目胶粉与 SK90# 沥青的两次配伍试验的黏度较低，5℃ 测力延度偏低。

表 6.105　河北唐山 40 目胶粉 ＋ 壳牌 90# 沥青配伍性试验

| 试验指标 | | 试验检测结果 | | 技术要求 | |
| --- | --- | --- | --- | --- | --- |
| | | | | 最小 | 最大 |
| Haake 黏度 (190℃)/(10⁻³Pa·s) | | 1900 | 1700 | 1500 | 4000 |
| 锥入度 (25℃)/(0.1mm) | | 54.1 | 54.0 | 25 | 70 |
| 回弹恢复 (25℃)/% | | 23.03 | 18.26 | 18 | / |
| 软化点 (环球法)/℃ | | 60.75 | 62.0 | 52 | 74 |
| 测力延度 (5℃) | 平均延度/cm | 10.1 | 10.0 | 10 | / |
| | 最大拉力值/N | 40.0 | 40.0 | / | / |

分析：河北唐山 40 目胶粉与壳牌 90# 沥青配伍试验各项指标均满足要求，而且两次试验的黏度、锥入度、软化点和测力延度均较稳定。

(5) 湖南合得利废旧轮胎 30 目和 40 目胶粉与两种基质沥青的配伍性试验见表 6.106 ～ 表 6.109。

表 6.106　湖南合得利 30 目胶粉 ＋ SK90# 沥青配伍性试验

| 试验指标 | | 试验检测结果 | | | 技术要求 | |
| --- | --- | --- | --- | --- | --- | --- |
| | | | | | 最小 | 最大 |
| Haake 黏度 (190℃)/(10⁻³Pa·s) | | 1833 | 1333 | 1560 | 1500 | 4000 |
| 锥入度 (25℃)/(0.1mm) | | 40.3 | 48.2 | 46.1 | 25 | 70 |
| 回弹恢复 (25℃)/% | | 23.96 | 20.04 | 20.38 | 18 | / |
| 软化点 (环球法)/℃ | | 62.75 | 63.55 | 60.55 | 52 | 74 |
| 测力延度 (5℃) | 平均延度/cm | 10.1 | 10.9 | 9.83 | 10 | / |
| | 最大拉力值/N | 60.0 | 46.6 | 53.3 | / | / |

分析：湖南合得利 30 目胶粉与 SK90# 沥青配伍试验分别有一次黏度较低和 5℃ 测力延度偏低。

**表 6.107　湖南合得利 30 目胶粉 ＋ 壳牌 90# 沥青配伍性试验**

| 试验指标 | | 试验检测结果 | | | 技术要求 | |
|---|---|---|---|---|---|---|
| | | | | | 最小 | 最大 |
| Haake 黏度 (190℃)/($10^{-3}$Pa·s) | | 1800 | 2100 | 1830 | 1500 | 4000 |
| 锥入度 (25℃)/(0.1mm) | | 47.0 | 49.9 | 43.2 | 25 | 70 |
| 回弹恢复 (25℃)/% | | 24.86 | 26.20 | 22.97 | 18 | / |
| 软化点 (环球法)/℃ | | 65.05 | 61.15 | 61.40 | 52 | 74 |
| 测力延度 (5℃) | 平均延度/cm | 11.4 | 12.0 | 10.7 | 10 | / |
| | 最大拉力值/N | 48.9 | 44.4 | 53.3 | / | / |

分析：湖南合得利 30 目胶粉与壳牌 90# 沥青的三次配伍试验，各项指标均满足要求。

**表 6.108　湖南合得利 40 目胶粉 ＋ SK90# 沥青配伍性试验**

| 试验指标 | | 试验检测结果 | | 技术要求 | |
|---|---|---|---|---|---|
| | | | | 最小 | 最大 |
| Haake 黏度 (190℃)/($10^{-3}$Pa·s) | | 1570 | 1433 | 1500 | 4000 |
| 锥入度 (25℃)/(0.1mm) | | 45.0 | 57.1 | 25 | 70 |
| 回弹恢复 (25℃)/% | | 20.35 | 18.61 | 18 | / |
| 软化点 (环球法)/℃ | | 62.6 | 63.2 | 52 | 74 |
| 测力延度 (5℃) | 平均延度/cm | / | 11.9 | 10 | / |
| | 最大拉力值/N | / | 40.0 | / | / |

分析：湖南合得利 40 目胶粉与 SK90# 沥青配伍黏度较低，其中有一次试验黏度未达标。

**表 6.109　湖南合得利 40 目胶粉 ＋ 壳牌 90# 沥青配伍性试验**

| 试验指标 | | 试验检测结果 | | | | 技术要求 | |
|---|---|---|---|---|---|---|---|
| | | | | | | 最小 | 最大 |
| Haake 黏度 (190℃)/($10^{-3}$Pa·s) | | 1033 | 1467 | 1967 | 967 | 1500 | 4000 |
| 锥入度 (25℃)/(0.1mm) | | 53.8 | 51.7 | 44.3 | 63.8 | 25 | 70 |
| 回弹恢复 (25℃)/% | | 20.22 | 23.51 | 24.59 | 15.34 | 18 | / |
| 软化点 (环球法)/℃ | | 59.8 | 61.30 | 62.85 | 57.20 | 52 | 74 |
| 测力延度 (5℃) | 平均延度/cm | 11.9 | 11.4 | 11.5 | 12.4 | 10 | / |
| | 最大拉力值/N | 42.2 | 44.4 | 48.9 | 33.3 | / | / |

分析：四次配伍试验三次黏度较低；有一次试验回弹恢复较低，未达到标准要求。

(6) 重庆圣略废旧轮胎 30 目和 40 目胶粉与两种基质沥青的配伍性试验见表 6.110 ～ 表 6.113。

表 6.110　重庆圣略 30 目胶粉 ＋ SK90# 沥青配伍性试验

| 试验指标 | | 试验检测结果 | 技术要求 | |
|---|---|---|---|---|
| | | | 最小 | 最大 |
| Haake 黏度 (190℃)/($10^{-3}$Pa·s) | | 1067 | 1500 | 4000 |
| 锥入度 (25℃)/(0.1mm) | | 48.5 | 25 | 70 |
| 回弹恢复 (25℃)/% | | 22.96 | 18 | / |
| 软化点 (环球法)/℃ | | 61.90 | 52 | 74 |
| 测力延度 (5℃) | 平均延度/cm | 10.1 | 10 | / |
| | 最大拉力值/N | 37.7 | / | / |

分析：重庆圣略 30 目胶粉与 SK90# 沥青配伍的黏度较低。

表 6.111　重庆圣略 30 目胶粉 ＋ 壳牌 90# 沥青配伍性试验

| 试验指标 | | 试验检测结果 | 技术要求 | |
|---|---|---|---|---|
| | | | 最小 | 最大 |
| Haake 黏度 (190℃)/($10^{-3}$Pa·s) | | 740 | 1500 | 4000 |
| 锥入度 (25℃)/(0.1mm) | | 69.7 | 25 | 70 |
| 回弹恢复 (25℃)/% | | 6.22 | 18 | / |
| 软化点 (环球法)/℃ | | 56.35 | 52 | 74 |
| 测力延度 (5℃) | 平均延度/cm | 11.1 | 10 | / |
| | 最大拉力值/N | 26.6 | / | / |

分析：重庆圣略 30 目胶粉与壳牌 90# 沥青配伍的黏度和回弹恢复较低。

表 6.112　重庆圣略 40 目胶粉 ＋ SK90# 沥青配伍性试验

| 试验指标 | | 试验检测结果 | 技术要求 | |
|---|---|---|---|---|
| | | | 最小 | 最大 |
| Haake 黏度 (190℃)/($10^{-3}$Pa·s) | | 1700 | 1500 | 4000 |
| 锥入度 (25℃)/(0.1mm) | | 50.1 | 25 | 70 |
| 回弹恢复 (25℃)/% | | 21.24 | 18 | / |
| 软化点 (环球法)/℃ | | 63.25 | 52 | 74 |
| 测力延度 (5℃) | 平均延度/cm | 10.2 | 10 | / |
| | 最大拉力值/N | 42.2 | / | / |

分析：重庆圣略 40 目胶粉与 SK90# 沥青配伍的性能指标满足要求。

表 6.113　重庆圣略 40 目胶粉 + 壳牌 90# 沥青配伍性试验

| 试验指标 | | 试验检测结果 | 技术要求 | |
| --- | --- | --- | --- | --- |
| | | | 最小 | 最大 |
| Haake 黏度 (190℃)/($10^{-3}$Pa·s) | | 1333 | 1500 | 4000 |
| 锥入度 (25℃)/(0.1mm) | | 49.1 | 25 | 70 |
| 回弹恢复 (25℃)/% | | 22.67 | 18 | / |
| 软化点 (环球法)/℃ | | 60.50 | 52 | 74 |
| 测力延度 (5℃) | 平均延度/cm | 10.6 | 10 | / |
| | 最大拉力值/N | 44.4 | / | / |

分析：重庆圣略 40 目胶粉与壳牌 90# 沥青配伍的黏度较低。

(7) 宁夏亿能废旧轮胎 30 目胶粉与两种基质沥青的配伍性试验见表 6.114 和表 6.115。

表 6.114　宁夏亿能 30 目胶粉 + SK90# 沥青配伍性试验

| 试验指标 | | 试验检测结果 | | 技术要求 | |
| --- | --- | --- | --- | --- | --- |
| | | | | 最小 | 最大 |
| Haake 黏度 (190℃)/($10^{-3}$Pa·s) | | 2300 | 2200 | 1500 | 4000 |
| 锥入度 (25℃)/(0.1mm) | | 46.2 | 46.9 | 25 | 70 |
| 回弹恢复 (25℃)/% | | 24.87 | 26.55 | 18 | / |
| 软化点 (环球法)/℃ | | 64.95 | 66.25 | 52 | 74 |
| 测力延度 (5℃) | 平均延度/cm | 9.0 | 9.6 | 10 | / |
| | 最大拉力值/N | 53.3 | 42.2 | / | / |

分析：宁夏亿能 30 目胶粉与 SK90# 沥青配伍的 5℃ 测力延度较低。

表 6.115　宁夏亿能 30 目胶粉 + 壳牌 90# 沥青配伍性试验

| 试验指标 | | 试验检测结果 | 技术要求 | |
| --- | --- | --- | --- | --- |
| | | | 最小 | 最大 |
| Haake 黏度 (190℃)/($10^{-3}$Pa·s) | | 3100 | 1500 | 4000 |
| 锥入度 (25℃)/(0.1mm) | | 49.8 | 25 | 70 |
| 回弹恢复 (25℃)/% | | 18.62 | 18 | / |
| 软化点 (环球法)/℃ | | 60.4 | 52 | 74 |
| 测力延度 (5℃) | 平均延度/cm | 11.0 | 10 | / |
| | 最大拉力值/N | 33.3 | / | / |

分析：宁夏亿能 30 目胶粉与壳牌 90# 沥青配伍的黏度较大，性能指标满足要求。

2) 不同胶粉配伍特性分析

(1) 陕西高速胶粉。理论上来说，36 目胶粉应比 40 目胶粉偏粗，即在各个筛孔的通过率应比 40 目小，但是根据筛分结果，0.6 mm 筛孔和 0.075 mm 筛孔上 36 目胶粉的通过率比 40 目胶粉的通过率大。根据现有的试验结果，陕西高速 36 目胶粉与两种沥青 (SK90# 和壳牌 90#) 配伍的五次试验中有四次黏度较小，不满足要求；五次试验中有四次 5℃ 测力延度偏低 (均大于 9cm 但小于 10cm)。

陕西高速 30 目胶粉与 SK90# 沥青配伍的三次试验中，有一次黏度较低，未达到技术要求；三次试验的 5℃ 测力延度均较好 (均大于 11cm)。与壳牌 90# 沥青配伍的三次试验，各项指标均满足要求。

陕西高速 40 目胶粉与两种沥青配伍的五次试验中，各项指标均满足要求，且 5℃ 测力延度均较好 (均大于 11cm)。

(2) 西安中轩胶粉。根据现有试验结果，西安中轩 30 目胶粉与两种沥青配伍的六次试验中 5℃ 测力延度均较低 (介于 9.2~9.7cm)，其中还有一次回弹恢复较低，未达到技术要求。西安中轩 40 目胶粉与两种沥青配伍的各项性能指标均满足要求。

(3) 四川泸州胶粉。根据现有试验结果，四川泸州 30 目胶粉与两种沥青配伍的性能，存在的主要问题是 5℃ 测力延度偏低 (介于 9.6~9.9cm)，还有一次与壳牌沥青配伍的黏度偏低，未达到要求。四川泸州 40 目胶粉与两种沥青配伍的性能，存在的主要问题是橡胶沥青的黏度低 (六次试验中有四次黏度未达到要求)、回弹恢复较低，有两次未达到要求。

(4) 河北唐山胶粉。根据现有试验结果，河北唐山 30 目胶粉与两种沥青配伍的黏度较大，但 5℃ 测力延度较低 (六次试验中有三次延度介于 8.9~9.3cm)。

河北唐山 40 目胶粉与 SK90# 沥青配伍的黏度低 (两次试验黏度均小于 1400mPa·s)，5℃ 测力延度偏低 (两次试验均为 9.8cm)；与壳牌 90# 沥青配伍的各项指标均满足技术要求。

(5) 湖南合得利胶粉。根据现有试验结果，湖南合得利 30 目胶粉与 SK90# 沥青配伍四次试验中有一次黏度低，未达到要求；有一次试验的 5℃ 测力延度偏低 (9.83cm)；与壳牌 90# 沥青配伍的各项指标均满足要求。

湖南合得利 40 目胶粉与两种沥青配伍存在的主要问题是黏度低 (六次试验中有四次黏度低，介于 967~1467mPa·s，未达到要求)，另有一次试验回弹恢复较低 (15.34cm)。

(6) 重庆圣略胶粉。从现有试验看，重庆圣略胶粉与两种沥青配伍的黏度均较低。

(7) 宁夏亿能胶粉。从现有试验结果看，宁夏亿能胶粉与两种沥青配伍的黏度较大，但有两次试验 5℃ 测力延度较低 (9.0cm 和 9.6cm)。

3) 以黏度作为主要评价指标

黏度是橡胶沥青的核心技术指标，是施工控制的最重要的指标，以下将胶粉与两种沥青的配伍按照平均黏度进行排序。

(1) 与SK90# 基质沥青配伍的 30 目胶粉按平均黏度从高到低排序见表 6.116。

表 6.116　30 目胶粉与 SK90# 沥青配伍平均黏度排序

| 30 目胶粉 | 平均黏度/(mPa·s) |
| --- | --- |
| 宁夏亿能 | 2250 |
| 河北唐山 | 2189 |
| 西安中轩 | 1867 |
| 四川泸州 | 1767 |
| 陕西高速 | 1678 |
| 湖南合得利 | 1607 |
| 重庆圣略 | 1067 |

(2) 与壳牌 90# 沥青配伍的 30 目胶粉按平均黏度从高到低排序见表 6.117。

表 6.117　30 目胶粉与壳牌 90# 沥青配伍平均黏度排序

| 30 目胶粉 | 平均黏度/(mPa·s) |
| --- | --- |
| 宁夏亿能 | 3100 |
| 西安中轩 | 2533 |
| 河北唐山 | 2467 |
| 陕西高速 | 2045 |
| 湖南合得利 | 1910 |
| 四川泸州 | 1683 |
| 重庆圣略 | 740 |

(3) 与 SK90# 沥青配伍的 40 目胶粉按平均黏度从高到低排序见表 6.118。

表 6.118　40 目胶粉与 SK90# 沥青配伍平均黏度排序

| 40 目胶粉 | 平均黏度/(mPa·s) |
| --- | --- |
| 陕西高速 | 1800 |
| 西安中轩 | 1700 |
| 重庆圣略 | 1700 |
| 四川泸州 | 1517 |
| 湖南合得利 | 1502 |
| 河北唐山 | 1267 |

(4) 与壳牌 90# 沥青配伍的 40 目胶粉按平均黏度从高到低排序见表 6.119。

表 6.119    40 目胶粉与壳牌 90# 沥青配伍平均黏度排序

| 40 目胶粉 | 平均黏度/(mPa·s) |
|---|---|
| 陕西高速 | 1867 |
| 河北唐山 | 1800 |
| 西安中轩 | 1745 |
| 湖南合得利 | 1489 |
| 四川泸州 | 1400 |
| 重庆圣略 | 1333 |

4) 胶粉的选择及与沥青配伍的建议

根据胶粉的级配筛分结果,有些厂家 30 目的胶粉在关键筛孔的通过率显著高于其他厂家 40 目胶粉的通过率,即胶粉的规格性较差。另外,不同厂家同一目数的胶粉在各关键筛孔的通过率差异很大。因此,不考虑目数,仅按照平均黏度指标进行排序,见表 6.120 和表 6.121。

表 6.120    与 SK90# 沥青配伍的胶粉按平均黏度排序

| 序号 | 胶粉种类 | 平均黏度/(mPa·s) |
|---|---|---|
| 1 | 宁夏亿能 30 目 | 2250 |
| 2 | 河北唐山 30 目 | 2189 |
| 3 | 西安中轩 30 目 | 1867 |
| 4 | 陕西高速 40 目 | 1800 |
| 5 | 四川泸州 30 目 | 1767 |
| 6 | 西安中轩 40 目 | 1700 |
| 7 | 重庆圣略 40 目 | 1700 |
| 8 | 陕西高速 30 目 | 1678 |
| 9 | 湖南合得利 30 目 | 1607 |
| 10 | 四川泸州 40 目 | 1517 |
| 11 | 湖南合得利 40 目 | 1502 |
| 12 | 河北唐山 40 目 | 1267 |
| 13 | 重庆圣略 30 目 | 1067 |

从表 6.120 可知,与 SK90# 沥青配伍性能较好的五种胶粉为:宁夏亿能 30 目、河北唐山 30 目、西安中轩 30 目、陕西高速 40 目、四川泸州 30 目。建议与 SK90# 沥青配伍的胶粉优先从上面五种胶粉中选择。

表 6.121　　与壳牌 90# 沥青配伍的胶粉按平均黏度排序

| 序号 | 胶粉种类 | 平均黏度/(mPa·s) |
|---|---|---|
| 1 | 宁夏亿能 30 目 | 3100 |
| 2 | 西安中轩 30 目 | 2533 |
| 3 | 河北唐山 30 目 | 2467 |
| 4 | 陕西高速 30 目 | 2045 |
| 5 | 湖南合得利 30 目 | 1910 |
| 6 | 陕西高速 40 目 | 1867 |
| 7 | 河北唐山 40 目 | 1800 |
| 8 | 西安中轩 40 目 | 1745 |
| 9 | 四川泸州 30 目 | 1683 |
| 10 | 湖南合得利 40 目 | 1489 |
| 11 | 四川泸州 40 目 | 1400 |
| 12 | 重庆圣略 40 目 | 1333 |
| 13 | 重庆圣略 30 目 | 740 |

从表 6.121 可知, 与壳牌 90# 沥青配伍性能较好的五种胶粉为: 宁夏亿能 30 目、西安中轩 30 目、河北唐山 30 目、陕西高速 30 目、湖南合得利 30 目。建议与壳牌 90# 沥青配伍的胶粉优先从上面五种胶粉中选择。

此外, 除了考虑胶粉与基质沥青的配伍性外, 还需综合考虑价格、供货能力、运输的便捷性等因素, 经专家评审会商议, 决定采用 30 目橡胶粉, 并最终为三个标段确定了胶粉厂家与沥青品牌的组合, 见表 6.122。

表 6.122　　选定的胶粉与沥青组合表

| 标段 | 胶粉 | 基质沥青 |
|---|---|---|
| LM-1 | 西安中轩 30 目 | 壳牌 90# |
| LM-2 | 陕西高速 30 目 | SK90# |
| LM-3 | 湖南合得利 30 目 | 壳牌 90# |

5) 结论

(1) 对用于橡胶沥青配伍试验的 SK90# 和壳牌 90# 基质沥青进行了性能指标检测。

(2) 对各厂家的胶粉进行了外委送检, 检测了各胶粉的物理化学特性指标, 并对检测结果进行了分析, 给出了建议。

(3) 对各厂家的 20 目、30 目和 40 目 (包括 36 目) 橡胶粉样品进行了级配筛分试验, 并对试验结果进行了分析。

(4) 对七家橡胶粉厂提供的共计 14 种 30 目和 40 目 (包括 36 目) 胶粉, 分别与 SK90#、壳牌 90# 沥青进行了多组次橡胶沥青制备和性能指标检测试验。

试验条件为: 胶粉外掺 20%、190℃ 发育温度、45~50min 发育时间、电炉和坩埚制备橡胶沥青。橡胶沥青的检测指标为: Haake 黏度 (190℃)、锥入度 (25℃)、

回弹恢复 (25℃)、软化点 (环球法)、测力延度 (5℃)。

(5) 对累计 70 次橡胶沥青配伍试验结果进行了分析，对各厂家胶粉的配伍特性进行了分析；最终针对两种基质沥青，推荐了配伍性能较好的胶粉厂家和目数，即 30 目胶粉 (30 目胶粉配伍性能好于 40 目胶粉)，同时也给出了选择胶粉需要考虑的因素。

**4. 废旧轮胎胶粉与基质沥青的掺配比试验**

**1) LM-1 橡胶沥青中橡胶粉掺配比试验**

试验所用原材料为西安中轩 30 目胶粉 + 壳牌 90# 基质沥青；发育温度：180℃；掺配比 (外掺)：18%、20%、21%、22%、24%。

(1) 在不同掺配比下，橡胶沥青性能指标的变化情况见表 6.123 ～ 表 6.127。

(2) 橡胶粉最佳掺配比分析。分为 Haake 黏度和布氏黏度来分析。

① Haake 黏度。LM-1 不同掺配比 (外掺) Haake 黏度见表 6.128。

外掺 18% 时，45 min、2h、4h 的黏度均接近技术要求 (1.5～4.0Pa·s) 的下限，黏度偏低，6h 和 8h 的黏度均低于技术要求范围的下限。外掺 20% 时，45min 和 6h 黏度处于技术要求范围的中值以下，2h 和 4h 的黏度处于技术要求范围的中值以上，8h 的黏度靠近技术要求的下限但仍满足要求。外掺 21% 时，2h 和 4h 的黏度均超出技术要求的上限，45min、6h 和 8h 的黏度均满足技术要求的范围。外掺 22% 时，2h 和 4h 的黏度均超出技术要求的上限，在 5.0Pa·s 左右；45min 和 6h 的黏度接近技术要求的上限，8h 黏度在要求范围的中值以下。外掺 24% 时，45min、2h 和 4h 的黏度较大，远超出技术要求的上限，6h 黏度接近技术要求的上限，8h 黏度低于技术要求的范围。

② 布氏黏度。本轮试验中，橡胶沥青的布氏黏度采用两种测量方法：一种是将橡胶沥青注入盛样桶后升温至 180℃ 立即检测黏度，另一种是将橡胶沥青注入盛样桶并在 180℃ 保温 30min 后检测黏度。试验结果表明，第一种方法布氏黏度随时间变化较大，第二种方法测得的布氏黏度和第一种方法相比稳定一些。但总体而言，Haake 黏度的稳定性远好于布氏黏度的稳定性，所以，对于橡胶沥青黏度的评价，用 Haake 黏度为佳。

(3) 最佳掺配比结论。综合考虑以上不同掺配比试验的 Haake 黏度和布氏黏度，建议 LM-1 按外掺 20% 进行试生产。外掺 20% 胶粉橡胶沥青的各项性能指标，在 45min～4h 的施工时间段内，除了延度 (5cm/min，5℃) 指标未能达到招标文件中 ≥10cm 的要求外，其余指标均满足技术要求。不同掺配比下的延度见表 6.129，从表中数据可知，在 45min～4h 施工时间段内，各个掺配比下的延度指标均未能达到 ≥10cm 的技术要求。因此，对橡胶沥青低温性能的评价，5℃ 延度指标不合适。

表 6.123　LM-1 橡胶沥青在不同发育时间的性能指标（外掺 18%）

| 项次 | 检测指标 | | 45min | 2h | 4h | 6h | 8h | 设计值 | 技术要求 |
|---|---|---|---|---|---|---|---|---|---|
| 1 | Haake 黏度 (177℃)/(Pa·s) | | 1.53 | 2.03 | 1.83 | 1.40 | 0.90 | / | 1.5~4.0 |
| 2 | 锥入度 (25℃)/(0.1mm) | | 33.8 | 38.4 | 38.7 | / | / | / | 25~70 |
| 3 | 回弹恢复 (25℃)/% | | 29.29 | 31.16 | 31.40 | / | / | / | ≥25 |
| 4 | 软化点/℃ | | 59.6 | 59.9 | 64.1 | / | / | / | ≥60 |
| 5 | 测力延度 (1cm/min, 5℃) | | 8.3cm | 8.8cm | 9.9cm | / | / | / | / |
| | | | 64.4N | 62.2N | 57.7N | | | | |
| 6 | 针入度 (25℃, 100g, 5s)/(0.1mm) | | 44.4 | 46.1 | 51.3 | / | / | 60~80 | 40~80 |
| 7 | 延度 (5cm/min, 5℃)/cm | | 6.9 | 7.0 | 8.5 | / | / | ≥10 | ≥10 |
| 8 | 软化点/℃ | | 59.6 | 59.9 | 64.1 | / | / | ≥55 | ≥60 |
| 9 | 布氏黏度 (180℃)/(Pa·s)(27#转子, 50r/min) | 温升至180℃立即测 | 2.78(55.2%扭矩) | 2.35(47%扭矩) | 2.44(48.5%扭矩) | 1.62(32.4%扭矩) | 1.17(23.5%扭矩) | 2.0~4.0 | 2.0~4.0 |
| | | 保温 30min 后测 | 2.18(43%) | 2.05(41%) | 2.09(41.8%) | 1.49(31.7%) | 1.1(22%) | | |
| | | | 1.87(37.3%) | 1.94(38.8%) | 1.91(38.3%) | | | | |
| | | | 1.39(27.8%) | 1.52(30%) | 1.69(34.6%) | 0.98(19.8%) | 1.1(22%) | | |
| | | | 1.30(26%) | 1.46(29.4%) | 1.61(32.2%) | 0.96(19%) | 1.07(21.5%) | | |
| 10 | 弹性恢复 (25℃)/% | | 65 | 76 | 81 | / | / | ≥55 | ≥55 |

表 6.124　LM-1 橡胶沥青在不同发育时间的性能指标（外掺 20%）

| 项次 | 检测指标 | 45min | 2h | 4h | 6h | 8h | 设计值 | 技术要求 |
|---|---|---|---|---|---|---|---|---|
| 1 | Haake 黏度 (177℃)/(Pa·s) | 2.23 | 3.4 | 3.37 | 2.6 | 1.83 | / | 1.5~4.0 |
| 2 | 锥入度 (25℃)/(0.1mm) | 38.3 | 43.7 | 47.0 | / | / | / | 25~70 |
| 3 | 回弹恢复 (25℃)/% | 29.71 | 32.81 | 31.39 | / | / | / | ≥25 |
| 4 | 软化点/℃ | 64.7 | 66.9 | 66.3 | / | / | / | ≥60 |
| 5 | 测力延度 (1cm/min, 5℃) | 9.0cm 62.2N | 11.5cm 46.6N | 11.3cm 52.4N | / | / | / | / |
| 6 | 针入度 (25℃, 100g, 5s)/(0.1mm) | 48.6 | 51.0 | 53.5 | / | / | 60~80 | 40~80 |
| 7 | 延度 (5cm/min, 5℃)/cm | 7.2 | 9.3 | 8.9 | / | / | ≥10 | ≥10 |
| 8 | 软化点/℃ | 64.7 | 66.9 | 66.3 | / | / | ≥55 | ≥60 |
| 9 | 布氏黏度 (180℃)/(Pa·s)(27# 转子, 50r/min)　温升至 180℃ 立即测 | 2.11(43.1%扭矩) | 4.12(85.1%扭矩) | 7.05(157%扭矩) | 4.57(88.9%扭矩) | 3.21(67.7%扭矩) | 2.0~4.0 | 2.0~4.0 |
| | 保温 30min 后测 | 1.68(35.2%扭矩) | 1.73(33.1%扭矩) | 2.24(46.8%扭矩) | 1.78(35.4%扭矩) | 1.42(26.7%扭矩) | 2.0~4.0 | 2.0~4.0 |
| 10 | 弹性恢复 (25℃)/% | 69 | 81 | 82 | / | / | ≥55 | ≥55 |

表 6.125　LM-1 橡胶沥青在不同发育时间的性能指标（外掺 21%）

| 项次 | 检测指标 | | 45min | 2h | 4h | 6h | 8h | 设计值 | 技术要求 |
|---|---|---|---|---|---|---|---|---|---|
| 1 | Haake 黏度 (177°C)/(Pa·s) | | 3.0 | 4.97 | 4.53 | 2.23 | 2.2 | / | 1.5~4.0 |
| 2 | 锥入度 (25°C)/(0.1mm) | | 34.1 | 36.3 | 42.8 | / | / | / | 25~70 |
| 3 | 回弹恢复 (25°C)/% | | 42.24 | 40.44 | 37.47 | / | / | / | ≥25 |
| 4 | 软化点/°C | | 67.0 | 68.9 | 65.1 | / | / | / | ≥60 |
| 5 | 测力延度 (1cm/min, 5°C) | | 9.4cm / 60.5N | 9.2cm / 57.7N | 10.3cm / 50.5N | / | / | / | / |
| 6 | 针入度 (25°C, 100g, 5s)/(0.1mm) | | 42.2 | 44.3 | 53.8 | / | / | 60~80 | 40~80 |
| 7 | 延度 (5cm/min, 5°C)/cm | | 7.3 | 7.9 | 8.6 | / | / | ≥10 | ≥10 |
| 8 | 软化点/°C | | 67.0 | 68.9 | 65.1 | / | / | ≥55 | ≥60 |
| 9 | 布氏黏度 (180°C)/(Pa·s)(27#转子, 50r/min) | 温升至180°C 立即测 | 5.34(106%扭矩) | 4.64(92%扭矩) | 4.44(88%扭矩) | 4.42(88%扭矩) | 5.74(114%扭矩) | 2.0~4.0 | 2.0~4.0 |
| | | | 4.22(84%) | 4.41(88.2%) | 4.22(84%) | 4.08(81.6%) | 3.06(61%) | | |
| | | | 3.75(75%) | 4.2(84%) | 4.0(80%) | 3.73(74%) | 2.52(50%) | | |
| | | | 3.12(62%) | 3.95(79.1%) | 4.21(84%) | 2.77(55%) | 2.25(45%) | | |
| | | | 2.95(59%) | | | | | | |
| | | 保温 30min 后测 | 2.93(58%扭矩) | 3.33(65.3%) | 3.75(75%扭矩) | 3.05(61%扭矩) | 2.53(50.4%扭矩) | | |
| | | | 2.65(53%) | 2.9(58.2%) | 3.57(71%) | 3.37(67.3%) | 2.37(47%) | | |
| | | | 2.48(49%) | 2.9(56%) | 3.64(72.9%) | 3.47(69.5%) | 2.36(47%) | | |
| 10 | 弹性恢复 (25°C)/% | | 77 | 81 | 87 | / | / | ≥55 | ≥55 |

表6.126　LM-1橡胶沥青在不同发育时间的性能指标（外掺22%）

| 项次 | 检测指标 | 45min | 2h | 4h | 6h | 8h | 设计值 | 技术要求 |
|---|---|---|---|---|---|---|---|---|
| 1 | Haake黏度（177℃）/(Pa·s) | 3.63 | 5.33 | 4.93 | 3.77 | 2.23 | / | 1.5~4.0 |
| 2 | 锥入度（25℃）/(0.1mm) | 35.8 | 40.2 | 44.7 | / | / | / | 25~70 |
| 3 | 回弹恢复（25℃)/% | 29.38 | 32.81 | 32.67 | / | / | / | ≥25 |
| 4 | 软化点/℃ | 67.2 | 70.5 | 66.9 | / | / | / | ≥60 |
| 5 | 测力延度（1cm/min,5℃) | 8.8cm 62.2N | 10.2cm 55.5N | 11.3cm 46.2N | / | / | / | / |
| 6 | 针入度（25℃,100g,5s)/(0.1mm) | 44.3 | 43.9 | 54.8 | / | / | 60~80 | 40~80 |
| 7 | 延度（5cm/min,5℃)/cm | 6.1 | 8.6 | 8.9 | / | / | ≥10 | ≥10 |
| 8 | 软化点/℃ | 67.2 | 70.5 | 66.9 | / | / | ≥55 | ≥60 |
| 9 | 布氏黏度（180℃)/(Pa·s)(27#转子,50r/min) 温升至180℃立即测 | 3.16(65.4%扭矩) | 6.49(116.1%扭矩) | 4.69(106.8%扭矩) | 4.03(95.8%扭矩) | 2.10(50.5%扭矩) | 2.0~4.0 | 2.0~4.0 |
| | 保温30min后测 | 2.10(41.6%扭矩) | 2.57(46.8%扭矩) | 3.01(61.5%扭矩) | 3.1(60.5%扭矩) | 1.71(33.7%扭矩) | | |
| 10 | 弹性恢复（25℃)/% | 81 | 81 | 87 | / | / | ≥55 | ≥55 |

表 6.127　LM-1 橡胶沥青在不同发育时间的性能指标（外掺 24%）

| 项次 | 检测指标 | | 45min | 2h | 4h | 6h | 8h | 设计值 | 技术要求 |
|---|---|---|---|---|---|---|---|---|---|
| 1 | Haake 黏度 (177°C)/(Pa·s) | | 5.27 | 5.43 | 6.33 | 3.95 | 1.47 | / | 1.5~4.0 |
| 2 | 锥入度 (25°C)/(0.1mm) | | 27.6 | 35.2 | 35.5 | 43.5 | 43.3 | / | 25~70 |
| 3 | 回弹恢复 (25°C)/% | | 43.29 | 46.0 | 40.11 | 30.78 | 27.09 | / | ≥25 |
| 4 | 软化点/°C | | 69.4 | 67.3 | 66.8 | 65.1 | 64.9 | / | ≥60 |
| 5 | 测力延度 (1cm/min, 5°C) | | 8.6cm / 60.5 N | 10.2cm / 66.6N | 10.2cm / 53.5N | 11.5cm / 45N | 10.5cm / 47N | / | / |
| 6 | 针入度 (25°C, 100g, 5s)/(0.1mm) | | 42.0 | 43.4 | 44.3 | 54.7 | 56.6 | 60~80 | 40~80 |
| 7 | 延度 (5cm/min, 5°C)/cm | | 7.2 | 8.6 | 9.8 | 10.4 | 9.1 | ≥10 | ≥10 |
| 8 | 软化点/°C | | 69.4 | 67.3 | 66.8 | 65.1 | 64.9 | ≥55 | ≥60 |
| 9 | 布氏黏度 (180°C)/(Pa·s)(27# 转子, 50r/min) | 温升至 180°C 立即测 | 5.02(100%扭矩) 3.7(75.2%) 3.44(68.8%) | 4.98(99.7%扭矩) 4.26(84.2%) 3.65(72.4%) | 5.34(106.9%扭矩) 3.79(75.4%) 3.31(67%) | 3.71(74.3%扭矩) 3.32(66.5%) 3.25(65%) | 2.15(43%扭矩) 1.93(38.6%) 1.83(36.6%) | 2.0~4.0 | 2.0~4.0 |
| | | 保温 30min 后测 | 4.14(83.9%扭矩) 3.62(73%) | 3.35(67%扭矩) 2.93(58.6%) | 4.3(86.1%扭矩) 3.71(73.8%) | 3.28(65.7%扭矩) 3.12(62.5%) | 1.37(27.5%扭矩) 1.35(27%) 1.33(26.7%) | | |
| 10 | 弹性恢复 (25°C)/% | | 78 | 87 | 89 | 89 | 84 | ≥55 | ≥55 |

表 6.128　LM-1 不同掺配比 (外掺) Haake 黏度 (177℃)　(单位：Pa·s)

| 掺配比 (外掺) | 45min | 2h | 4h | 6h | 8h | 技术要求 |
|---|---|---|---|---|---|---|
| 18% | 1.53 | 2.03 | 1.83 | 1.40 | 0.90 | 1.5~4.0 |
| 20% | 2.23 | 3.4 | 3.37 | 2.6 | 1.83 | 1.5~4.0 |
| 21% | 3.0 | 4.97 | 4.53 | 2.23 | 2.2 | 1.5~4.0 |
| 22% | 3.63 | 5.33 | 4.93 | 3.77 | 2.23 | 1.5~4.0 |
| 24% | 5.27 | 5.43 | 6.33 | 3.95 | 1.47 | 1.5~4.0 |

表 6.129　LM-1 不同掺配比 (外掺) 延度 (5cm/min, 5℃)　(单位：cm)

| 掺配比 (外掺) | 45min | 2h | 4h | 6h | 8h | 技术要求 |
|---|---|---|---|---|---|---|
| 18% | 6.9 | 7.0 | 8.5 | / | / | ≥ 10 |
| 20% | 7.2 | 9.3 | 8.9 | / | / | ≥ 10 |
| 21% | 7.3 | 7.9 | 8.6 | / | / | ≥ 10 |
| 22% | 6.1 | 8.6 | 8.9 | / | / | ≥ 10 |
| 24% | 7.2 | 8.6 | 9.8 | 10.4 | 9.1 | ≥ 10 |

2) LM-2 橡胶沥青中橡胶粉掺配比

配伍材料：陕西高速开发公司 30 目橡胶粉、SK90# 基质沥青；发育温度：180℃；掺配比 (外掺)：18%、20%、21%、22%、24%。

(1) 不同掺配比下，橡胶沥青的性能指标见表 6.130 ~ 表 6.134。

(2) 橡胶粉最佳掺配比分析。分为 Haake 黏度和布氏黏度来分析。

① Haake 黏度。LM-2 不同掺配比 (外掺) Haake 黏度见表 6.135。

外掺 18% 时，45min 的黏度较低，不满足技术要求；其余时间的黏度均在 2.0Pa·s 左右。外掺 20% 时，45min、2h 和 4h 黏度靠近技术要求的中值偏下，6h 和 8h 的黏度靠近技术要求的下限但仍满足要求。外掺 21% 时，45min 和 2h 的黏度接近技术要求的上限，4h、6h 和 8h 的黏度均超出技术要求的上限，黏度较大。外掺 22% 时，2h、4h、6h、8h 的黏度均超出技术要求的上限；45min 的黏度满足技术要求。外掺 24% 时，45min、2h 黏度较大，超出技术要求的上限较多；4h 黏度略超出技术要求的上限，6h 和 8h 黏度在技术要求的范围内。

② 布氏黏度。本轮试验中，橡胶沥青的布氏黏度采用两种测量方法：一种是将橡胶沥青注入盛样桶后升温至 180℃ 立即检测黏度，另一种是将橡胶沥青注入盛样桶并在 180℃ 保温 30min 后检测黏度。试验结果表明，第一种方法布氏黏度随时间变化较大，第二种方法测得的布氏黏度和第一种方法相比稳定一些。但总体而言，Haake 黏度的稳定性远好于布氏黏度的稳定性，所以，对于橡胶沥青黏度的评价，用 Haake 黏度为佳。

表 6.130　LM-2 橡胶沥青在不同发育时间的性能指标（外掺 18%）

| 项次 | 检测指标 | | 45min | 2h | 4h | 6h | 8h | 设计值 | 技术要求 |
|---|---|---|---|---|---|---|---|---|---|
| 1 | Haake 黏度 (177°C)/(Pa·s) | | 1.0 | 2.1 | 2.0 | 1.9 | 1.8 | / | 1.5~4.0 |
| 2 | 锥入度 (25°C)/(0.1mm) | | 36.0 | 41.2 | 38.6 | / | / | / | 25~70 |
| 3 | 回弹恢复 (25°C)/% | | 31.53 | 29.73 | 31.20 | / | / | / | ≥25 |
| 4 | 软化点/°C | | 63.5 | 64.0 | 63.6 | / | / | / | ≥60 |
| 5 | 测力延度 (1cm/min, 5°C) | | 9.2cm 67.2N | 10.9cm 55.5N | 10.6cm 60N | / | / | / | / |
| 6 | 针入度 (25°C, 100g, 5s)/(0.1mm) | | 46.9 | 54.5 | 54.1 | / | / | 60~80 | 40~80 |
| 7 | 延度 (5cm/min, 5°C)/cm | | 6.6 | 8.0 | 8.2 | / | / | ≥10 | ≥10 |
| 8 | 软化点/°C | | 63.5 | 64.0 | 63.6 | / | / | ≥55 | ≥60 |
| 9 | 布氏黏度 (180°C)/(Pa·s)(27# 转子, 50r/min) | 温升至 180°C 立即测 | 2.17(44.3%扭矩) | 3.18(62.7%扭矩) | 2.0(41%扭矩) | 1.98(40%扭矩) | 1.7(34.2%扭矩) | 2.0~4.0 | 2.0~4.0 |
| | | | 1.84(36.5%) | 2.54(50.4%) | 1.87(37.6%) | 1.84(36.6%) | 1.63(32.8%) | | |
| | | | 1.33(26.7%) | 2.24(45.2%) | 1.69(33.6%) | / | / | | |
| | | 保温 30min 后测 | 1.14(22.8%扭矩) | 1.67(33.6%扭矩) | 1.67(32.1%扭矩) | 1.52(30.4%扭矩) | 1.46(29.1%扭矩) | | |
| | | | 1.10(22%) | 1.65(33.1%) | 1.65(31%) | 1.49(29.8%) | 1.41(28.3%) | | |
| 10 | 弹性恢复 (25°C)/% | | 69 | 83 | 85 | / | / | ≥55 | ≥55 |

表 6.131　LM-2 橡胶沥青在不同发育时间的性能指标（外掺 20%）

| 项次 | 检测指标 | 45min | 2h | 4h | 6h | 8h | 设计值 | 技术要求 |
|---|---|---|---|---|---|---|---|---|
| 1 | Haake 黏度 (177℃)/(Pa·s) | 2.33 | 2.53 | 2.63 | 2.0 | 1.63 | / | 1.5~4.0 |
| 2 | 锥入度 (25℃)/(0.1mm) | 32.7 | 31.5 | 33.7 | / | / | / | 25~70 |
| 3 | 回弹恢复 (25℃)/% | 32.78 | 35.15 | 31.25 | / | / | / | ≥25 |
| 4 | 软化点/℃ | 63.3 | 69.4 | 67.3 | / | / | / | ≥60 |
| 5 | 测力延度 (1cm/min, 5℃) | 10.7cm 65.2N | 10.7cm 64.4N | 11.3cm 57.5N | / | / | / | / |
| 6 | 针入度 (25℃, 100g, 5s)/(0.1mm) | 42.6 | 45.2 | 49.5 | / | / | 60~80 | 40~80 |
| 7 | 延度 (5cm/min, 5℃)/cm | 7.5 | 8.6 | 8.8 | / | / | ≥10 | ≥10 |
| 8 | 软化点/℃ | 63.3 | 69.4 | 67.3 | / | / | ≥55 | ≥60 |
| 9 | 布氏黏度 (180℃)/(Pa·s)(27#转子,50r/min)　温升至180℃ 立即测 | 2.71(52.4%扭矩) | 2.68(55.1%扭矩) | 2.93(54.1%扭矩) | 2.78(55.9%扭矩) | 2.21(52.7%扭矩) | 2.0~4.0 | 2.0~4.0 |
|  | 保温30min 后测 | 1.88(40.5%扭矩) | 2.04(41.1%扭矩) | 2.66(53.3%扭矩) | 1.78(35.4%扭矩) | 1.49(29.7%扭矩) |  |  |
| 10 | 弹性恢复 (25℃)/% | 75 | 82 | 87 | / | / | ≥55 | ≥55 |

表 6.132　LM-2 橡胶沥青在不同发育时间的性能指标 (外掺 21%)

| 项次 | 检测指标 | 45min | 2h | 4h | 6h | 8h | 设计值 | 技术要求 |
|---|---|---|---|---|---|---|---|---|
| 1 | Haake 黏度 (177°C)/(Pa·s) | 3.37 | 3.8 | 4.23 | 4.43 | 4.23 | / | 1.5~4.0 |
| 2 | 锥入度 (25°C)/(0.1mm) | 33.9 | 37.2 | 36.5 | / | / | / | 25~70 |
| 3 | 回弹恢复 (25°C)/% | 41.19 | 40.34 | 38.19 | / | / | / | ≥25 |
| 4 | 软化点/°C | 71.0 | 72.2 | 76.1 | / | / | / | ≥60 |
| 5 | 测力延度 (1cm/min, 5°C) | 11.4cm 65.2N | 12.3cm 51.1N | 12.3cm 57.5N | / | / | / | / |
| 6 | 针入度 (25°C, 100g, 5s)/(0.1mm) | 45.7 | 42.6 | 43.7 | / | / | 60~80 | 40~80 |
| 7 | 延度 (5cm/min, 5°C)/cm | 8.5 | 9.9 | 9.5 | / | / | ≥10 | ≥10 |
| 8 | 软化点/°C | 71.0 | 72.2 | 76.1 | / | / | ≥55 | ≥60 |
| 9 | 布氏黏度 (180°C)/ (Pa·s)(27#转子, 50r/min) 温升至 180°C 立即测 | 4.23(84%扭矩) | 4.6(92%扭矩) | 6.52(130%扭矩) | 6.2(124%扭矩) | 6.62(132%扭矩) | 2.0~4.0 | 2.0~4.0 |
| | | 3.86(77%) | 4.2(84%) | 5.19(103%) | 5.14(103%) | 5.54(110%) | | |
| | | 3.52(70%) | 3.72(74%) | 4.54(90%) | 4.53(90%) | 4.76(95%) | | |
| | | 3.35(67%) | 3.43(68%) | 4.04(80%) | 4.2(84%) | 4.43(88%) | | |
| | | 3.2(64%) | 3.13(62%) | 3.72(74%) | 3.84(76%) | 3.95(79%) | | |
| | 保温 30min 后测 | 3.39(67%扭矩) | 3.55(71%扭矩) | 3.59(71%扭矩) | 3.79(75%扭矩) | 4.08(81%扭矩) | | |
| | | 3.05(61%) | 3.25(65%) | 3.77(75%) | 3.83(76%) | 3.77(75%) | | |
| | | 2.9(58%) | 3.21(64%) | 3.42(68.4%) | 3.45(69%) | 3.9(78%) | | |
| | | 2.78(55) | | 3.51(70%) | | 3.76(75.2%) | | |
| 10 | 弹性恢复 (25°C)/% | 84 | 86 | 88 | / | / | ≥55 | ≥55 |

表 6.133　LM-2 橡胶沥青在不同发育时间的性能指标（外掺 22%）

| 项次 | 检测指标 | | 45min | 2h | 4h | 6h | 8h | 设计值 | 技术要求 |
|---|---|---|---|---|---|---|---|---|---|
| 1 | Haake 黏度 (177°C)/(Pa·s) | | 3.43 | 5.3 | 4.7 | 4.77 | 4.4 | / | 1.5~4.0 |
| 2 | 锥入度 (25°C)/(0.1mm) | | 31.3 | 33.3 | 34.1 | / | / | / | 25~70 |
| 3 | 回弹恢复 (25°C)/% | | 40.26 | 43.41 | 44.07 | / | / | / | ≥25 |
| 4 | 软化点/°C | | 69.1 | 71.2 | 69.0 | / | / | / | ≥60 |
| 5 | 测力延度 (1cm/min, 5°C) | | 9.9cm | 11.9cm | 11.3cm | / | / | / | / |
| | | | 61N | 62.2N | 62N | | | | |
| 6 | 针入度 (25°C, 100g, 5s)/(0.1mm) | | 43.1 | 40.0 | 44.8 | / | / | 60~80 | 40~80 |
| 7 | 延度 (5cm/min, 5°C)/cm | | 7.8 | 8.0 | 9.7 | / | / | ≥10 | ≥10 |
| 8 | 软化点/°C | | 69.1 | 71.2 | 69.0 | / | / | ≥55 | ≥60 |
| 9 | 布氏黏度 (180°C)/(Pa·s)(27#转子, 50r/min) | 温升至 180°C 立即测 | 4.16(82.2%扭矩) | 5.45(109%扭矩) | 5.01(100.3%扭矩) | 6.55(131.1%扭矩) | 6.11(127.4%扭矩) | 2.0~4.0 | 2.0~4.0 |
| | | | 3.98(79.1%) | 5.07(100%) | 4.92(98.5%) | 5.82(124%) | 5.31(127.4%) | | |
| | | 保温 30min 立即测 | 3.2(64%) | 4.61(92.2%) | 4.69(97%) | 5.78(123%) | / | | |
| | | 后测 | 2.9(57.2%扭矩) | 3.85(77%扭矩) | 4.31(86.7%扭矩) | 4.83(96.7%扭矩) | 4.11(81%扭矩) | | |
| | | | 2.79(55.5%) | 3.19(64.5%) | 4.23(84%) | 4.71(92.7%) | 4.23(82%) | | |
| 10 | 弹性恢复 (25°C)/% | | 78 | 87 | 88 | / | / | ≥55 | ≥55 |

表 6.134　LM-2 橡胶沥青在不同发育时间的性能指标（外掺 24%）

| 项次 | 检测指标 | 45min | 2h | 4h | 6h | 8h | 设计值 | 技术要求 |
|---|---|---|---|---|---|---|---|---|
| 1 | Haake 黏度 (177℃)/(Pa·s) | 4.7 | 6.7 | 4.27 | 3.7 | 2.37 | / | 1.5~4.0 |
| 2 | 锥入度 (25℃)/(0.1mm) | 32.5 | 33.3 | 37.9 | / | / | / | 25~70 |
| 3 | 回弹恢复 (25℃)/% | 42.02 | 49.20 | 44.85 | / | / | / | ≥25 |
| 4 | 软化点/℃ | 73.2 | 72.9 | 71.4 | / | / | / | ≥60 |
| 5 | 测力延度 (1cm/min, 5℃) | 9.3cm<br>75N | 9.7cm<br>75.5N | 9.3cm<br>60N | / | / | / | |
| 6 | 针入度 (25℃, 100g, 5s)/(0.1mm) | 38.9 | 39.3 | 40.5 | / | / | 60~80 | 40~80 |
| 7 | 延度 (5cm/min, 5℃)/cm | 7.6 | 8.0 | 10 | / | / | ≥10 | ≥10 |
| 8 | 软化点/℃ | 73.2 | 72.9 | 71.4 | / | / | ≥55 | ≥60 |
| 9 | 布氏黏度 (180℃)/(Pa·s)(27#转子, 50r/min)　温升至 180℃ 立即测 | 3.86(77.3%扭矩) | 5.97(135.6%扭矩) | 5.28(105.7%扭矩) | 4.85(97.1%扭矩) | 4.25(85%扭矩) | | |
| | | 3.16(63.2%) | 5.2(110%) | 4.9(102.7%) | 4.53(95.3%) | 4.11(82%) | | |
| | 保温 30min 立即测 | 3.52(71.6%) | 4.7(95%) | 4.83(102.7%) | | | 2.0~4.0 | 2.0~4.0 |
| | | 1.39(27.8%扭矩) | 4.43(88.8%扭矩) | 4.73(92.2%扭矩) | 4.12(82.4%扭矩) | 2.67(52.5%扭矩) | | |
| | 保温 30min 后测 | 1.30(26%) | 4.27(88.8%) | 4.71(94.2%) | 4.07(81.3%) | 2.62(52%) | | |
| 10 | 弹性恢复 (25℃)/% | 83 | 87.5 | 89 | / | / | ≥55 | ≥55 |

表 6.135　LM-2 不同掺配比 (外掺) Haake 黏度 (177℃)　(单位：Pa·s)

| 掺配比 (外掺) | 45min | 2h | 4h | 6h | 8h | 技术要求 |
|---|---|---|---|---|---|---|
| 18% | 1.0 | 2.1 | 2.0 | 1.9 | 1.8 | 1.5~4.0 |
| 20% | 2.33 | 2.53 | 2.63 | 2.0 | 1.63 | 1.5~4.0 |
| 21% | 3.37 | 3.8 | 4.23 | 4.43 | 4.23 | 1.5~4.0 |
| 22% | 3.43 | 5.3 | 4.7 | 4.77 | 4.4 | 1.5~4.0 |
| 24% | 4.7 | 6.7 | 4.27 | 3.7 | 2.37 | 1.5~4.0 |

③ 最佳掺配比结论。综合考虑以上不同掺配比试验的 Haake 黏度和布氏黏度，建议 LM-2 采用外掺 20% 进行试生产。

外掺 20% 胶粉橡胶沥青的各项性能指标见表 6.131，在 45min~4h 的施工时间段内，除了延度 (5cm/min, 5℃) 指标未能达到招标文件中 ≥10cm 的要求外，其余指标均满足技术要求。

不同掺配比下的延度见表6.136，延度指标几乎都不达标，所以，用延度 (5cm/min, 5℃) 指标评价橡胶沥青不合适。

表 6.136　LM-2 不同掺配比 (外掺) 延度 (5cm/min, 5℃)　(单位：cm)

| 掺配比 (外掺) | 45min | 2h | 4h | 技术要求 |
|---|---|---|---|---|
| 18% | 6.6 | 8.0 | 8.2 | ≥ 10 |
| 20% | 7.5 | 8.6 | 8.8 | ≥ 10 |
| 21% | 8.5 | 9.9 | 9.5 | ≥ 10 |
| 22% | 7.8 | 8.0 | 9.7 | ≥ 10 |
| 24% | 7.6 | 8.0 | 10 | ≥ 10 |

3) LM-3 橡胶沥青中橡胶粉掺配比

配伍材料：湖南合得利 30 目橡胶粉、壳牌 90# 基质沥青；发育温度：180℃；掺配比 (外掺)：18%、20%、21%、22%、24%。

(1) 不同掺配比下，橡胶沥青的性能指标见表 6.137 ~ 表 6.141。

(2) 橡胶粉最佳掺配比分析。分为 Haake 黏度和布氏黏度来分析。

① Haake 黏度。LM-3 不同掺配比 (外掺) Haake 黏度见表 6.142。

外掺 18% 时，45min 的黏度太低，不满足要求；其余时间的黏度在技术要求的中值以下。外掺 20% 时，45min 的黏度在技术要求的中值以下，其余时间的黏度均在技术要求的中值附近。外掺 21% 时，45min 和 2h 的黏度接近技术要求的中值，4h 黏度较大，靠近技术要求的上限，6h 和 8h 的黏度比较接近技术要求的下限。外掺 22% 时，45min 的黏度超出了技术要求的上限，2h 和 4h 的黏度接近技术要求的上限，6h 和 8h 的黏度靠近技术要求的中值。外掺 24% 时，45min、2h 和 4h 黏度均超出技术要求的上限较多，尤其是 2h 黏度过大；6h 和 8h 黏度较低，均接近技术要求的下限。

表 6.137　LM-3 橡胶沥青在不同发育时间的性能指标（外掺 18%）

| 项次 | 检测指标 | 45min | 2h | 4h | 6h | 8h | 设计值 | 技术要求 |
|---|---|---|---|---|---|---|---|---|
| 1 | Haake 黏度 (177℃)/(Pa·s) | 1.1 | 2.0 | 2.3 | 2.2 | 2.6 | / | 1.5~4.0 |
| 2 | 锥入度 (25℃)/(0.1mm) | 31.7 | 41.1 | 38.2 | / | / | / | 25~70 |
| 3 | 回弹恢复 (25℃)/% | 23.81 | 26.67 | 25.94 | / | / | / | ≥25 |
| 4 | 软化点/℃ | 62.0 | 64.2 | 65.4 | / | / | / | ≥60 |
| 5 | 测力延度 (1cm/min, 5℃) | 11.6cm<br>57.5N | 12cm<br>57.7N | 12.4cm<br>56.5N | / | / | / | / |
| 6 | 针入度 (25℃, 100g, 5s)/(0.1mm) | 43.6 | 47.5 | 49.4 | / | / | 60~80 | 40~80 |
| 7 | 延度 (5cm/min, 5℃)/cm | 9.1 | 9.8 | 10.0 | / | / | ≥10 | ≥10 |
| 8 | 软化点/℃ | 62.0 | 64.2 | 65.4 | / | / | ≥55 | ≥60 |
| 9 | 布氏黏度 (180℃)/(Pa·s)(27#转子, 50r/min)　温升至 180℃ 立即测 | 1.56(31.3%扭矩) | 2.26(45.2%扭矩) | 2.89(57.9%扭矩) | 3.46(69.2%扭矩) | 2.97(59.4%扭矩) | 2.0~4.0 | 2.0~4.0 |
|  | | 1.54(30.9%) | 2.12(43.1%) | 2.66(55.2%) | 2.85(63%) | 2.85(57%) | | |
|  | | 1.52(30.8%) | 2.01(43.1%) | 2.57(55.2%) | | | | |
|  | 保温 30min 后测 | 1.49(29.7%扭矩) | 1.65(34.1%扭矩) | 1.94(38.7%扭矩) | 1.89(37.7%扭矩) | 1.91(38.3%扭矩) | | |
|  | | 1.45(29%) | 1.63(34.1%) | 1.91(38.2%) | 1.88(37.4%) | 1.90(38.1%) | | |
| 10 | 弹性恢复 (25℃)/% | 72 | 76 | 80 | / | / | ≥55 | ≥55 |

表 6.138　LM-3 橡胶沥青在不同发育时间的性能指标（外掺 20%）

| 项次 | 检测指标 | | 45min | 2h | 4h | 6h | 8h | 设计值 | 技术要求 |
|---|---|---|---|---|---|---|---|---|---|
| 1 | Haake 黏度 (177°C)/(Pa·s) | | 2.3 | 2.57 | 3.1 | 2.8 | 2.5 | / | 1.5~4.0 |
| 2 | 锥入度 (25°C)/(0.1mm) | | 35.0 | 36.3 | 40.0 | / | / | / | 25~70 |
| 3 | 回弹恢复 (25°C)/% | | 25.55 | 31.31 | 31.05 | / | / | / | ≥25 |
| 4 | 软化点/°C | | 63.2 | 61.8 | 67.4 | / | / | / | ≥60 |
| 5 | 测力延度 (1cm/min, 5°C) | | 11.2cm<br>62.2N | 11.7cm<br>60.0N | 12.1cm<br>56.5N | / | / | / | / |
| 6 | 针入度 (25°C, 100g, 5s)/(0.1mm) | | 45.5 | 45.3 | 49.4 | / | / | 60~80 | 40~80 |
| 7 | 延度 (5cm/min, 5°C)/cm | | 9.7 | 10.5 | 11 | / | / | ≥10 | ≥10 |
| 8 | 软化点/°C | | 63.2 | 61.8 | 67.4 | / | / | ≥55 | ≥60 |
| 9 | 布氏黏度 (180°C)/(Pa·s)(27号转子, 50r/min) | 温升至 180°C<br>立即测 | 3.95(78.8%扭矩)<br>3.81(76.4%)<br>3.86(77.5%) | 2.94(58.8%扭矩)<br>2.79(55.9%)<br>2.81(54.3%) | 4.15(83.1%扭矩)<br>3.45(76.5%)<br>3.87(77.6%) | 3.61(72.2%扭矩)<br>3.29(71.2%) | 2.29(45.7%扭矩)<br>2.59(31.9%) | 2.0~4.0 | 2.0~4.0 |
| | | 保温 30min 后测 | 2.18(43.7%扭矩)<br>2.04(40.8%) | 2.56(51%扭矩)<br>2.55(51.1%) | 2.45(49.1%扭矩)<br>2.25(45.1%) | 2.81(56.2%扭矩)<br>2.55(52%) | 1.97(39.5%扭矩)<br>1.7(35.4%) | | |
| 10 | 弹性恢复 (25°C)/% | | 71 | 80 | 84 | / | / | ≥55 | ≥55 |

表 6.139　LM-3 橡胶沥青在不同发育时间的性能指标（外掺 21%）

| 项次 | 检测指标 | 45min | 2h | 4h | 6h | 8h | 设计值 | 技术要求 |
|---|---|---|---|---|---|---|---|---|
| 1 | Haake 黏度 (177℃)/(Pa·s) | 2.63 | 3.2 | 3.4 | 2.27 | 1.53 | / | 1.5~4.0 |
| 2 | 锥入度 (25℃)/(0.1mm) | 36.0 | 42.9 | 45.6 | / | / | / | 25~70 |
| 3 | 回弹恢复 (25℃)/% | 36.26 | 35.46 | 36.47 | / | / | / | ≥25 |
| 4 | 软化点/℃ | 65.2 | 63.6 | 65.3 | / | / | / | ≥60 |
| 5 | 测力延度 (1cm/min, 5℃) | 12.2cm 60.2N | 13.3cm 51.1N | 13.3cm 45.5N | / | / | / | / |
| 6 | 针入度 (25℃, 100g, 5s)/(0.1mm) | 49.8 | 51.2 | 55.6 | / | / | 60~80 | 40~80 |
| 7 | 延度 (5cm/min, 5℃)/cm | 10.1 | 11.1 | 12.5 | / | / | ≥10 | ≥10 |
| 8 | 软化点/℃ | 65.2 | 63.6 | 65.3 | / | / | ≥55 | ≥60 |
| 9 | 布氏黏度 (180℃)/(Pa·s)(27# 转子, 50r/min)　温升至 180℃ 立即测 | 3.81(76.3%扭矩) 3.3(66%) 3.05(61%) 2.83(56%) 2.64(52.8%) | 4.14(82.8%扭矩) 3.6(72.1%) 3.33(66.7%) 3.1(62%) 2.9(58%) | 4.06(81%扭矩) 3.71(74%) 3.5(70%) 3.33(66.7%) 3.25(65%) | 3.83(76.6%扭矩) 3.29(65%) 2.82(56%) 2.69(53%) 2.6(52%) | 2.18(43.6%扭矩) 2.11(42.2%) 2.02(40.4%) 1.91(38.3%) 1.88(37.3%) 1.83(36.7%) | 2.0~4.0 | 2.0~4.0 |
| | 保温 30min 后测 | 3.07(61.4%扭矩) 2.95(59%) 2.8(56%) | 2.78(55.6%扭矩) 2.68(53.6%) 2.62(52.5%) | 3.58(71.6%扭矩) 3.54(70.9%) 3.44(68.5%) 3.42(68.5%) | 2.35(47%扭矩) 2.34(46.8%) 2.32(46.5%) | 0.90(18%扭矩) 0.89(17.9%) 0.88(17.5%) | | |
| 10 | 弹性恢复 (25℃)/% | 78 | 81 | 84 | / | / | ≥55 | ≥55 |

表6.140　LM-3 橡胶沥青在不同发育时间的性能指标（外掺 22%）

| 项次 | 检测指标 | | 45min | 2h | 4h | 6h | 8h | 设计值 | 技术要求 |
|---|---|---|---|---|---|---|---|---|---|
| 1 | Haake 黏度(177℃)/(Pa·s) | | 4.27 | 3.67 | 3.67 | 3.17 | 2.8 | / | 1.5~4.0 |
| 2 | 锥入度(25℃)/(0.1mm) | | 39.3 | 45.5 | 47.8 | / | / | / | 25~70 |
| 3 | 回弹恢复(25℃)/% | | 41.60 | 38.13 | 26.64 | / | / | / | ≥25 |
| 4 | 软化点/℃ | | 68.3 | 67.6 | 67.2 | / | / | / | ≥60 |
| 5 | 测力延度(1cm/min, 5℃) | | 12cm | 13.1cm | 14.8cm | / | / | / | / |
|   |   | | 52.2N | 48.9N | 45N | | | | |
| 6 | 针入度(25℃, 100g, 5s)/(0.1mm) | | 44.7 | 50.3 | 55.5 | / | / | 60~80 | 40~80 |
| 7 | 延度(5cm/min, 5℃)/cm | | 10.4 | 10.8 | 13.1 | / | / | ≥10 | ≥10 |
| 8 | 软化点/℃ | | 68.3 | 67.6 | 67.2 | / | / | ≥55 | ≥60 |
| 9 | 布氏黏度(180℃)/(Pa·s)(27#转子, 50r/min) | 温升至180℃立即测 | 5.10(102%扭矩) | 4.89(97%扭矩) | 4.52(91%扭矩) | 4.53(90.6%扭矩) | 3.7(74%扭矩) | | |
|   |   |   | 4.75(95%) | 4.47(89%) | 4.2(84%) | 3.18(63.9%) | 3.13(62%) | | |
|   |   |   | 4.62(92.4%) | 4.34(86%) | 4.02(80%) | 2.86(57.1%) | 2.96(59%) | | |
|   |   |   | 4.33(86.6%) | 3.7(74%) | 3.56(71%) | | 2.59(51%) | | |
|   |   | 保温30min后测 | 4.1(81%扭矩) | 3.58(71.2%扭矩) | 2.81(56.2%扭矩) | 3.15(63%扭矩) | 2.06(41.2%扭矩) | 2.0~4.0 | 2.0~4.0 |
|   |   |   | 4.14(82%) | 3.29(65.2%) | 2.79(55.8%) | 3.11(62.1%) | 2.07(41.5%) | | |
|   |   |   | 4.26(85%) | | 2.75(55.1%) | 3.17(63.4%) | 2.07(41.4%) | | |
| 10 | 弹性恢复(25℃)/% | | 81 | 84.5 | 86 | / | / | ≥55 | ≥55 |

表 6.141　LM-3 橡胶沥青在不同发育时间的性能指标（外掺 24%）

| 项次 | 检测指标 | | 45min | 2h | 4h | 6h | 8h | 设计值 | 技术要求 |
|---|---|---|---|---|---|---|---|---|---|
| 1 | Haake 黏度 (177℃)/(Pa·s) | | 4.47 | 5.77 | 4.7 | 1.6 | 1.5 | / | 1.5~4.0 |
| 2 | 锥入度 (25℃)/(0.1mm) | | 39.3 | 41.0 | 49.8 | / | / | / | 25~70 |
| 3 | 回弹恢复 (25℃)/% | | 39.60 | 42.02 | 42.26 | / | / | / | ≥25 |
| 4 | 软化点/℃ | | 66.2 | 66.9 | 70.0 | / | / | / | ≥60 |
| 5 | 测力延度 (1cm/min, 5℃) | | 12.1cm | 14.5cm | 15.8cm | / | / | / | |
| | | | 62.2N | 57.7 N | 45 N | | | | |
| 6 | 针入度 (25℃, 100g, 5s)/(0.1mm) | | 46.5 | 49.6 | 55.2 | / | / | 60~80 | 40~80 |
| 7 | 延度 (5cm/min, 5℃)/cm | | 10.4 | 11.8 | 12.6 | / | / | ≥10 | ≥10 |
| 8 | 软化点/℃ | | 66.2 | 66.9 | 70.0 | / | / | ≥55 | ≥60 |
| 9 | 布氏黏度 (180℃)/(Pa·s)(27# 转子, 50r/min) | 温升至 180℃ 立即测 | 4.36(87.3%扭矩) | 8.11(162.3%扭矩) | 6.57(131.5%扭矩) | 2.64(52.9%扭矩) | 2.02(40.4%扭矩) | 2.0~4.0 | 2.0~4.0 |
| | | | 4.45(88.7%) | 6.36(127%) | 5.92(126.9%) | 2.38(55.4%) | 1.98(39.6%) | | |
| | | | 4.45(89.4%) | 6.62(132%) | 5.62(126%) | 2.15(55.4%) | 1.93(38.7%) | | |
| | | | | 5.75(114%) | | | 1.91(38.3%) | | |
| | | | | 5.02(100%) | | | | | |
| | | 保温 30min 后测 | 4.43(89.1%扭矩) | 4.95(99%扭矩) | 4.78(95.6%扭矩) | 1.51(30.2%扭矩) | 1.44(28.9%扭矩) | | |
| | | | 4.24(84.2%) | 4.75(95%) | 4.8(96%) | 1.5(30.1%) | 1.45(28.9%) | | |
| | | | 4.27(85.1%) | 4.56(91%) | | | 1.44(28.8%) | | |
| 10 | 弹性恢复 (25℃)/% | | 80 | 85 | 89 | / | / | ≥55 | ≥55 |

表 6.142    LM-3 不同掺配比 (外掺) Haake 黏度 (177℃)    (单位：Pa·s)

| 掺配比 (外掺)/% | 45min | 2h | 4h | 6h | 8h | 技术要求 |
|---|---|---|---|---|---|---|
| 18 | 1.1 | 2.0 | 2.3 | 2.2 | 2.6 | 1.5~4.0 |
| 20 | 2.3 | 2.57 | 3.1 | 2.8 | 2.5 | 1.5~4.0 |
| 21 | 2.63 | 3.2 | 3.4 | 2.27 | 1.53 | 1.5~4.0 |
| 22 | 4.27 | 3.67 | 3.67 | 3.17 | 2.8 | 1.5~4.0 |
| 24 | 4.47 | 5.77 | 4.7 | 1.6 | 1.5 | 1.5~4.0 |

② 布氏黏度。本轮试验中，橡胶沥青的布氏黏度采用两种测量方法：一种是将橡胶沥青注入盛样桶后升温至 180℃ 立即检测黏度，另一种是将橡胶沥青注入盛样桶并在 180℃ 保温 30min 后检测黏度值。试验结果表明，第一种方法布氏黏度随时间变化较大，第二种方法测得的布氏黏度和第一种方法相比稳定一些。但总体而言，Haake 黏度的稳定性远好于布氏黏度的稳定性，所以，对于橡胶沥青黏度的评价，用 Haake 黏度为佳。

(3) 最佳掺配比。综合考虑以上不同掺配比试验的 Haake 黏度和布氏黏度，建议 LM-3 采用外掺 20％进行试生产。外掺 20％胶粉橡胶沥青的各项性能指标见表 6.138。在 45min~4h 的施工时间段内，除了 45min 的延度 (5cm/min, 5℃) 指标略低于技术要求以外，其余指标均满足技术要求。不同掺配比下的延度见表 6.143。

表 6.143    LM-3 不同掺配比 (外掺) 延度 (5cm/min, 5℃)    (单位：cm)

| 掺配比 (外掺)/% | 45min | 2h | 4h | 技术要求 |
|---|---|---|---|---|
| 18 | 9.1 | 9.8 | 10.0 | ≥ 10 |
| 20 | 9.7 | 10.5 | 11.0 | ≥ 10 |
| 21 | 10.1 | 11.1 | 12.5 | ≥ 10 |
| 22 | 10.4 | 10.8 | 13.1 | ≥ 10 |
| 24 | 10.4 | 11.8 | 12.6 | ≥ 10 |

5. 胶结材料生产工艺参数试验研究

在相同胶粉掺配比、不同发育温度下制备橡胶沥青，并在不同时间检测橡胶沥青的性能指标。

考虑实际生产中，胶粉计量误差等原因，按照胶粉外掺 21％进行橡胶沥青发育温度及性能随时间变化试验。采用了 170℃、180℃、190℃、200℃ 四个发育温度，其中发育温度为 180℃ 的试验在第二阶段试验中已完成。

1) LM-1 橡胶沥青发育温度及性能随时间变化试验研究

(1) LM-1 橡胶沥青四种发育温度下的性能指标变化情况见表 6.144～表 6.147。

表 6.144　LM-1 170℃ 发育温度试验结果

| 序号 | 检测指标 | 45min | 2h | 4h | 6h | 8h | 技术要求 |
|---|---|---|---|---|---|---|---|
| 1 | Haake 黏度 (170℃)/(Pa·s) | 4.03 | 4.37 | 5.43 | 5.27 | 2.9 | 1.5~4.0 |
| 2 | 锥入度 (25℃)/(0.1mm) | 27.2 | 29.6 | 31.3 | / | / | 25~70 |
| 3 | 回弹恢复 (25℃)/% | 37.34 | 40.28 | 40.04 | / | / | ≥ 25 |
| 4 | 软化点/℃ | 66.2 | 64.8 | 65.9 | / | / | ≥ 60 |
| 5 | 测力延度 (1cm/min, 5℃) | 8.4cm<br>70.5N | 8.6cm<br>66.6N | 8.6cm<br>70.5N | / | / | / |

表 6.145　LM-1 180℃ 发育温度试验结果

| 序号 | 检测指标 | 45min | 2h | 4h | 6h | 8h | 技术要求 |
|---|---|---|---|---|---|---|---|
| 1 | Haake 黏度 (177℃)/(Pa·s) | 3.0 | 4.97 | 4.53 | 2.23 | 2.2 | 1.5~4.0 |
| 2 | 锥入度 (25℃)/(0.1mm) | 34.1 | 36.3 | 42.8 | / | / | 25~70 |
| 3 | 回弹恢复 (25℃)/% | 42.24 | 40.44 | 37.47 | / | / | ≥ 25 |
| 4 | 软化点/℃ | 67.0 | 68.9 | 65.1 | / | / | ≥ 60 |
| 5 | 测力延度 (1cm/min, 5℃) | 9.4cm<br>60.5N | 9.2cm<br>57.7N | 10.3cm<br>50.5N | / | / | / |

表 6.146　LM-1 190℃ 发育温度试验结果

| 序号 | 检测指标 | 45min | 2h | 4h | 6h | 8h | 技术要求 |
|---|---|---|---|---|---|---|---|
| 1 | Haake 黏度 (190℃)/(Pa·s) | 3.23 | 4.4 | 2.97 | 2.57 | 2.0 | 1.5~4.0 |
| 2 | 锥入度 (25℃)/(0.1mm) | 34.7 | 38.0 | 40.0 | / | / | 25~70 |
| 3 | 回弹恢复 (25℃)/% | 36.13 | 37.99 | 35.09 | / | / | ≥ 25 |
| 4 | 软化点/℃ | 64.9 | 66.9 | 62.4 | / | / | ≥ 60 |
| 5 | 测力延度 (1cm/min, 5℃) | 8.8cm<br>70.5N | 9.9cm<br>62.2N | 10.1cm<br>54.5N | / | / | / |

表 6.147　LM-1 200℃ 发育温度试验结果

| 序号 | 检测指标 | 45min | 2h | 4h | 6h | 8h | 技术要求 |
|---|---|---|---|---|---|---|---|
| 1 | Haake 黏度 (200℃)/(Pa·s) | 3.2 | 2.57 | 1.8 | 1.47 | 1.13 | 1.5~4.0 |
| 2 | 锥入度 (25℃)/(0.1mm) | 34.0 | 40.7 | 49.3 | / | / | 25~70 |
| 3 | 回弹恢复 (25℃)/% | 41.73 | 33.63 | 27.14 | / | / | ≥ 25 |
| 4 | 软化点/℃ | 65.3 | 64.6 | 63.3 | / | / | ≥ 60 |
| 5 | 测力延度 (1cm/min, 5℃) | 9.8cm<br>60N | 11.0cm<br>48.9N | 11.2cm<br>44.5N | / | / | / |

(2) LM-1 发育温度试验数据分析。

Haake 黏度对比如表 6.148 所示。

**表 6.148　LM-1 不同发育温度 Haake 黏度对比**　(单位：Pa·s)

| 发育温度/℃ | 45min | 2h | 4h | 技术要求 |
|---|---|---|---|---|
| 170 | 4.03 | 4.37 | 5.43 | |
| 180 | 3.0 | 4.97 | 4.53 | 1.5~4.0 |
| 190 | 3.23 | 4.4 | 2.97 | |
| 200 | 3.2 | 2.57 | 1.8 | |

分析：45min 170℃ Haake 黏度已超出技术要求的最大值；其余三种温度黏度接近，均满足技术要求。2h 和 4h 在 170℃ 和 180℃ Haake 黏度过大，均超出了技术要求的上限。200℃ 黏度虽然满足技术要求，但黏度衰减太快，尤其是 4h 黏度仅为 1.8，性能难以保证；190℃ 2h 时黏度略超出了技术要求范围，4h 时满足技术要求。故单从 Haake 黏度考虑，优先考虑 190℃ 作为发育温度，其次考虑 180℃ (200℃ 黏度衰减过快，性能难以保证；170℃ 黏度过大会造成难以施工，故不予考虑)。

锥入度对比如表 6.149 所示。

**表 6.149　LM-1 不同发育温度锥入度 (25℃) 对比**　(单位：0.1mm)

| 发育温度/℃ | 45min | 2h | 4h | 技术要求 |
|---|---|---|---|---|
| 170 | 27.2 | 29.6 | 31.3 | |
| 180 | 34.1 | 36.3 | 42.8 | 25~70 |
| 190 | 34.7 | 38.0 | 40.0 | |
| 200 | 34.0 | 40.7 | 49.3 | |

分析：45 min 170℃ 锥入度较小，虽接近技术要求的下限，但满足技术要求；其余三种温度锥入度接近，均满足技术要求，并大于 170℃ 锥入度。2h 和 4h 170℃ 锥入度较小，但满足技术要求；200℃ 锥入度较大，尤其是 4h 锥入度达到 49.3(0.1mm)，但仍满足技术要求。180℃ 和 190℃ 锥入度相近，介于 170℃ 锥入度和 200℃ 锥入度之间。故单从锥入度考虑，发育温度按优劣排序为 180℃、190℃、170℃、200℃。

回弹恢复对比如表 6.150 所示。

**表 6.150　LM-1 不同发育温度回弹恢复 (25℃) 对比**　(单位：%)

| 发育温度/℃ | 45min | 2h | 4h | 技术要求 |
|---|---|---|---|---|
| 170 | 37.34 | 40.28 | 40.04 | |
| 180 | 42.24 | 40.44 | 37.47 | ≥ 25 |
| 190 | 36.13 | 37.99 | 35.09 | |
| 200 | 41.73 | 33.63 | 27.14 | |

分析：45min 时四种发育温度的回弹恢复均满足技术要求，其值差别不大；180℃ 回弹恢复最大，200℃ 略低于 180℃，170℃ 和 190℃ 相对较低。2h 和 4h 四种发育温度的回弹恢复均满足技术要求；170℃ 和 180℃ 回弹恢复较大，数值接近；190℃ 回弹恢复略低于 180℃；200℃ 回弹恢复最低，尤其是 4h 回弹恢复已接近技术要求下限。故单从回弹恢复考虑，发育温度从优到劣的次序为 180℃、170℃、190℃、200℃。

软化点对比如表 6.151 所示。

**表 6.151　LM-1 不同发育温度软化点对比**　　　　　（单位：℃）

| 发育温度 | 45min | 2h | 4h | 技术要求 |
|---|---|---|---|---|
| 170 | 66.2 | 64.8 | 65.9 | |
| 180 | 67.0 | 68.9 | 65.1 | ≥ 60 |
| 190 | 64.9 | 66.9 | 62.4 | |
| 200 | 65.3 | 64.6 | 63.3 | |

分析：45 min 170℃、180℃ 软化点高于 190℃、200℃ (190℃ 和 200℃ 软化点接近)；总体上 2h 和 4h 180℃ 软化点高于 170℃；190℃ 软化点高于 200℃。故综合考虑软化点指标，发育温度从优到劣为 180℃、170℃、190℃、200℃。

(3) LM-1 发育温度的建议。

根据上面的分析，将以上 4 项评价指标发育温度的优劣次序列于表 6.152 进行对比。

**表 6.152　LM-1 4 项评价指标发育温度的优劣次序**

| 评价指标 | 发育温度的优劣次序 | | | |
|---|---|---|---|---|
| | 优 → 劣 | | | |
| Haake 黏度 | 190℃ | 180℃ | / | / |
| 锥入度 | 180℃ | 190℃ | 170℃ | 200℃ |
| 回弹恢复 | 180℃ | 170℃ | 190℃ | 200℃ |
| 软化点 | 180℃ | 170℃ | 190℃ | 200℃ |

根据表 6.152，在胶粉掺配比 (外掺) 为 21% 的条件下，应选择 190℃ 或 180℃ 作为发育温度。180℃ 时橡胶沥青性能较好尤其是回弹恢复和软化点较高，但其黏度偏大，可能给施工造成一定困难；190℃ 时施工和易性较好，但橡胶沥青性能稍有降低。建议 LM-1 橡胶沥青发育温度范围为 180~190℃。

2) LM-2 橡胶沥青发育温度及性能随时间变化试验

(1) LM-2 橡胶沥青四种发育温度试验数据如表 6.153 ~ 表 6.156 所示。

表 6.153　　LM-2 170℃ 发育温度试验数据

| 序号 | 检测指标 | 45min | 2h | 4h | 6h | 8h | 技术要求 |
|---|---|---|---|---|---|---|---|
| 1 | Haake 黏度 (170℃)/(Pa·s) | 2.93 | 4.2 | 5.03 | 5.53 | 5.6 | 1.5~4.0 |
| 2 | 锥入度 (25℃)/(0.1mm) | 27.7 | 29.2 | 29.4 | / | / | 25~70 |
| 3 | 回弹恢复 (25℃)/% | 40.98 | 45.71 | 40.01 | / | / | ≥ 25 |
| 4 | 软化点/℃ | 69.8 | 66.8 | 70.4 | / | / | ≥ 60 |
| 5 | 测力延度 (1cm/min, 5℃) | 10.7cm 60.5N | 11.3cm 64.4N | 10.6cm 60.7N | / | / | / |

表 6.154　　LM-2 180℃ 发育温度试验数据

| 序号 | 检测指标 | 45min | 2h | 4h | 6h | 8h | 技术要求 |
|---|---|---|---|---|---|---|---|
| 1 | Haake 黏度 (177℃)/(Pa·s) | 3.37 | 3.8 | 4.23 | 4.43 | 4.23 | 1.5~4.0 |
| 2 | 锥入度 (25℃)/(0.1mm) | 33.9 | 37.2 | 36.5 | / | / | 25~70 |
| 3 | 回弹恢复 (25℃)/% | 41.19 | 40.34 | 38.19 | / | / | ≥ 25 |
| 4 | 软化点/℃ | 71.0 | 72.2 | 76.1 | / | / | ≥ 60 |
| 5 | 测力延度 (1cm/min, 5℃) | 11.4cm 65.2N | 12.3cm 51.1N | 12.3cm 57.5N | / | / | / |

表 6.155　　LM-2 190℃ 发育温度试验数据

| 序号 | 检测指标 | 45min | 2h | 4h | 6h | 8h | 技术要求 |
|---|---|---|---|---|---|---|---|
| 1 | Haake 黏度 (190℃)/(Pa·s) | 2.53 | 2.87 | 2.9 | 2.7 | 2.2 | 1.5~4.0 |
| 2 | 锥入度 (25℃)/(0.1mm) | 28.2 | 34.0 | 36.8 | / | / | 25~70 |
| 3 | 回弹恢复 (25℃)/% | 44.10 | 39.57 | 31.32 | / | / | ≥ 25 |
| 4 | 软化点/℃ | 65.8 | 65.4 | 65.5 | / | / | ≥ 60 |
| 5 | 测力延度 (1cm/min, 5℃) | 10.1cm 66.5N | 10.7cm 60N | 11cm 57.7N | / | / | / |

表 6.156　　LM-2 200℃ 发育温度试验数据

| 序号 | 检测指标 | 45min | 2h | 4h | 6h | 8h | 技术要求 |
|---|---|---|---|---|---|---|---|
| 1 | Haake 黏度 (200℃)/(Pa·s) | 2.97 | 2.90 | 2.63 | 2.27 | 1.37 | 1.5~4.0 |
| 2 | 锥入度 (25℃)/(0.1mm) | 29.3 | 33.7 | 40.0 | / | / | 25~70 |
| 3 | 回弹恢复 (25℃)/% | 38.33 | 40.84 | 33.39 | / | / | ≥ 25 |
| 4 | 软化点/℃ | 68.7 | 68.0 | 64.9 | / | / | ≥ 60 |
| 5 | 测力延度 (1cm/min, 5℃) | 10.2cm 69.5N | 10.9cm 55.5N | 12cm 47.7N | / | / | / |

(2) LM-2 发育温度试验数据分析。

Haake 黏度对比如表 6.157 所示。

**表 6.157　LM-2 不同发育温度 Haake 黏度对比**　　　(单位：Pa·s)

| 发育温度/℃ | 45min | 2h | 4h | 技术要求 |
|---|---|---|---|---|
| 170 | 2.93 | 4.2 | 5.03 | |
| 180 | 3.37 | 3.8 | 4.23 | 1.5~4.0 |
| 190 | 2.53 | 2.87 | 2.9 | |
| 200 | 2.97 | 2.90 | 2.63 | |

分析：170℃ 在 45min 时黏度适中，但在 2h 和 4h 时黏度较大，尤其是 4h 黏度过大，超出技术要求上限较多；200℃ 在 45min 时黏度适中，但其黏度随时间延长一直在降低，性能会不断衰减；180℃ 和 190℃ 的黏度均随着时间的延长而增加；在 45min 和 2h 时黏度均满足技术要求，180℃ 黏度较高，性能较好；4h 时 180℃ 黏度略超出技术要求上限。建议：按照 Haake 黏度发育温度的优劣次序排序为 180℃、190℃、200℃、170℃。

锥入度对比如表 6.158 所示。

**表 6.158　LM-2 不同发育温度锥入度 (25℃) 对比**　　　(单位：0.1mm)

| 发育温度/℃ | 45min | 2h | 4h | 技术要求 |
|---|---|---|---|---|
| 170 | 27.7 | 29.2 | 29.4 | |
| 180 | 33.9 | 37.2 | 36.5 | 25~70 |
| 190 | 28.2 | 34.0 | 36.8 | |
| 200 | 29.3 | 33.7 | 40.0 | |

分析：45min 时 170℃、190℃、200℃ 锥入度相近，比较靠近技术要求的下限，橡胶沥青 "较硬"。180℃ 锥入度和其余发育温度相比较大。2h 和 4h 时 170℃ 锥入度较小，接近技术要求下限；200℃ 锥入度增大过快，性能变化较大；180℃ 和 190℃ 锥入度稳定性相对较好，其中 190℃ 锥入度比 180℃ 变化略大。建议：按锥入度指标发育温度的优劣次序排序为 180℃、190℃、200℃、170℃。

回弹恢复对比如表 6.159 所示。

**表 6.159　LM-2 不同发育温度回弹恢复 (25℃) 对比**　　　(单位：%)

| 发育温度/℃ | 45min | 2h | 4h | 技术要求 |
|---|---|---|---|---|
| 170 | 40.98 | 45.71 | 40.01 | |
| 180 | 41.19 | 40.34 | 38.19 | ≥ 25 |
| 190 | 44.10 | 39.57 | 31.32 | |
| 200 | 38.33 | 40.84 | 33.39 | |

分析: 45min 时 170℃、180℃、190℃ 回弹恢复均较大, 并且比较相近; 200℃ 回弹恢复相对较小。2h 和 4h 时 170℃ 回弹恢复最大; 190℃ 和 200℃ 4h 回弹恢复较小。故按回弹恢复指标发育温度的优劣排序为 170℃、180℃、190℃、200℃。

软化点对比如表 6.160 所示。

**表 6.160　LM-2 不同发育温度软化点对比**　　　　　　　(单位: ℃)

| 发育温度 | 45min | 2h | 4h | 技术要求 |
|---|---|---|---|---|
| 170 | 69.8 | 66.8 | 70.4 | |
| 180 | 71.0 | 72.2 | 76.1 | ≥ 60 |
| 190 | 65.8 | 65.4 | 65.5 | |
| 200 | 68.7 | 68.0 | 64.9 | |

分析: 总体上看, 在三个时间点 180℃ 软化点均最高, 190℃ 软化点最低。故按软化点由高到低的发育温度排序为 180℃、170℃、200℃、190℃。

(3) LM-2 发育温度的建议。根据上面的分析, 将以上 4 项评价指标发育温度的优劣次序列于表 6.161 进行对比。建议: LM-2 橡胶沥青发育温度范围为 180~190℃。

**表 6.161　LM-2 4 项评价指标发育温度的优劣次序**

| 评价指标 | 发育温度的优劣次序 优 → 劣 | | | |
|---|---|---|---|---|
| Haake 黏度 | 180℃ | 190℃ | 200℃ | 170℃ |
| 锥入度 | 180℃ | 190℃ | 200℃ | 170℃ |
| 回弹恢复 | 170℃ | 180℃ | 190℃ | 200℃ |
| 软化点 | 180℃ | 170℃ | 200℃ | 190℃ |

3) LM-3 橡胶沥青发育温度及性能随时间变化试验研究

(1) LM-3 橡胶沥青四种发育温度试验结果如表 6.162 ~ 表 6.165 所示。

**表 6.162　LM-3 170℃ 发育温度试验结果**

| 序号 | 检测指标 | 45min | 2h | 4h | 6h | 8h | 技术要求 |
|---|---|---|---|---|---|---|---|
| 1 | Haake 黏度 (170℃)/(Pa·s) | 2.6 | 3.5 | 3.53 | 4.3 | 3.9 | 1.5~4.0 |
| 2 | 锥入度 (25℃)/(0.1mm) | 37.1 | 38.3 | 37.0 | / | / | 25~70 |
| 3 | 回弹恢复 (25℃)/% | 35.60 | 38.43 | 38.95 | / | / | ≥ 25 |
| 4 | 软化点/℃ | 62.0 | 61.5 | 65.0 | / | / | ≥ 60 |
| 5 | 测力延度 (1cm/min, 5℃) | 10.6cm<br>62.2N | 12.2cm<br>62.2N | 12.9cm<br>60.1N | / | / | / |

**表 6.163　LM-3 180℃ 发育温度试验结果**

| 序号 | 检测指标 | 45min | 2h | 4h | 6h | 8h | 技术要求 |
|---|---|---|---|---|---|---|---|
| 1 | Haake 黏度 (177℃)/(Pa·s) | 2.63 | 3.2 | 3.4 | 2.27 | 1.53 | 1.5～4.0 |
| 2 | 锥入度 (25℃)/(0.1mm) | 36.0 | 42.9 | 45.6 | / | / | 25～70 |
| 3 | 回弹恢复 (25℃)/% | 36.26 | 35.46 | 36.47 | / | / | ≥ 25 |
| 4 | 软化点/℃ | 65.2 | 63.6 | 65.3 | / | / | ≥ 60 |
| 5 | 测力延度 (1cm/min, 5℃) | 12.2cm 60.2N | 13.3cm 51.1N | 13.3cm 45.5N | / | / | / |

**表 6.164　LM-3 190℃ 发育温度试验结果**

| 序号 | 检测指标 | 45min | 2h | 4h | 6h | 8h | 技术要求 |
|---|---|---|---|---|---|---|---|
| 1 | Haake 黏度 (190℃)/(Pa·s) | 2.53 | 2.93 | 2.1 | 2.1 | 0.97 | 1.5～4.0 |
| 2 | 锥入度 (25℃)/(0.1mm) | 39.9 | 43.0 | 42.8 | / | / | 25～70 |
| 3 | 回弹恢复 (25℃)/% | 34.01 | 39.34 | 30.65 | / | / | ≥ 25 |
| 4 | 软化点/℃ | 64.7 | 63.7 | 62.4 | / | / | ≥ 60 |
| 5 | 测力延度 (1cm/min, 5℃) | 12cm 59.2N | 13.5cm 48.9N | 14.2 cm 46.1N | / | / | / |

**表 6.165　LM-3 200℃ 发育温度试验结果**

| 序号 | 检测指标 | 45min | 2h | 4h | 6h | 8h | 技术要求 |
|---|---|---|---|---|---|---|---|
| 1 | Haake 黏度 (200℃)/(Pa·s) | 2.33 | 2.03 | 1.5 | 1.3 | 1.07 | 1.5～4.0 |
| 2 | 锥入度 (25℃)/(0.1mm) | 39.3 | 46.3 | 50.2 | / | / | 25～70 |
| 3 | 回弹恢复 (25℃)/% | 35.95 | 28.29 | 25.45 | / | / | ≥ 25 |
| 4 | 软化点/℃ | 62.7 | 63.8 | 58.2 | / | / | ≥ 60 |
| 5 | 测力延度 (1cm/min, 5℃) | 14.3cm 49.2N | 14.9cm 42.2N | 15.4cm 37.2N | / | / | / |

(2) LM-3 发育温度试验数据分析。

Haake 黏度对比见表 6.166。

**表 6.166　LM-3 不同发育温度 Haake 黏度对比**　　　　　(单位：Pa·s)

| 发育温度/℃ | 45min | 2h | 4h | 技术要求 |
|---|---|---|---|---|
| 170 | 2.60 | 3.50 | 3.53 | |
| 180 | 2.63 | 3.20 | 3.40 | 1.5～4.0 |
| 190 | 2.53 | 2.93 | 2.10 | |
| 200 | 2.33 | 2.03 | 1.50 | |

分析：45min 时各温度的黏度均在技术要求的范围内；170℃ 和 180℃ 黏度相当且较大，其次为 190℃ 黏度，200℃ 黏度最小；2h 和 4h 时各温度的黏度均在技术要求的范围内；温度越高，黏度越低。故按照 Haake 黏度发育温度的优劣排序为 170℃、180℃、190℃、200℃。

锥入度对比如表 6.167 所示。

表 6.167　LM-3 不同发育温度锥入度 (25℃) 对比　　　　　(单位：0.1mm)

| 发育温度/℃ | 45min | 2h | 4h | 技术要求 |
|---|---|---|---|---|
| 170 | 37.1 | 38.3 | 37.0 | |
| 180 | 36.0 | 42.9 | 45.6 | 25~70 |
| 190 | 39.9 | 43.0 | 42.8 | |
| 200 | 39.3 | 46.3 | 50.2 | |

分析：45min 时各锥入度均满足技术要求；170℃、180℃ 锥入度相近，但 170℃ 锥入度略大；190℃、200℃ 锥入度接近，均略大于前两个温度的锥入度。2h 和 4h 时 170℃ 锥入度小于 180℃ 锥入度；190℃ 锥入度小于 200℃ 锥入度。故综合考虑 45min 锥入度以及 2h 和 4h 锥入度，按锥入度指标发育温度的优劣次序排序为 170℃、180℃、190℃、200℃。

回弹恢复对比如表 6.168 所示。

表 6.168　LM-3 不同发育温度回弹恢复 (25℃) 对比　　　　　(单位：%)

| 发育温度/℃ | 45min | 2h | 4h | 技术要求 |
|---|---|---|---|---|
| 170 | 35.60 | 38.43 | 38.95 | |
| 180 | 36.26 | 35.46 | 36.47 | ≥ 25 |
| 190 | 34.01 | 39.34 | 30.65 | |
| 200 | 35.95 | 28.29 | 25.45 | |

分析：45min 时四种温度的回弹恢复比较相近，差别不明显；2h 和 4h 时 200℃ 回弹恢复最小；190℃ 回弹恢复 4h 时较小；170℃ 回弹恢复 2h、4h 均较大。故按回弹恢复指标发育温度的优劣排序为 170℃、180℃、190℃、200℃。

软化点对比如表 6.169 所示。

表 6.169　LM-3 不同发育温度软化点对比　　　　　(单位：℃)

| 发育温度 | 45min | 2h | 4h | 技术要求 |
|---|---|---|---|---|
| 170 | 62.0 | 61.5 | 65.0 | |
| 180 | 65.2 | 63.6 | 65.3 | ≥ 60 |
| 190 | 64.7 | 63.7 | 62.4 | |
| 200 | 62.7 | 63.8 | 58.2 | |

分析：45min 时 180℃ 和 190℃ 软化点较高且相近；170℃ 和 200℃ 软化点较低并相近；2h 和 4h 时 180℃ 软化点高于 190℃ 软化点；200℃ 软化点在 4h 未达到技术要求的最低值。故按软化点指标发育温度的优劣次序为 180℃、190℃、170℃、200℃。

(3) LM-3 发育温度的建议。按照 Haake 黏度、锥入度和回弹恢复三项指标，发育温度范围宜为 170~180℃；按照软化点指标，发育温度范围宜为 180~190℃，所以建议 LM-3 发育温度范围为 180℃±5℃，各项评价指标下的发育温度优劣次序见表 6.170。

**表 6.170　LM-3 4 项评价指标发育温度的优劣次序**

| 评价指标 | 发育温度的优劣次序 优 → 劣 | | | |
|---|---|---|---|---|
| Haake 黏度 | 170℃ | 180℃ | 190℃ | 200℃ |
| 锥入度 | 170℃ | 180℃ | 190℃ | 200℃ |
| 回弹恢复 | 170℃ | 180℃ | 190℃ | 200℃ |
| 软化点 | 180℃ | 190℃ | 170℃ | 200℃ |

6. 结论

首先对用于橡胶沥青配伍试验的 SK90# 和壳牌 90# 基质沥青进行了性能指标检测；对各厂家的胶粉进行了物理化学特性的外委送检试验，并对检测结果进行了分析，给出了建议。

对各厂家的 20 目、30 目、36 目和 40 目橡胶粉样品进行了级配筛分试验，并对试验结果进行了分析。

对七家橡胶粉厂提供的共计 14 种 30 目、36 目、40 目 (包括) 胶粉，分别与 SK90#、壳牌 90# 沥青进行了若干次橡胶沥青配伍性试验。试验条件为：胶粉外掺 20%、190℃ 发育温度、45~50 min 发育时间、电炉和坩埚制备橡胶沥青。

对累计 70 次橡胶沥青配伍试验结果进行了分析；根据橡胶沥青配伍试验的指标 (Haake 黏度、锥入度、回弹恢复、软化点、测力延度) 检测情况以及评审会的专家建议，确定施工选用 30 目橡胶粉；推荐出了配伍性能较好的胶粉厂家；给出了选择胶粉需要考虑的因素。

针对三个标段所用橡胶粉与相应的基质沥青，进行了橡胶粉掺配比例试验，试验条件为：发育温度 180℃，采用了 18%、20%、21%、22%、24% 五个掺配比例，发育时间分别为 45min、2h、4h、6h、8h，试验检测指标包括 Haake 黏度、软化点、锥入度、回弹恢复、测力延度、布氏黏度、针入度、弹性恢复、延度。

对胶粉掺配比例试验结果进行了分析，并给出了胶粉掺配比例的建议。

针对三个标段所选用胶粉与沥青的配伍，进行了不同发育温度、不同发育时间的橡胶沥青生产工艺参数试验。试验条件为：胶粉外掺 21%，采用了 170℃、180℃、190℃、200℃ 四个发育温度和 45min、2h、4h、6h、8h 五个发育时间，采用的检测指标为 Haake 黏度、锥入度、软化点、回弹恢复和测力延度。

通过橡胶沥青生产工艺参数试验研究，获得了橡胶沥青在不同发育温度下其性能指标随时间变化的情况，并经过详细分析，给出了三个标段橡胶沥青适宜的生产工艺参数。

经过以上研究，得出的主要结论如下。

对施工用胶粉级配规格，建议采用美国亚利桑那州 B 类胶粉 (橡胶沥青混合料用胶粉) 的级配要求进行胶粉规格控制，见表 6.171。

表 6.171　美国亚利桑那州 B 类胶粉规格

| 筛孔/mm | 2.36 | 2.00 | 1.18 | 0.60 | 0.30 | 0.15 | 0.075 |
|---|---|---|---|---|---|---|---|
| 胶粉质量通过率/% | 100 | 100 | 100 | 89.4 | 41.2 | 9.7 | 0.1 |
| 技术要求/% | 100 | 100 | 65~100 | 20~100 | 0~45 | — | 0~5 |

胶粉物理化学性质满足表 6.172 的要求。

表 6.172　橡胶粉物理化学特性要求

| 指标参数 | 含水量/% | 丙酮抽出物含量/% | 金属含量/% | 纤维含量/% | 橡胶烃含量/% | 炭黑含量/% | 灰分含量/% | 天然胶定性分析 |
|---|---|---|---|---|---|---|---|---|
| 技术要求 | <1 | 6~16 | <0.01 | <0.05 | ≥42 | 28~38 | ≤8 | / |

胶粉与沥青的最佳配伍组合见表 6.173。

表 6.173　胶粉与沥青的最佳配伍组合

| 标段 | 胶粉目数及厂家 | 基质沥青 |
|---|---|---|
| LM-1 | 西安中轩 30 目 | 壳牌 90# |
| LM-2 | 陕西高速 30 目 | SK90# |
| LM-3 | 湖南合得利 30 目 | 壳牌 90# |

项目用橡胶沥青性能评价指标及试验方法见表 6.174。

表 6.174　橡胶沥青评价指标及试验方法

| 序号 | 试验指标 | 试验方法 |
|---|---|---|
| 1 | Haake 黏度 (177℃)/(Pa·s) | 按仪器使用操作说明 |
| 2 | 锥入度 (25℃)/(0.1mm) | ASTM217-09 |
| 3 | 回弹恢复 (25℃)/% | ASTM D5329-09 |
| 4 | 软化点 (环球法)/℃ | JTG/T 0606—2011 |
| 5 | 测力延度 (5℃) 平均延度/cm 最大拉力值/N | 按仪器使用操作说明 |

胶结材料——橡胶沥青的生产工艺主参数发育温度范围，见表 6.175。

表 6.175 橡胶沥青的发育温度范围

| 标段 | 橡胶沥青发育温度范围/℃ |
| --- | --- |
| LM-1 | 180~190 |
| LM-2 | 180~190 |
| LM-3 | 180±5 |

以大量试验为基础，得出了胶结材料——橡胶沥青的发育时间为 45min，在 4h 内使用，其各项性能指标最佳。

### 6.6.3 温拌橡胶沥青设计

由于西咸北环线路面工程采用橡胶沥青作为胶结材料，黏度较高，加之上面层的施工时间又在深秋初冬季节，环境温度较低，因此，为了改善施工的和易性，采用温拌技术。

#### 1. 温拌技术概述

温拌技术主要有四大类[60]：矿物泡沫技术 (人造沸石)、有机化合物降黏剂、化学活性剂和泡沫沥青温拌技术。

1) 矿物泡沫技术

常用的温拌剂品牌有 Asphalt-min 和 Advera，是一种由硅酸铝和碱性金属组成的人造沸石，通过水热作用结晶化，内部含有 21% 的水分。当它放入沥青混合料中时，在 85~182℃ 的温度范围会析出很少的水分，这些水与沥青形成可受控的泡沫效应，从而在沥青混合料中起到润滑的作用，可以在较低的温度下实现沥青对集料表面的裹覆。施工中可以采用将预称量好的小包直接投入拌缸，也可用第二粉料罐自动称重后加入拌缸。

2) 有机化合物降黏剂

有机化合物降黏剂在高温时黏度很低，加入沥青胶结料中以后，可以降低胶结料的高温黏度，但是低温黏度不变化甚至提高[60]。常用的有机化合物降黏剂有石蜡类 (Sasobit、AsphaltanB) 和树脂类 (SAK) 等。Sasobit 是一种在对煤或天然气精炼过程中生产出的人造硬石蜡 (paraffin wax)，特点是在 98℃ 熔点以下的温度时具有很高的黏度，而在熔点以上比沥青的黏度更低，并在高于 115℃ 时完全融化在沥青中，从而达到使沥青黏度降低的效果。65~115℃ 的温度范围 Sasobit 在沥青中硬化并分布为微观的条状物。因此，它与一般石油中所含的软蜡不同，在路面的工作温度下不会影响混合料的高温性能。Sasobit 的应用范围比较广，欧洲大部分国家以及美国、南非、马来西亚、新西兰都有应用，中国在重庆的李家沱大桥、渝南大道等也应用了 Sasobit 温拌剂[61]。

3) 化学活性剂

目前市场上供应多种品牌的化学活性温拌剂,如 Evotherm、Rediset、REVLX 等,其中应用比较多的是美国 Mead Westvaco 公司的 Evotherm。Evotherm 是一种由多种化学添加剂组成的化学包,具有增强沥青对集料的裹覆、黏附和降低黏度、改善混合料和易性的作用。Evotherm 的机理是在混合料内部形成特殊的润滑机构,并没有对胶结料黏温曲线和三大指标改变。第 1 代的 Evotherm ET 是一种高浓度的乳化沥青,含有多种化学添加剂。2005 年美国 Mead Westvaco 公司开发了新一代的 Evotherm DAT,可直接注入沥青搅拌设备的沥青供给管道或拌缸中。继第 1、2 代温拌剂后,Mead Westvaco 公司开发了第 3 代基于表面活性技术的季铵盐类表面活性剂 (EWMA),该温拌剂为浓缩液,克服了前两代低温施工时难以分散均匀的缺点,既可用于温拌沥青混合料,也可以用作沥青混合料在低温下施工的碾压助剂[62]。

4) 泡沫沥青温拌技术

泡沫沥青温拌技术是通过自由水或者结晶水,经过机械或细集料带水激发沥青发泡后形成沥青膜结构,能在较低的温度下实现对集料的裹覆,进而达到降低施工温度的目的。其中代表性的技术有泡沫沥青技术 (warm asphalt mix foam, WAM-foam) 和低能量沥青技术 (low energy asphalt, LEA) 等。泡沫沥青温拌技术的最大特点是除水外不需添加任何添加剂,成本较低,但需要对搅拌设备做一些的改动[5]。

### 2. 温拌橡胶沥青设计原则

采用温拌技术的目的主要是改善橡胶沥青混合料的施工和易性,在比相应热拌施工温度降低 20 ~ 30℃ 甚至更多的情况下,橡胶沥青及其混合料仍然能够保证正常的施工性能。主要反映在以下几点。

(1) 胶结材料对集料的浸润和裹覆。通常石料加热温度下降后,橡胶沥青对石料的裹覆和浸润效果会下降,采用温拌技术后应能使橡胶沥青对石料的裹覆和浸润效果与热拌施工时相当。

(2) 混合料的和易性。混合料的和易性很大程度决定于结合料的流动性,而橡胶沥青结合料的和易性对温度高度敏感,采用温拌技术后应能使橡胶沥青混合料在施工温度下降的情况下保持与热拌施工下相同或接近的和易性。

(3) 对混合料原材料体系的影响最小。采用温拌技术时,不能对原有材料体系和性能产生较大的影响。然而,在橡胶沥青中加入温拌剂以后,温拌剂材料在发挥温拌作用的同时,难免会对原来橡胶沥青胶结料的材料性能产生一定的影响,但只要这些影响在施工允许的范围之内,材料性能满足施工的技术要求,一般来说是可以接受的。

因此，设计温拌橡胶沥青，必须首先研究不同类型的温拌剂加入后对橡胶沥青性能的影响情况和程度，要进行不同温拌剂加入后的性能对比试验，获得不同温拌剂对橡胶沥青性能的影响规律，合理设计温拌橡胶沥青胶结材料。

3. 温拌橡胶沥青性能对比试验

采用的成品橡胶沥青见 6.6.2 小节橡胶沥青胶结材料设计中确定的最佳橡胶沥青。

1) Sasobit 温拌剂

所采用的 Sasobit 温拌剂为南非生产的产品，见图 6.97，其外观为白色或淡黄色固体小颗粒。其物理性能指标见表 6.176。在加热的情况下，该温拌剂只需要简单的搅拌、混合，就可以稳定分散在基质沥青中。

图 6.97　Sasobit 温拌剂

表 6.176　Sasobit 物理性能指标

| 项目 | 滴熔点/℃ | 闪点/℃ | 黏度 (135℃)/ $(10^{-3} Pa \cdot s)$ | 针入度 (25℃)/ (0.1mm) | 密度 (25℃)/ $(g/cm^3)$ |
|---|---|---|---|---|---|
| 典型值 | 约 115 | 约 290 | 12 | <1 | 0.94 |

该温拌剂具体使用方法为：湿拌法使用时，直接将 Sasobit 投入橡胶沥青中并搅拌均匀，但掺加时不能一次性全部投入，应按照比例分次投入；干拌法使用时，在喷入橡胶沥青的同时应将 Sasobit 严格按比例一次性投入拌和设备的搅拌缸与混合料搅拌，拌和时间不需要延长。

根据温拌剂供应商的建议，Sasobit 温拌剂掺加比例分别为占橡胶沥青质量1.5%、2%和3%，将其加入成品橡胶沥青中，搅拌均匀，进行温拌剂掺加前后橡胶沥青各项性能指标的试验，试验检测结果见表 6.177。

表 6.177　　Sasobit 掺加前后橡胶沥青性能指标检测结果

| 性能指标 | 掺加 1.5% | | | 掺加 2% | | | 掺加 3% | | |
|---|---|---|---|---|---|---|---|---|---|
| | 掺加前 | 掺加后 | 变化率/% | 掺加前 | 掺加后 | 变化率/% | 掺加前 | 掺加后 | 变化率/% |
| 黏度 (177℃)/(Pa·s) | 3.58 | 3.15 | −12.0 | 3.55 | 2.83 | −20.3 | 3.77 | 2.67 | −29.2 |
| 软化点 (环球法)/℃ | 66.8 | 77.8 | +16.5 | 66.1 | 81.0 | +22.5 | 65.6 | 86.7 | +32.2 |
| 锥入度 (25℃)/(0.1mm) | 39.6 | 36.3 | −8.3 | 41.3 | 37.5 | −9.2 | 45.4 | 40.9 | −9.9 |
| 回弹恢复 (25℃)/% | 30.0 | 31.6 | +5.3 | 29.2 | 29.1 | −0.3 | 31.2 | 30.5 | −2.2 |
| 延度 (5℃)/cm | 6.6 | 4.5 | −31.8 | 6.9 | 4.5 | −34.8 | 7.4 | 4.7 | −36.5 |

(1) 黏度。根据表 6.177 中的试验数据，Sasobit 温拌剂掺加前后橡胶沥青黏度 (177℃) 的变化情况见图 6.98。

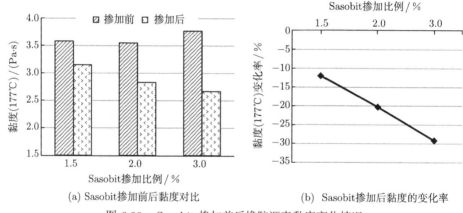

(a) Sasobit掺加前后黏度对比　　　　(b) Sasobit掺加后黏度的变化率

图 6.98　　Sasobit 掺加前后橡胶沥青黏度变化情况

从图 6.98 (a) 可以看出，在成品橡胶沥青中掺加 Sasobit 温拌剂以后，橡胶沥青的 177℃ 黏度显著降低，尤其是当温拌剂掺量达到 2.0% 和 3.0% 时，Sasobit 掺加比例越大降黏效果越明显，这符合有机降黏型温拌剂的性能特点。

从图 6.98(b) 可以定量看出温拌剂掺加后橡胶沥青黏度的降低情况：温拌剂掺量为 1.5% 时，橡胶沥青的黏度 (177℃) 降低超过 10%；掺量为 2.0% 时，黏度 (177℃) 降低约 20%；当温拌剂掺量增加到 3.0% 时，黏度 (177℃) 降低接近 30%，降黏效果比较可观。

试验结果表明，Sasobit 温拌剂对于橡胶沥青胶结料能起到显著降黏、增加施工和易性的作用。

(2) 软化点。根据表 6.177 中的试验数据，Sasobit 温拌剂掺加前后橡胶沥青软化点的变化情况见图 6.99。

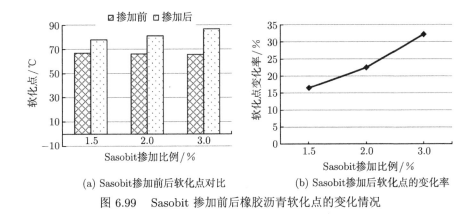

(a) Sasobit 掺加前后软化点对比　　　　　(b) Sasobit 掺加后软化点的变化率

图 6.99　Sasobit 掺加前后橡胶沥青软化点的变化情况

从图 6.99 (a) 可以看出，在成品橡胶沥青中掺加 Sasobit 温拌剂以后，橡胶沥青的软化点获得显著提高，当温拌剂掺量为橡胶沥青质量的 1.5%～2.0% 时，软化点提高了 10℃ 以上，而当温拌剂掺量为橡胶沥青质量的 3.0% 时，软化点提高了 20℃ 左右。

在高温的条件下，Sasobit 能够吸附橡胶沥青中与其结构相似的饱和组分 (多为蜡基或油基分子)，并溶解在其中，当温度降低后，Sasobit 与其所吸附的饱和组分一起结晶析出，与这类蜡基和油基分子形成稳定的晶体结构，从而提高橡胶沥青的软化点。大量研究表明，胶结料的软化点与混合料的高温稳定性能密切相关，因而 Sasobit 温拌剂对提高橡胶沥青混合料的高温稳定性是非常有利的。

不同温拌剂掺加比例橡胶沥青的软化点变化率情况见图 6.100(b)，可以看出，温拌剂掺量为橡胶沥青质量的 1.5% 时，橡胶沥青的软化点增加了 15% 以上，当掺量达到 3.0% 时，软化点增加了 30% 以上，增长率较为可观。

(3) 锥入度。根据表 6.177 中的试验数据，Sasobit 温拌剂掺加前后橡胶沥青锥入度 (25℃) 的变化情况见图 6.100。

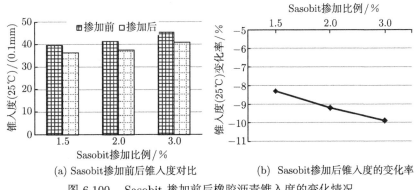

(a) Sasobit 掺加前后锥入度对比　　　　　(b) Sasobit 掺加后锥入度的变化率

图 6.100　Sasobit 掺加前后橡胶沥青锥入度的变化情况

从图 6.100 可以看出，在成品橡胶沥青中掺加 Sasobit 温拌剂以后，橡胶沥青的 25℃ 锥入度有一定程度的减小，即橡胶沥青的硬度略微变大，温拌剂掺量在 1.5%~3.0% 时，锥入度减小 0.3~0.5mm。从橡胶沥青的锥入度变化率图 6.100(b) 可知，温拌剂掺量为橡胶沥青质量的 1.5%~3.0% 时，橡胶沥青的锥入度减小 8%~10%，并且温拌剂掺量越大锥入度减小的程度越大。在中温条件下，Sasobit 与其所吸附的橡胶沥青中的部分蜡基和油基分子能够形成比较稳定的晶体结构，进而使橡胶沥青的锥入度有所减小。

(4) 回弹恢复。

根据表 6.177 中的试验数据，Sasobit 温拌剂掺加前后橡胶沥青回弹恢复 (25℃) 的变化情况见图 6.101。

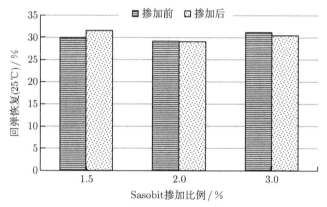

图 6.101　Sasobit 掺加前后橡胶沥青回弹恢复变化情况

从图 6.101 可以看出，在成品橡胶沥青中掺加不同比例的 Sasobit 温拌剂以后，橡胶沥青的 25℃ 回弹恢复变化不大，温拌剂掺加前后橡胶沥青的回弹恢复均在 30% 左右变化。考虑试验误差的影响，认为 Sasobit 温拌剂对橡胶沥青的 25℃ 回弹恢复指标几乎没有影响。

(5) 延度。根据表 6.177 中的试验数据，Sasobit 温拌剂掺加前后橡胶沥青延度 (5℃) 的变化情况见图 6.102。

从图 6.102(a) 可以看出，在成品橡胶沥青中掺加 Sasobit 温拌剂以后，三种温拌剂掺量的橡胶沥青的 5℃ 延度均明显减小。从橡胶沥青的延度变化率图 6.102(b) 可知，温拌剂掺加比例在 1.5%~3.0% 时，温拌橡胶沥青的 5℃ 延度减小 30%~36% 以上，而且温拌剂掺量越高橡胶沥青延度减小的程度越大。

低温时 Sasobit 在橡胶沥青中硬化，促使橡胶沥青变硬、变脆，进而降低橡胶沥青的延度。5℃ 延度较小，表示胶结材料的低温延展性较差，此试验结果表明 Sasobit 温拌剂对橡胶沥青的低温延展性有较大的不利影响。

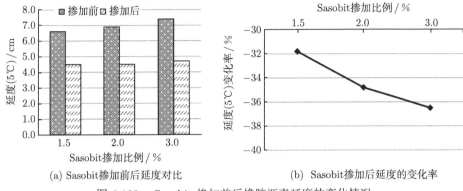

(a) Sasobit掺加前后延度对比　　　　　　　(b) Sasobit掺加后延度的变化率

图 6.102　Sasobit 掺加前后橡胶沥青延度的变化情况

(6) 结论。① 随着 Sasobit 温拌剂掺加比例的增加，橡胶沥青的 177℃ 黏度和 5℃ 延度显著减小，软化点显著增大，而对 25℃ 回弹恢复和锥入度指标影响不大。② 按照 3 种掺加比例试验性能指标变化率的均值大小进行排序，绝对值从大到小依次为：5℃ 延度、软化点、177℃ 黏度、25℃ 锥入度和 25℃ 回弹恢复。③ Sasobit 温拌剂对橡胶沥青性能的主要影响为：能够显著降低橡胶沥青的高温黏度，增强施工和易性；可以明显提高软化点，增强橡胶沥青的高温稳定性；较多地降低橡胶沥青在低温下的延度，对橡胶沥青的低温延展性会产生一定的不利影响。

因此，该温拌剂适用于对路面胶结材料的高温稳定性要求较高，而对低温延展性要求不太高的区域的温拌施工。

2) EWMA 温拌剂

EWMA 温拌剂是美国 Mead Westvaco 公司的新型表面活性类沥青添加剂，其物理形态为暗黄色油状液体 (25℃)，物理性能指标如表 6.178 所示。供应商建议该温拌剂的掺量为橡胶沥青质量的 5‰~8‰，直接加到橡胶沥青胶结材料中搅拌均匀使用。

表 6.178　EWMA 物理性能指标

| 项目 | 黏度 (20℃) /($10^{-3}$Pa·s) | 密度 (25℃)/(g/cm$^3$) | 胺值/(mg KOH/g) | 表面张力 (0.6g/L) (25℃)/(mN/m) |
|---|---|---|---|---|
| 典型值 | 720 | 0.968 | 515~605 | 35.7 |

将 EWMA 温拌剂掺加到成品橡胶沥青中，进行温拌剂掺加前后橡胶沥青各项性能指标试验，试验检测结果如表 6.179 所示。

表 6.179    EWMA 掺加前后橡胶沥青性能指标检测结果

| 性能指标 | 掺加 5‰ | | | 掺加 6‰ | | | 掺加 7‰ | | | 掺加 8‰ | | |
|---|---|---|---|---|---|---|---|---|---|---|---|---|
| | 掺加前 | 掺加后 | 变化率/% | 掺加前 | 掺加后 | 变化率/% | 掺加前 | 掺加后 | 变化率/% | 掺加前 | 掺加后 | 变化率/% |
| 黏度 (177℃)/(Pa·s) | 3.72 | 3.70 | −0.5 | 3.75 | 3.67 | −2.1 | 3.80 | 3.50 | −7.9 | 3.64 | 3.38 | −7.1 |
| 软化点 (环球法)/℃ | 66.8 | 66.1 | −1.0 | 66.2 | 66.7 | +0.76 | 66.7 | 67.2 | +0.75 | 68.2 | 67.4 | −1.2 |
| 锥入度 (25℃) /(0.1mm) | 40.5 | 42.9 | +5.9 | 41.3 | 40.4 | −2.2 | 42.5 | 40.5 | −4.7 | 37.9 | 39.6 | +4.5 |
| 回弹恢复 (25℃)/% | 31.6 | 32.0 | +1.3 | 30.7 | 32.7 | +6.5 | 31.7 | 35.2 | +11.0 | 32.5 | 37.8 | +16.3 |
| 延度 (5℃) /cm | 6.4 | 7.1 | +10.9 | 6.0 | 6.8 | +13.3 | 6.3 | 7.0 | +11.1 | 6.8 | 7.3 | +7.4 |

(1) 黏度。根据表 6.179 中的试验数据，EWMA 温拌剂掺加前后橡胶沥青黏度 (177℃) 的变化情况见图 6.103。

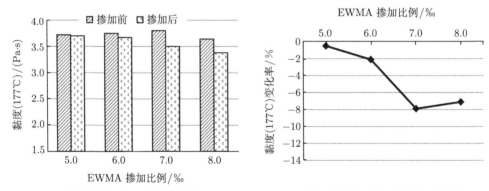

(a) EWMA 掺加前后黏度对比              (b) EWMA 掺加后黏度的变化率

图 6.103    EWMA 掺加前后橡胶沥青黏度的变化情况

从图 6.103(a) 可以看出，在橡胶沥青中掺加 EWMA 温拌剂以后，橡胶沥青的 177℃ 黏度稍有降低，但降低幅度不大。不同温拌剂掺加比例橡胶沥青的黏度变化率情况见图 6.103(b)，从该图可以看出，温拌剂掺加后橡胶沥青黏度的降低率均小于 8%，表明该温拌剂对橡胶沥青的降黏效果比较弱。

(2) 软化点。根据表 6.179 中的试验数据，EWMA 温拌剂掺加前后橡胶沥青软化点的变化情况见图 6.104。

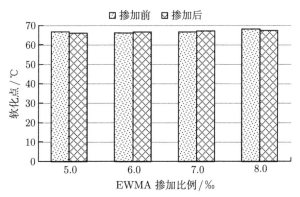

图 6.104　　EWMA 掺加前后橡胶沥青软化点对比

从图 6.104 可以看出，在成品橡胶沥青中掺加不同比例的 EWMA 温拌剂前后，橡胶沥青的软化点变化不大，变化率基本在 ±1% 之内，数值非常接近。再考虑试验误差的影响，可以认为 EWMA 温拌剂对橡胶沥青软化点指标几乎没有影响。

(3) 锥入度。根据表 6.179 中的试验数据，EWMA 温拌剂掺加前后橡胶沥青锥入度 (25℃) 的变化情况见图 6.105。

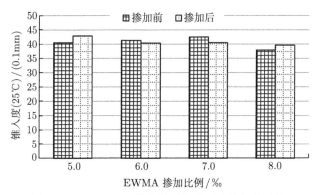

图 6.105　　EWMA 掺加前后橡胶沥青锥入度对比

从图 6.106 可以看出，在成品橡胶沥青中掺加不同比例的 EWMA 温拌剂前后，橡胶沥青的锥入度变化不大，并且随着温拌剂掺加比例的增加锥入度的增减无明显规律。再考虑试验误差的影响，认为 EWMA 温拌剂对橡胶沥青锥入度指标的影响微弱。

(4) 回弹恢复。根据表 6.179 中的试验数据，EWMA 温拌剂掺加前后橡胶沥青回弹恢复 (25℃) 的变化情况见图 6.106。

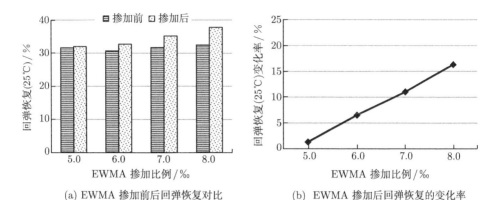

(a) EWMA 掺加前后回弹恢复对比　　　(b) EWMA 掺加后回弹恢复的变化率

图 6.106　　EWMA 掺加前后橡胶沥青回弹恢复变化情况

从图 6.106(a) 可以看出，在橡胶沥青中掺加 EWMA 温拌剂以后，橡胶沥青的 25℃ 回弹恢复有所增大，且随着温拌剂掺量的增加，回弹恢复增加得较明显。EWMA 温拌剂不同掺加比例橡胶沥青的回弹恢复变化率情况见图 6.106(b)，从该图可以看出，EWMA 掺加比例越大，橡胶沥青回弹恢复的增长率越大。EWMA 温拌剂是由多种成分组成的化学包，其中的某些成分可能起到增加橡胶沥青回弹性能的作用，因此该温拌剂对于提高橡胶沥青的回弹恢复性能有一定的作用。

(5) 延度。根据表 6.179 中的试验数据，EWMA 温拌剂掺加前后橡胶沥青延度 (5℃) 的变化情况见图 6.107。

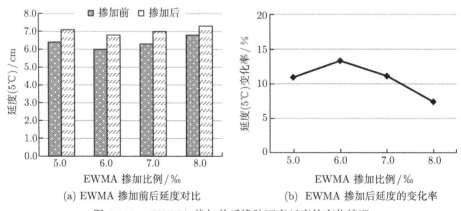

(a) EWMA 掺加前后延度对比　　　(b) EWMA 掺加后延度的变化率

图 6.107　　EWMA 掺加前后橡胶沥青延度的变化情况

从图 6.107(a) 可以看出，在成品橡胶沥青中掺加 EWMA 温拌剂后，橡胶沥青的 5℃ 延度均有所增大，可能是 EWMA 温拌剂中的某些化学成分发挥作用的结果。从图 6.107(b) 橡胶沥青的延度变化率可知，温拌剂掺加比例在 5.0‰~8.0‰时，橡胶沥青的 5℃ 延度呈现先增大后减小的趋势，在 6.0‰ 左右时延度最大；橡胶沥青 5℃ 延度的平均增长率为 10% 左右。试验结果表明，EWMA 温拌剂对于提高橡胶沥青的低温延度有一定的作用。

(6) 结论。① EWMA 温拌剂可以在一定程度上增大橡胶沥青的 5℃ 延度和 25℃ 回弹恢复，对橡胶沥青这两方面的性能有一定的改善作用，可增强橡胶沥青的低温延展性和中温回弹性。② EWMA 温拌剂可使橡胶沥青的黏度略有降低，但是平均降低率约为 5%，降黏效果比较有限，属于非降黏型温拌剂。③ EWMA 对橡胶沥青的软化点和 25℃ 锥入度影响不大。④ 各性能指标的平均变化率的绝对值按照从大到小排序为：5℃ 延度、25℃ 回弹恢复、177℃ 黏度、25℃ 锥入度、软化点。

根据 EWMA 对橡胶沥青性能的影响特点，如果该温拌剂能够使橡胶沥青混合料的生产施工温度达到温拌降温幅度的要求，那么该温拌剂就特别适用于对橡胶沥青胶结料的低温延展性和中温回弹性有较高要求的区域。

3) 国产温拌剂 C

温拌剂 C 为我国某公司研发生产的表面活性类沥青温拌剂，性状为油状液体，建议掺量为胶结料质量的 6‰~7‰，直接加入成品橡胶沥青中，搅拌均匀即可拌制混合料使用。

该温拌剂掺加前后性能试验检测结果如表 6.180 所示。

表 6.180　温拌剂 C 掺加前后橡胶沥青性能指标检测情况

| 性能指标 | 掺加 6‰ | | | 掺加 7‰ | | |
|---|---|---|---|---|---|---|
| | 掺加前 | 掺加后 | 变化率/% | 掺加前 | 掺加后 | 变化率/% |
| 黏度 (177℃)/(Pa·s) | 3.71 | 3.70 | −0.3 | 3.60 | 3.50 | −2.8 |
| 软化点 (环球法)/℃ | 66.0 | 68.6 | +3.9 | 67.3 | 68.1 | +1.2 |
| 锥入度 (25℃)/(0.1mm) | 42.4 | 43.1 | +1.7 | 40.6 | 41.0 | +1.0 |
| 回弹恢复 (25℃)/% | 31.7 | 35.5 | +12.0 | 32.3 | 35.6 | +10.2 |
| 延度 (5℃)/cm | 6.7 | 7.0 | +4.5 | 6.4 | 6.7 | +4.7 |

根据表 6.180 中的试验数据，温拌剂 C 掺加前后橡胶沥青各性能检测指标的变化情况见图 6.108 ~ 图 6.111。

从图 6.108 ~ 图 6.110 可以看出，温拌剂 C 掺加到橡胶沥青以后，橡胶沥青的黏度、软化点和锥入度变化不明显，再加上试验误差的影响，可以认为该温拌剂对这些指标几乎无影响；从图 6.111 和图 6.112 可以看出，温拌剂 C 掺加到橡胶沥青以后，橡胶沥青的回弹恢复 (25℃) 有一定的增加，延度 (5℃) 略有增大，表明该温拌剂对增强橡胶沥青的常温黏弹性和低温延展性有一定的帮助。

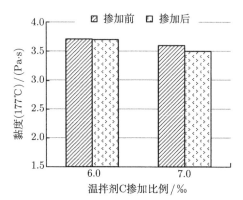

图 6.108　温拌剂 C 掺加前后黏度对比

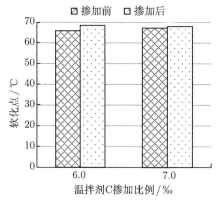

图 6.109　温拌剂 C 掺加前后软化点对比

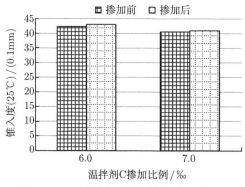

图 6.110　温拌剂 C 掺加前后锥入度对比

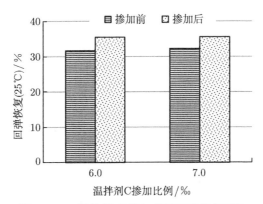

图 6.111　温拌剂 C 掺加前后回弹恢复对比

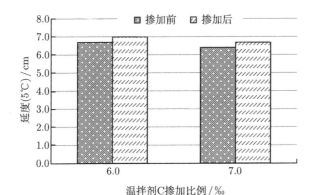

图 6.112　温拌剂 C 掺加前后延度对比

温拌剂 C 使橡胶沥青的 25℃ 回弹恢复增加超过 10%，即对增加橡胶沥青的常温弹性性能有一定的效果；使橡胶沥青 177℃ 黏度稍有降低，使 25℃ 锥入度、软化点、5℃ 延度略有增大，但均在 5% 以内，影响效果较微弱。因此，该温拌剂对橡胶沥青性能的影响主要是能适当提升橡胶沥青的回弹性能。

4) 温拌剂 F

温拌剂 F 为法国进口的表面活性类沥青温拌剂，性状为油状液体，供应商建议掺量为胶结料质量的 3‰～4‰，直接加入成品橡胶沥青中，搅拌均匀即可使用。

对温拌剂 F 进行了掺量 (占橡胶沥青质量) 分别为 3‰ 和 4‰ 的温拌橡胶沥青性能指标检测试验，试验检测结果如表 6.181 所示。

根据表 6.181 中的试验数据，温拌剂 F 掺加前后橡胶沥青各性能检测指标的变化情况见图 6.113 ～ 图 6.117。

表 6.181    温拌剂 F 掺加前后橡胶沥青性能指标检测情况

| 性能指标 | 掺加 3‰ | | | 掺加 4‰ | | |
|---|---|---|---|---|---|---|
| | 掺加前 | 掺加后 | 变化率/% | 掺加前 | 掺加后 | 变化率/% |
| 黏度 (177℃)/(Pa·s) | 3.67 | 3.37 | −8.2 | 3.53 | 3.23 | −8.5 |
| 软化点 (环球法)/℃ | 67.9 | 66.2 | −2.5 | 66.2 | 67.1 | +1.4 |
| 锥入度 (25℃)/(0.1mm) | 42.4 | 43.2 | +1.9 | 41.5 | 42.6 | +2.7 |
| 回弹恢复 (25℃)/% | 30.6 | 32.0 | +4.6 | 30.7 | 30.2 | −1.6 |
| 延度 (5℃)/cm | 6.9 | 7.6 | +10.1 | 6.7 | 7.5 | +11.9 |

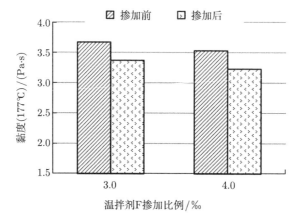

图 6.113    温拌剂 F 掺加前后黏度对比

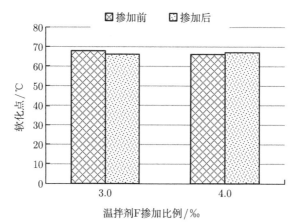

图 6.114    温拌剂 F 掺加前后软化点对比

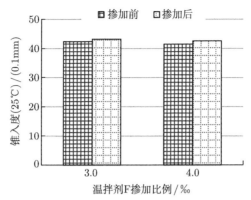

图 6.115　温拌剂 F 掺加前后锥入度对比

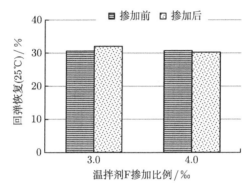

图 6.116　温拌剂 F 掺加前后回弹恢复对比

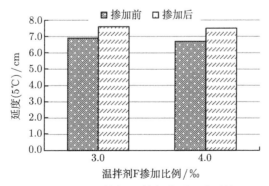

图 6.117　温拌剂 F 掺加前后延度对比

从图 6.113 可以看出，温拌剂 F 掺加到橡胶沥青以后，橡胶沥青的黏度略有减小，该温拌剂对橡胶沥青有一定降黏作用；从图 6.114 ～ 图 6.116 可以看出，温拌剂 F 对橡胶沥青的软化点、锥入度和回弹恢复影响不大，规律不明显；从图 6.117 可以看出，温拌剂 F 使橡胶沥青的延度 (5℃) 适当增大，表明该温拌剂对增强橡胶沥青的低温延展性有一定的帮助。

该温拌剂使橡胶沥青的 5℃ 延度增加超过 10%，对增加橡胶沥青的低温延展性有一定的效果；使橡胶沥青 177℃ 黏度有一定的减小，但小于 10%；对橡胶沥青的 25℃ 锥入度、软化点和 25℃ 回弹恢复影响不大，均在 ±5% 以内。

温拌剂 F 对橡胶沥青性能的影响主要是可以适当提高 5℃ 低温延度。如果温拌剂 F 能够使橡胶沥青混合料的施工温度达到温拌降温幅度的要求，那么该温拌剂就非常适用于对胶结材料的低温延展性有较高要求的橡胶沥青路面温拌施工的场合。

### 4. 不同温拌剂对橡胶沥青性能指标的影响

为了便于比较分析各种温拌剂的作用，现将不同温拌剂掺加前后橡胶沥青同一性能指标的变化率绘于图 6.118 ～ 图 6.122 中。图中 Sasobit 温拌剂掺量 1.5%、2.0% 和 3.0% 分别以掺量代号 1、2、3 表示，EWMA 温拌剂掺量 5.0‰、6.0‰、7.0‰ 和 8.0‰ 分别以掺量代号 1、2、3、4 表示，温拌剂 C 掺量 6.0‰ 和 7.0‰ 分别以掺量代号 1、2 表示，温拌剂 F 掺量 3.0‰ 和 4.0‰ 分别以掺量代号 1、2 表示。

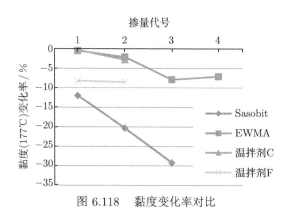

图 6.118    黏度变化率对比

从图 6.118 可以看出，4 种温拌剂均可使橡胶沥青的黏度 (177℃) 产生不同程度的减小，但是只有 Sasobit 温拌剂降黏效果最明显，且温拌剂掺量越高黏度降低的程度越大，其余 3 种温拌剂仅使橡胶沥青的黏度 (177℃) 降低 10% 甚至 5% 以内，降黏效果轻微。

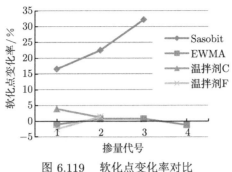

图 6.119　软化点变化率对比

从图 6.119 可以看出，Sasobit 温拌剂使橡胶沥青的软化点产生较大幅度的增加，而其余 3 种温拌剂对橡胶沥青的软化点影响不大。

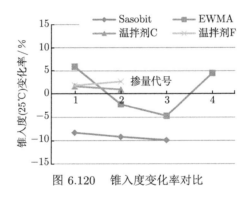

图 6.120　锥入度变化率对比

从图 6.120 可以看出，Sasobit 温拌剂可以使橡胶沥青的锥入度 (25℃) 减小近 10%，而其余 3 种温拌剂对锥入度影响不大，锥入度的变化率均在 ±5% 以内。

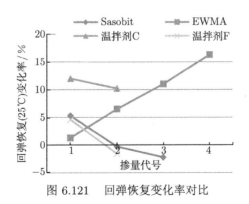

图 6.121　回弹恢复变化率对比

从图 6.121 可以看出，EWMA 和温拌剂 C 会使橡胶沥青的回弹恢复 (25℃)

有所增大，而 Sasobit 和温拌剂 F 对回弹恢复影响不明显。

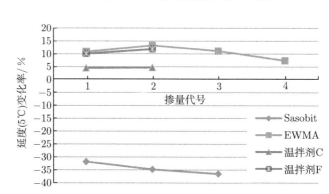

图 6.122   延度变化率对比

从图 6.122 可以看出，Sasobit 会使橡胶沥青的延度 (5℃) 降低 30% 以上，其余 3 种温拌剂均会增大橡胶沥青的延度 (5℃)，其中 EWMA 和温拌剂 F 能使橡胶沥青的延度 (5℃) 增大约 10%，而温拌剂 C 使延度 (5℃) 增加的程度较小。

5. 温拌橡胶沥青黏度-时间变化规律

黏度是橡胶沥青最重要的性能指标，也是施工过程中最主要的施工控制指标。黏度不但直接影响橡胶沥青及其混合料的施工和易性，而且和橡胶沥青的其他路用性能关系密切。橡胶沥青的制备过程，是橡胶粉在高温基质沥青中不断溶胀和降解的过程，在此期间，橡胶粉成分和基质沥青成分之间不断发生复杂的物理、化学反应，并且此反应过程会一直存在于后续的橡胶沥青输送、混合料生产、运输、摊铺和碾压整个施工环节之中。在反应过程中，橡胶沥青处在一个不稳定的状态，橡胶沥青的黏度会随着时间的推移不断变化。

在施工过程中，希望橡胶沥青的黏度随着时间变化保持相对稳定，这不但有利于橡胶沥青性能和施工和易性的稳定，而且有利于各环节施工工艺的稳定和混合料路用性能、路面质量的稳定。因此，有必要对橡胶沥青和温拌橡胶沥青的黏度-时间变化规律进行研究，一方面可以充实橡胶沥青技术的内容，另一方面可以指导橡胶沥青材料在实践中的科学应用。

进行橡胶沥青和温拌橡胶沥青在不同反应时间的黏度指标检测试验，分别测试了原样橡胶沥青、Sasobit 橡胶沥青和 EWMA 橡胶沥青在 45min~8h 反应时间段内黏度 (177℃) 的变化情况。橡胶沥青的制备参数、试验条件等与前相同，Sasobit 橡胶沥青中 Sasobit 的掺加比例 (占橡胶沥青质量) 为 2.0%，EWMA 橡胶沥青中 EWMA 的掺加比例 (占橡胶沥青质量) 为 6.0‰，温拌剂均是在橡胶沥青发育到 45min 时掺入。试验结果如表 6.182 所示。

表 6.182　　橡胶沥青和温拌橡胶沥青在不同反应时间的黏度检测结果

| 反应时间/h | 黏度 (177 ℃)/(Pa·s) | | |
| --- | --- | --- | --- |
| | 原样橡胶沥青 | Sasobit 橡胶沥青 | EWMA 橡胶沥青 |
| 0.75 | 3.52 | 2.80 | 3.50 |
| 1 | 3.61 | 3.04 | 3.50 |
| 2 | 4.05 | 3.31 | 3.74 |
| 3 | 4.32 | 3.40 | 4.11 |
| 4 | 4.26 | 3.51 | 3.90 |
| 5 | 3.80 | 3.21 | 3.80 |
| 6 | 3.34 | 3.02 | 3.33 |
| 7 | 2.60 | 2.85 | 2.74 |
| 8 | 2.40 | 2.53 | 2.52 |

根据表 6.182，得到 3 种橡胶沥青黏度随反应时间变化的散点图和拟合曲线，见图 6.123。

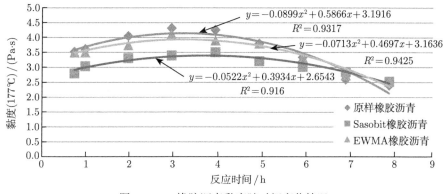

图 6.123　橡胶沥青黏度随时间变化情况

从图 6.123 中 3 种橡胶沥青的黏度与反应时间变化关系的拟合曲线可以看出：

(1) 原样橡胶沥青和其他两种温拌橡胶沥青的黏度随时间的变化规律是一致的，随着时间延长，黏度都是先增大后减小，在反应时间为 0～45min 黏度增加迅速，45min～3h 黏度变化不大，超过 4h 后，随着时间的延长黏度逐渐减小。

(2) EWMA 温拌剂的掺入基本不会影响橡胶沥青的黏度–时间变化关系。

(3) Sasobit 橡胶沥青黏度的稳定性更好。

反应时间在 45min～7h 时，Sasobit 橡胶沥青的黏度不但显著低于其他两种橡胶沥青的黏度，而且 Sasobit 橡胶沥青的黏度随时间变化曲线更加平缓。

橡胶沥青的制备和储存过程中，在高温和机械力作用下，一方面橡胶粉颗粒吸收基质沥青中的轻质油分发生体积膨胀，即所谓溶胀，溶胀过程由于基质沥青的部分轻质油分被吸收而变稠，黏度增大；另一方面，橡胶粉颗粒在高温基质沥青中还发生脱硫裂解反应，使得胶粉颗粒变小，进而溶解于沥青中，脱硫裂解反应使橡胶沥青的黏度减小。在橡胶粉和沥青的反应初期，溶胀反应的速度大于裂解反应的速度，溶胀占据主导地位，表现为橡胶沥青的黏度逐渐增大，随着时间的延长，溶胀反应减慢而裂解反应增强，当溶胀与裂解反应基本达到平衡时，橡胶沥青的黏度达到最大值，随后裂解反应占据主导地位，橡胶沥青的黏度开始逐渐下降。

当 Sasobit 加入高温的橡胶沥青并溶解以后，由于 Sasobit 比沥青的黏度低，橡胶沥青的黏度降低，达到降黏的效果。另外，黏度较低的 Sasobit 的存在，会给橡胶粉与沥青之间的溶胀与裂解反应产生一定的阻碍作用，适度减缓溶胀与裂解反应的过程。在橡胶沥青黏度的上升阶段，由于 Sasobit 对橡胶粉与沥青之间反应 (溶胀反应占主导) 的阻碍作用，Sasobit 橡胶沥青的黏度峰值和原样橡胶沥青相比有一定的时间滞后性；而在反应的后期，由于 Sasobit 对橡胶粉与沥青之间反应 (脱硫裂解反应占主导) 的阻碍作用，橡胶沥青的黏度下降更慢一些。

从以上研究结果可知，Sasobit 温拌剂不但能够显著降低橡胶沥青的黏度从而增加施工和易性，而且可以使橡胶沥青的黏度在施工时间段内更加稳定，波动更小。这不但有利于保证橡胶沥青胶结料及其混合料性能的稳定，而且有利于保证各环节施工工艺的稳定，对于提高工程施工效率和施工质量非常有意义。

因此，根据以上各项试验研究和对比分析，初步选择 Sasobit 作为该项目橡胶沥青胶结材料的温拌剂。

6. Sasobit 添加工序对橡胶沥青性能的影响

在该研究中，把 2.0%掺量的 Sasobit 温拌剂掺入成品橡胶沥青中制备温拌橡胶沥青的方案记为工序 A；把 2.0%掺量的 Sasobit 温拌剂先加入升温后的基质沥青，再加入橡胶粉，其余试验条件 (如胶粉产量、发育温度、发育时间等) 均与工序 A 相同，此试验方案记为工序 B。A、B 工序试验结果见表 6.183。根据表 6.183 中的试验数据得到两种工序的性能指标对比见图 6.124。

表 6.183　两种工序制备 Sasobit 橡胶沥青性能指标试验结果对比

| 性能指标 | 工序 A | 工序 B |
|---|---|---|
| 黏度 (177℃)/(Pa·s) | 2.83 | 3.30 |
| 软化点 (环球法)/℃ | 81.0 | 72.7 |
| 锥入度 (25℃)/(0.1mm) | 37.5 | 34.9 |
| 回弹恢复 (25℃)/% | 29.1 | 30.0 |
| 延度 (5℃)/cm | 4.5 | 4.3 |

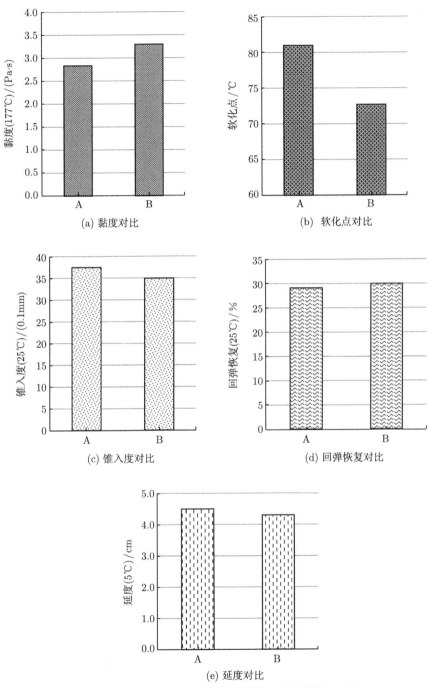

图 6.124　Sasobit 橡胶沥青不同制备工序性能指标对比

从表 6.183 和图 6.124 可以看出，工序 B 和工序 A 相比，橡胶沥青的黏度较大，软化点和锥入度较小，回弹恢复和延度与工序 A 差别不大。按照工序 B 制备的橡胶沥青的性能发生的这些变化，与 Sasobit 较长时间存在于高温的橡胶沥青中导致部分组分分解失效以及挥发减少有关。

采用 Sasobit 温拌剂的目的是降低橡胶沥青的高温黏度以增加施工和易性，工序 B 方案制备的温拌橡胶沥青黏度较高，施工和易性方面不如工序 A 方案好。另外，温拌橡胶沥青的软化点较低，表明胶结料的高温稳定性也不如工序 A 方案好。

根据以上分析，按照工序 B 即先在基质沥青中加入 Sasobit 温拌剂再加入胶粉的制备工序，无论是施工和易性方面还是胶结料的高温稳定性方面均不如工序 A 理想，因此建议施工中将工序 A 作为 Sasobit 温拌橡胶沥青的生产工艺。

至此，温拌橡胶沥青设计完成，即采用 Sasobit 温拌剂作为橡胶沥青胶结材料的温拌剂，添加工序为将其加入成品橡胶沥青中，添加温度即为成品橡胶沥青的温度。

### 6.6.4　温拌橡胶沥青混合料设计

项目上面层混合料采用的是 SMA-13，SMA 是当前国际上公认 (使用较多) 的一种抗变形能力强、耐久性较好的沥青面层混合料。近些年来，SMA 越来越多地成为高速公路和城市主干道的表面层结构，它采用矿料中间粒径断级配，使得粗集料骨架结构能够充分地形成，而骨架结构的间隙则主要依靠沥青胶浆来填充，从而兼顾优异的表面构造和密水性。

#### 1. 温拌橡胶沥青混合料配合比设计方法

关于温拌沥青混合料设计，美国建成的大部分 WMA 项目，都是按照未做任何改变的 HMA 的生产配合比进行的 [63]。文献 [63] 中充分地证明了一个关键成果——无须建立一个与 HMA 截然不同的独立的 WMA 配合比设计方法。美国沥青技术中心 (NCAT) 经过大量研究以后规定，WMA 油石比应在不加温拌添加剂的情况下按照 HMA 的标准方法进行确定，然后在确定的油石比下再添加温拌剂进行混合料性能验证试验，所有性能均须达到 HMA 的技术标准 [64,65]。

我国对温拌沥青混合料的设计，一般不建议直接在温拌温度条件下进行温拌混合料设计，不同温拌混合料对马歇尔击实的响应是有很大差异的，这样做很容易造成重大偏差。采用该方法就意味着需要默认建议试验温度的准确性，而设计沥青用量必须服从于此温度，即使在相同的材料组成和成型方式下，沥青用量的设计值也会随着建议温度的不同出现偏差，而技术人员在选取试验温度时的盲目性和随意性将导致沥青用量的设计失去原有意义 [66]。因此，在配合比设计中，研究人员皆采用在相同条件下由热拌沥青混合料先确定油石比，再添加温拌剂验证混合料路用性能的方法 [67-71]。

虽然也有旋转压实等其他压实方法，但是在国内，马歇尔击实试验方法的普及率更高，也更简单易行，成为沥青混合料配合比设计的标准方法。事实上，马歇尔试验配合比设计方法也是世界上使用最普遍的方法，在引入温拌技术以后，研究人员大多采用马歇尔试验法来进行混合料配合比设计。

根据当前国内外对于温拌沥青混合料设计方法的研究成果，对于温拌橡胶沥青混合料组成设计和温拌工艺的确定问题采用按照热拌橡胶沥青混合料进行配合比设计，确定混合料的级配、油石比，并获得其他设计参数 (如体积、力学参数等)，同时进行设计配合比下的混合料路用性能试验，获得满足施工要求的路用性能；然后采用热拌橡胶沥青混合料确定级配和油石比，进行温拌剂的选择和温拌工艺的研究试验，最终确定满足项目施工要求的温拌橡胶沥青混合料的材料组成和温拌施工工艺。

2. 配合比设计要求

AR-SMA-13(或 SMRA-13) 橡胶沥青混合料配合比设计采用马歇尔击实试验方法，依据集料的实际情况和间断级配、骨架结构的原则，对混合料级配进行优化，并进行性能检验。

橡胶沥青混合料 (AR-SMA-13) 的级配设计范围要求如表 6.184 所示，室内马歇尔试验温度要求和配合比设计技术要求分别见表 6.185 和表 6.186。橡胶沥青混合料 (AR-SMA-13) 路用性能要求见表 6.187。

表 6.184　橡胶沥青混合料 (AR-SMA-13) 级配设计范围要求

| 项目 | 下列筛孔 (mm) 的通过率/% | | | | | | | | | |
|---|---|---|---|---|---|---|---|---|---|---|
| | 16 | 13.2 | 9.5 | 4.75 | 2.36 | 1.18 | 0.6 | 0.3 | 0.15 | 0.075 |
| 上限 | 100 | 100 | 75 | 34 | 26 | 24 | 20 | 16 | 15 | 12 |
| 下限 | 100 | 90 | 50 | 20 | 15 | 14 | 12 | 10 | 9 | 8 |

表 6.185　橡胶沥青混合料 (AR-SMA-13) 室内马歇尔试验温度要求

| 项目 | 温度要求/°C |
|---|---|
| 橡胶沥青加热温度 | 175～185 |
| 矿料加热温度 | 190～195 |
| 混合料拌和温度 | 180～185 |
| 混合料击实温度 | 170～175 |

表 6.186　橡胶沥青混合料 (AR-SMA-13) 室内马歇尔试验配合比设计技术要求

| 试验项目 | 单位 | 技术要求 | 试验方法 |
|---|---|---|---|
| 马歇尔尺寸 | mm | $\Phi 101.6 \times 63.5$ | T0702 |
| 马歇尔试件击实次数 | / | 双面击实 75 次 | T0702 |
| 空隙率 | % | 3.0～4.5 | T0705 |
| 矿料间隙率 | % | $\geqslant 17$ | T0705 |
| 粗集料骨架间隙率 | / | $\leqslant VCA_{DRC}$ | T0705 |
| 沥青饱和度 | % | 75～85 | T0705 |
| 稳定度 | kN | $\geqslant 7.0$ | T0709 |
| 流值 | mm | 实测 | T0709 |
| 谢伦堡沥青析漏试验的结合料损失 | % | $\leqslant 0.1$ | T0732 |
| 肯塔堡飞散试验或浸水飞散试验的混合料损失率 | % | $\leqslant 15$ | T0733 |
| 橡胶沥青混合料马歇尔试件线膨胀率 | % | $\leqslant 1\%$ | 施工指南 |

表 6.187　橡胶沥青混合料 (AR-SMA-13) 路用性能要求

| 性能检验项目 | 要求值 | 试验方法 |
|---|---|---|
| 车辙试验动稳定度/(次/mm) | $\geqslant 8000$ | T0719 |
| 浸水马歇尔试验残留稳定度/% | $\geqslant 90$ | T0709 |
| 冻融劈裂试验残留强度比/% | $\geqslant 85$ | T0729 |
| 低温弯曲试验破坏应变 $(-10℃，50mm/min)/\mu\varepsilon$ | $\geqslant 2800$ | T0715 |
| (车辙板) 渗水系数/(mL/min) | $\leqslant 50$ | T0730 |

3. 配合比设计结果

根据《公路工程集料试验规程》(JTG E42—2005)、《公路工程沥青及沥青混合料试验规程》(JTJ E20—2011)、《公路沥青路面施工技术规范》(JTG F40—2004)、项目依托工程的施工技术指南和合同文件,进行 AR-SMA-13 上面层橡胶沥青混合料的生产配合比设计。

混合料采用的粗集料为闪长岩,规格为 9.5～16mm、4.75～9.5mm 两种,检测结果如表 6.188 所示。采用 9.5～19mm 石灰岩碎石现场加工 0～2.36mm 机制砂,检测结果见表 6.189。矿粉采用 9.5～19mm 碎石经现场加工得到,检测结果见表 6.190。橡胶沥青的制备材料、工艺参数及性能情况同本章前。高模量剂在陕西西安生产,检测结果如表 6.191 所示。木质素纤维同样在西安生产,检测结果如表 6.192 所示。

表 6.188　粗集料检测结果

| 检测项目 | | 检测结果 | | 规范要求 |
| --- | --- | --- | --- | --- |
| | | 9.5~16mm | 4.75~9.5mm | |
| 相对表观密度 | | 2.998 | 2.985 | $\geqslant 2.6$ |
| 吸水率/% | | 0.50 | 0.55 | $\leqslant 2.0$ |
| 针片状颗粒含量/% | $\geqslant 9.5mm$ | 7.1 | / | $\leqslant 12$ |
| | $\leqslant 9.5mm$ | / | 8.8 | $\leqslant 18$ |
| 洛杉矶磨耗损失率/% | | 15.4 | 14.8 | $\leqslant 28$ |
| 坚固性/% | | 3 | / | $\leqslant 12$ |
| 对沥青的黏附性/级 | | 5 | / | $\geqslant 5$ |
| 磨光值/% | | 42 | / | $\geqslant 40$ |

表 6.189　机制砂检测结果

| 检测项目 | 检测结果 | 规范要求 |
| --- | --- | --- |
| 相对表观密度 | 2.712 | $\geqslant 2.50$ |
| 亚甲蓝含量/(g/kg) | 1.1 | $\leqslant 2.50$ |
| 棱角性 (流动时间)/s | 36.0 | $\geqslant 30$ |
| 坚固性 (大于 0.3mm 部分)/% | 5.0 | $\leqslant 12$ |
| 塑性指数 | 3.0 | $\leqslant 4$ |

表 6.190　矿粉检测结果

| 检测项目 | 检测结果 | 规范要求 |
| --- | --- | --- |
| 表观密度/(g/cm$^3$) | 2.700 | $\geqslant 2.5$ |
| 亲水系数 | 0.8 | $\leqslant 1$ |
| 塑性指数 | 3.0 | $\leqslant 4$ |
| 含水量/% | 0.3 | $\leqslant 1$ |
| 加热安定性 | 无明显变化 | 实测记录 |

表 6.191　高模量剂检测结果

| 检测项目 | 检测结果 | 指南规定值 |
| --- | --- | --- |
| 外观 | 黑色颗粒 | 黑色颗粒 |
| 密度/(kg/m$^3$) | 955 | 910~980 |
| 软化点/℃ | 165 | $\geqslant 160$ |
| 含水量/% | 2.2 | $\leqslant 5$ |
| 粒径/mm | 4.0 | $\leqslant 4$ |
| 劲度模量 (15℃, 0.1Hz)/MPa | 12000 | $\geqslant 12000$ |

表 6.192　　木质素纤维检测结果

| 检测项目 | 检测结果 | 指南规定值 |
|---|---|---|
| 纤维长度/mm | 2.20 | ≤6 |
| 灰分含量/% | 19.24 | 18±5 |
| pH | 7.0 | 7.5±1.0 |
| 吸油率 | 589 | 不小于纤维质量的 5 倍 |
| 含水量/% | 3.40 | ≤5 |

沥青混合料拌和楼各热料仓骨料密度检测结果如表 6.193 所示。

表 6.193　　热料仓骨料密度检测结果

| 项目 | 1# 仓 | 2# 仓 | 3# 仓 | 4# 仓 | 矿粉 |
|---|---|---|---|---|---|
| 规格/mm | 11~19 | 6~11 | 3~6 | 0~3 | / |
| 毛体积相对密度 | 2.931 | 2.928 | 2.915 | 2.746 | 2.701 |
| 表观相对密度 | 2.981 | 2.985 | 2.948 | 2.746 | 2.701 |

根据各档料的级配范围，经过研究，确定了 AR-SMA-13 上面层级配，试验配合比级配比例见表 6.194，矿料合成级配如表 6.195 所示，矿料合成级配曲线见图 6.125。

表 6.194　　试验配合比级配比例

| 矿料规格/mm | 11~19 | 6~11 | 3~6 | 0~3 | 矿粉 |
|---|---|---|---|---|---|
| 比例/% | 40 | 29 | 13 | 9 | 9 |

表 6.195　　矿料合成级配

| 项目 | | 下列筛孔 (mm) 的通过率/% | | | | | | | | |
|---|---|---|---|---|---|---|---|---|---|---|
| | 16.0 | 13.2 | 9.5 | 4.75 | 2.36 | 1.18 | 0.6 | 0.3 | 0.15 | 0.075 |
| 合成级配 | 100 | 95.8 | 61.5 | 26.2 | 18.4 | 15.2 | 12.1 | 10.8 | 9.7 | 9.0 |
| 规范要求级配中值 | 100 | 95 | 62.5 | 27 | 20.5 | 19 | 16 | 13 | 12 | 10 |
| 规范要求级配范围　上限 | 100 | 100 | 75 | 34 | 26 | 24 | 20 | 16 | 15 | 12 |
| 下限 | 100 | 90 | 50 | 20 | 15 | 14 | 12 | 10 | 9 | 8 |

根据所确定的矿料合成级配，以 6.5% 油石比为中值、以 ±0.3% 为间隔调整出 6.2%、6.5%、6.8% 三个不同的油石比，制作标准的马歇尔试件，计算试件空隙率等各项体积和力学指标，试验结果见表 6.196。根据大量前期试验及论证，混合料中加入了 0.25%(占混合料质量) 的抗车辙剂和 0.2%(占混合料质量) 的木质素纤维。

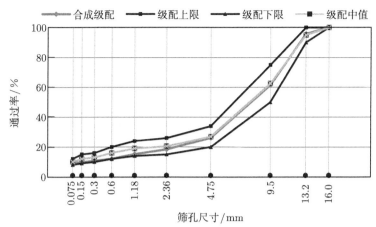

图 6.125　矿料合成级配曲线

表 6.196　　不同油石比下的马歇尔体积指标

| 油石比/% | 计算理论密度/(kg/m³) | 实测密度/(kg/m³) | 空隙率/% | 矿料间隙率/% | 饱和度/% | 稳定度/kN | 流值/mm |
|---|---|---|---|---|---|---|---|
| 6.2 | 2.642 | 2.518 | 4.7 | 17.9 | 73.6 | 9.7 | 2.2 |
| 6.5 | 2.631 | 2.530 | 3.9 | 17.8 | 78.1 | 9.5 | 2.3 |
| 6.8 | 2.620 | 2.527 | 3.5 | 18.1 | 80.4 | 8.6 | 2.7 |
| 指南要求 | 计算 | 实测 | 3~4.5 | ≥17 | 75~85 | ≥7 | 实测 |

　　根据实测结果，通过对符合规律要求的最佳油石比进行汇总分析，确定出期望油石比为 6.5%，制作一组马歇尔试件验证其体积指标，试验结果见表 6.197。

表 6.197　　油石比为 6.5% 时的马歇尔试验体积指标

| 油石比/% | 计算理论密度/(kg/m³) | 实测密度/(kg/m³) | 空隙率/% | 矿料间隙率/% | 饱和度/% | 稳定度/kN | 流值/mm |
|---|---|---|---|---|---|---|---|
| 6.5 | 2.631 | 2.529 | 3.9 | 17.8 | 78.0 | 9.27 | 2.5 |
| 指南要求 | 计算 | 实测 | 3~4.5 | ≥17 | 75~85 | ≥7 | 实测 |

　　由表 6.197 可以看出，油石比为 6.5% 时，马歇尔试验的体积指标均满足规范及施工指南要求，因此将其作为最佳油石比进行后续的路用性能检测试验。

4. 路用性能检测

　　根据前面确定的矿料级配和最佳油石比,制作马歇尔试件和车辙板,分别检测其水稳定性、高温稳定性和低温性能等路用性能,试验结果见表6.198～表 6.205。

表 6.198　　残留稳定度试验结果

| 油石比/% | 计算理论密度/(kg/m³) | 实测密度/(kg/m³) | 空隙率/% | 矿料间隙率/% | 饱和度/% | 30min稳定度/kN | 流值/mm | 48h 稳定度/kN | 残留稳定度/% |
|---|---|---|---|---|---|---|---|---|---|
| 6.5 | 2.631 | 2.529 | 3.9 | 17.8 | 78.0 | 9.27 | 2.5 | 8.98 | 96.9 |
| 施工要求 | 计算 | 实测 | 3~4.5 | ≥ 17 | 75~85 | ≥ 7 | 实测 | 实测 | ≥ 90 |

表 6.199　　冻融劈裂试验结果

| 油石比% | 经受冻融循环RT2/MPa | 未进行冻融循环RT1/MPa | 冻融劈裂强度比TSR/% | 项目施工要求/% |
|---|---|---|---|---|
| 6.5 | 0.87 | 0.94 | 92.6 | ≥ 85 |

表 6.200　　车辙试验结果

| 油石比/% | 试验温度/℃ | 轮胎压力/MPa | 动稳定度/(次/mm) | 项目施工要求/(次/mm) |
|---|---|---|---|---|
| 6.5 | 60 | 0.7 | 9547 | ≥ 8000 |

表 6.201　　−10℃ 低温弯曲试验结果

| 油石比/% | 抗弯拉强度/MPa | 破坏弯曲劲度模量/MPa | 破坏弯拉应变/με | 施工要求弯拉应变/με |
|---|---|---|---|---|
| 6.5 | 11.6 | 3854.0 | 3105.6 | ≥ 2800 |

表 6.202　　谢伦堡析漏试验结果

| 油石比/% | 橡胶沥青析漏损失率/% | 项目施工要求/% |
|---|---|---|
| 6.5 | 0.06 | ≤ 0.1 |

表 6.203　　浸水飞散试验结果

| 油石比/% | 飞散损失率/% | 项目施工要求/% |
|---|---|---|
| 6.5 | 2.81 | ≤ 15 |

表 6.204　　渗水试验结果

| 油石比/% | 渗水系数/(mL/min) | 项目施工要求渗水系数/(mL/min) |
|---|---|---|
| 6.5 | 20.0 | ≤ 50 |

表 6.205　　线膨胀量试验结果

| 油石比/% | 线膨胀率/% | 项目施工要求线膨胀率/% |
|---|---|---|
| 6.5 | 0.41 | ≤ 1 |

从以上试验结果可知，设计的 AR-SMA-13 热拌橡胶沥青混合料的各路用性能均满足项目施工技术要求和规范要求，因此确定 AR-SMA-13 热拌橡胶沥青混合料生产配合比为 4# 热料仓：3# 热料仓：2# 热料仓：1# 热料仓：矿粉 ＝ 40：29：13：9：9，最佳油石比为 6.5%，加入混合料质量 0.25% 的抗车辙剂和 0.2% 的木质素纤维。

### 6.6.5　温拌橡胶沥青 SMA 路面施工的节能减排分析

1. 温拌橡胶沥青混合料生产的节能分析

生产热拌橡胶沥青混合料时，橡胶沥青的加热温度为 175~185℃，集料加热温度为 190~195 ℃。采用 Sasobit 温拌工艺生产橡胶沥青混合料时，橡胶沥青的温度与热拌工艺的温度相同，但集料的加热温度和热拌工艺相比下降了 25℃。

沥青混合料拌和楼燃烧的重油为柴油，其单位热能为 10500kcal/kg，混合料集料的比热容为 0.22kcal/(kg·℃)。根据 MARINI4000 型拌和楼的技术参数，其烟尘排量为 2200m³/min，空气比热容为 0.1694kcal/(kg·℃)。当平均气温为 25℃ 时，热拌生产工艺加热 1t 集料所需的能量及柴油计算如下。

1) 加热 1t 集料至规定温升所需要的能量为

$$Q_1 = C_1 \cdot M_1 \cdot (T_2 - T_1) \tag{6.1}$$

式中，$C_1$ 为集料的比热容，0.22kcal/(kg·℃)；$M_1$ 为集料的质量，1000kg；$T_2$ 为集料的加热温度，平均取 192.5℃；$T_1$ 为大气温度，25℃。由式 (6.1) 可计算得到 $Q_1$ 为 $3.69 \times 10^4$kcal。

2) 加热 1t 集料时烟气所消耗的能量

马莲尼 4000 型拌和楼每小时的烟气所耗能量 $Q_{1h}$ 计算如下：

$$Q_{1h} = C_2 \cdot M_2 \cdot (T_2 - T_1) \tag{6.2}$$

式中，$C_2$ 为空气比热容，0.1694kcal/(kg·℃)；$M_2$ 为每小时排放的烟气质量，$1.0 \times 10^5$kg。

其余参数同前，由式 (6.2) 可计算得到 $Q_{1h}$ 为 $2.84 \times 10^6$kcal。

试验段施工时，沥青拌和楼每小时混合料的产量为 160t，对应的需加热的集料质量约为 137t，则平均 1t 集料烟气所消耗的能量 $Q_2$ 约为 $2.07 \times 10^4$kcal。

3) 加热 1t 集料所需要的总能量及柴油质量

加热 1t 集料所需的能量 $Q_{1t}$ 为 $Q_1$ 与 $Q_2$ 之和，合计 $5.76 \times 10^4$kcal。根据柴油的单位热能，可计算得到所需柴油质量为 5.49kg。

按照同样的计算办法，温拌工艺比相应热拌工艺集料加热温度降低 25℃，可算出生产温拌沥青混合料时加热 1t 集料所需总能量为 $4.90 \times 10^4$kcal，对应的柴油质量为 4.67kg。

由此可计算出：每加热 1t 集料所消耗的柴油质量，Sasobit 温拌工艺比热拌工艺节省 0.82kg，节约约 15%。若换算为沥青混合料的质量，相当于每生产 1t Sasobit 温拌橡胶沥青混合料，节约柴油约 0.70kg。

2. 温拌橡胶沥青施工减排及其他效益分析

根据统计，1996 年日本国内各产业的 $CO_2$ 排放量约占总排放量的 40%(1.35 亿 t)，其中有 23%(3105 万 t) 是由土木建设领域排出的，这其中又有 25%(776 万 t) 是道路建设排出的，而在道路建设中排放的 $CO_2$ 大多数来自沥青混合料的生产过程。可见，沥青混合料生产过程中 $CO_2$ 的排放量对于大气中温室气体的影响是比较大的。在所有因素中，温度是影响 $CO_2$ 排放量的主要因素，在沥青混合料生产和路面施工过程中降低温度是减少 $CO_2$ 排放量的最有效的措施[72]。

国家环境分析测试中心对沥青混合料在拌和过程中释放的有害气体进行了统计[73]，进行对比的温拌沥青混合料比相应的热拌混合料的拌和温度低 30℃。根据统计结果，采用温拌施工工艺以后，混合料生产过程中的 $CO_2$ 和 $NO_x$ 的排放量分别减少了 60.0% 和 72.6%，$SO_2$ 和粉尘烟气的排放量分别减少了 75.2% 和 47.0%[73]。本项目温拌橡胶沥青混合料的生产过程中，温拌混合料的拌和温度比相应的热拌工艺低 25℃，参考上面统计结果进行估算，则 Sasobit 温拌橡胶沥青混合料在生产过程中排放的 $CO_2$、$NO_x$、$SO_2$ 和粉尘大约分别减少 49.8%、60.3%、62.4% 和 39.0%，这还不包括温拌橡胶沥青混合料在摊铺、碾压等施工过程中减少的废气排放。

另外，采用温拌橡胶沥青混合料施工技术，在减轻沥青老化进而提升路面的耐久性、延长路面使用寿命及养护周期、降低维护成本等方面还具有可观的经济效益和社会效益。本项目使用的橡胶粉全部由废旧轮胎生产，共生产橡胶沥青混合料 159755t，橡胶粉用量约 1700t。如果按每条轮胎 8kg，废旧轮胎出粉率 70% 计算，该项目合计使用了废旧轮胎 303571 条，对于减轻黑色污染及减少废旧轮胎堆放场地也具有较大的意义。

# 参 考 文 献

[1] American Society for Testing and Material Standard. Standard Specification for Asphalt-Rubber Binder: ASTM D6114-09[S].West Conshohocken Pennsylvania: American So-ciety for Testing and Materials, 2009.

[2] 孙祖望, 陈飙. 橡胶沥青应用技术指南 [M]. 北京: 人民交通出版社, 2008.

[3] 黄文元. 废旧轮胎橡胶粉用于路面沥青改性的产业化技术研究 [D]. 上海: 上海交通大学, 2006.

[4] 曹荣吉. 橡胶沥青及断级配混合料的试验研究 [D]. 南京: 东南大学, 2008.

[5] 孙祖望, 陈舜明, 张广春, 等. 橡胶沥青路面技术应用手册 [M]. 北京: 人民交通出版社, 2014.

[6] 曹亚丽, 刘鹏, 庄园. 废旧轮胎在国内外道路工程中的应用现状 [J]. 北方环境, 2013, 25(12): 72-76.

[7] 孙大权, 金福根, 徐晓亮, 等. 橡胶沥青路面湿法和干法技术研究进展 [J]. 石油沥青, 2008, 22(6): 1-5.

[8] 覃淑媛. 橡胶粉沥青研究报告 [R]. 上海: 同济大学道路与交通工程系, 1983.

[9] 杨志峰, 李美江, 王旭东, 等. 废旧橡胶粉在道路工程中应用的历史和现状 [J]. 公路交通科技, 2005, 22(7): 19-22.

[10] 交通运输部公路科学研究院. 废旧橡胶粉用于筑路技术的研究 [R]. 北京: 交通运输部公路科学研究院, 2004.

[11] 白琦峰, 张志祥, 曹荣吉, 等. 新型断级配橡胶沥青混合料设计及性能研究 [C]. 第四届全国公路科技创新高层论坛, 北京, 2008.

[12] 常友功. 稳定型橡胶改性沥青及沥青混合料路用性能的研究 [D]. 济南: 山东建筑大学, 2012.

[13] 柳力, 刘朝晖, 向宇, 等. 偶联表面改性橡胶沥青性能及其机理研究 [J]. 建筑材料学报, 2017, 20(1): 150-155.

[14] 李波, 王静, 曹贵, 等. 废旧胶粉特性对橡胶沥青高温性能的影响机理 [J]. 应用基础与工程科学学报, 2017, 25(2): 347-355.

[15] 陈呈. 稳定型橡胶沥青的改性机理与性能研究 [D]. 南京: 东南大学, 2017.

[16] 薛哲, 乔云雁, 宋莉芳, 等. 橡胶沥青制备工艺参数及改性机理研究 [J]. 筑路机械与施工机械化, 2017, 34(2): 90-95.

[17] 杨小龙, 李波, 刘祥, 等. 基于生产工艺参数的橡胶沥青改性机理研究 [J]. 建筑材料学报, 2017, 20(4): 640-645.

[18] 汪水银, 郭朝阳, 彭锋. 废胎胶粉沥青的改性机理 [J]. 长安大学学报 (自然科学版), 2010, 30(4): 34-38.

[19] 王芳. 废胎橡胶改性沥青的改性机理及路用性能研究 [D]. 西安: 长安大学, 2012.

[20] 杨人凤, 党延兵, 李爱国. 橡胶沥青质量评价指标研究 [J]. 公路, 2009(6): 174-178.

[21] 黄文元. 轮胎橡胶粉改性沥青路用性能及应用研究 [D]. 上海: 同济大学, 2004.

[22] 李廷刚, 李金钟, 李伟. 橡胶沥青微观机理研究及其公路工程应用 [J]. 公路交通科技, 2011, 28(1): 25-30.

[23] 王笑风, 曹荣吉. 橡胶沥青的改性机理 [J]. 长安大学学报 (自然科学版), 2011, 31(2): 6-11.

[24] 黄文元, 姜勇杰, 覃昌春. 橡胶沥青的技术特质及其在路面工程中的应用 [C]. 中国公路学会 2005 年学术年会, 乌鲁木齐, 2005.

[25] 王旭东, 李美江, 路凯冀, 等. 橡胶沥青及混凝土应用成套技术 [M]. 北京: 人民交通出版社, 2008.

[26] 陈候杰. 橡胶沥青的性能分析与研究 [C]. 国际橡胶沥青大会, 南京, 2009.

[27] 杨人凤, 刘平. 橡胶沥青技术的发展与应用 [J]. 筑路机械与施工机械化, 2009, 26(2): 14-17.

[28] 郭朝阳. 废胎胶粉橡胶沥青应用技术研究 [D]. 重庆: 重庆交通大学, 2008.

[29] 黄明, 汪翔, 黄卫东. 橡胶沥青混合料疲劳性能的自愈合影响因素分析 [J]. 中国公路学报, 2013, 26(4): 16-22.

[30] 杨人凤, 杨晨光, 赵颖超. 橡胶沥青碎石防水封层技术研究 [J]. 公路, 2009, 6(6): 59-63.

[31] 范润德. 橡胶沥青制备工艺及其设备的分析研究 [D]. 西安: 长安大学, 2015.

[32] 李晓燕, 平路, 汪海年, 等. 基于国内外试验方法的橡胶沥青性能测试 [J]. 交通运输工程学报, 2015, 15(1): 10-17.

[33] 郝培文, 李志厚, 徐金枝, 等. 橡胶沥青技术性能评价标准现状 [J]. 筑路机械与施工机械化, 2015, 32(6): 46-52.

[34] Yao Z Y, Yang R F, Liu Z L, et al. Study on the applicability of needle/cone penetration experiment for asphalt-rubber[J]. Advances in Civil Engineering, 2019, 10: 1-9.

[35] 中华人民共和国交通运输部. 公路工程沥青及沥青混合料试验规程: JTG E20—2011[S]. 北京: 人民交通出版社, 2011.

[36] 王铁庆, 杨人凤, 李爱国, 等. 锥入度抗剪强度评价橡胶沥青性能的试验研究 [J]. 合肥工业大学学报 (自然科学版), 2016, 39: 380-384.

[37] California Department of Transportation. Specification Special Provision 10-1 Rubberized Asphalt Concrete[R]. Sacramento California: California Department of Transportation, 2005.

[38] California Department of Transportation. Asphalt Rubber Usage Guide[R]. Sacramento California: California Department of Transportation, 2006.

[39] 董雨明, 谭忆秋, 柳浩, 等. 废轮胎橡胶粉改性沥青混合料的性能研究进展 [J]. 合成橡胶工业, 2010, 33(2): 159-163.

[40] 刘少文, 李智慧. 应用回弹恢复评价橡胶沥青的弹性恢复能力 [J]. 公路交通科技, 2009, 26(7): 22-26.

[41] 王铁庆, 杨人凤, 李爱国, 等. 橡胶沥青弹性恢复性能指标的对比试验研究 [J]. 公路交通科技, 2016, 33(4): 32-38.

[42] 王铁庆. 橡胶沥青评价指标和温拌橡胶沥青 SMA 混合料技术研究 [D]. 西安: 长安大学, 2017.

[43] 汪海年, 张琛, 方俊, 等. 橡胶热再生混合料低温性能与细观特征研究 [J]. 湖南大学学报 (自然科学版), 2014, 41(11): 123-128.

[44] 安海超. 严寒区橡胶沥青及混合料应用关键技术研究 [D]. 西安: 长安大学, 2017.

[45] 兰州石油机械研究所. 换热器 [M]. 2 版. 北京: 中国石化出版社, 2013.

[46] 林欧. 基质沥青快速升温设备的研究 [D]. 西安: 长安大学, 2011.

[47] Dang Y G, Liu S F, Liu B, et al. Study on the grey incidence of interval number[J]. Man and Cyber-netics, 2005, 7: 28-32.

[48] 刘红. 波纹管换热器性能分析与试验研究 [D]. 沈阳: 沈阳工业大学, 2006.

[49] Luo L, Bao S, Gao Z. Quality prediction based on HOPLS-CP for batch processes[J]. Chemometrics and Intelligent Laboratory Systems，2015, 143(4): 28-39.

[50] Zhao Q, Caiafa C F, Mandic D, et al. Higher order partial least squares (HOPLS): A generalized multilinear regression method[J]. IEEE Transactions on Pattern Analysis & Machine Intelligence, 2013, 35(7): 1660-1673.

[51] 方芳, 周勇敏, 张继, 等. 废轮胎回收制胶粉及其应用进展 [J]. 材料科学与工程学报, 2007, 25(1): 164-168.

[52] 李晓林. 加大废旧轮胎处理再利用的政策支持 [J]. 再生资源与循环经济, 2017(3): 16.

[53] 程源. 轮胎循环利用技术装备现状与展望 [J]. 橡塑技术与装备, 2015(21): 31-34.

[54] 方向阳. 某橡胶沥青混凝土低温性能评价研究 [D]. 长春: 吉林大学, 2011.

[55] Sandberg U. Asphalt rubber pavements in Sweden——Noise and rolling resistance pro-perties[C]. INTER-NOISE and NOISE-CON Congress and Conference Pro-ceedings, Lisbon, 2010.

[56] 张旭生. 浅谈高速公路桥面混凝土铺装层病害及处治措施 [J]. 公路交通科技 (应用技术版), 2010(12): 100-102.

[57] 郭根才. 橡胶沥青与 SBS 改性沥青性能对比研究 [J]. 中国公路, 2017(5): 96-97.

[58] 李培蕾. 橡胶沥青混合料配合比设计及路用性能研究 [D]. 西安: 长安大学, 2012.

[59] 中华人民共和国交通运输部. 公路沥青路面施工技术规范: JTG F40—2004[S]. 北京: 人民交通出版社, 2004.

[60] 于江, 张飞, 王克新, 等. 温拌沥青混合料技术研究分析 [J]. 公路工程, 2015, 40(2): 80-82.

[61] 宋科, 何唯平, 赵欣平, 等. 温拌沥青技术的发展概述 [C]. 特种混凝土与沥青混凝土新技术及工程应用, 深圳, 2012.

[62] 赵豫生. 季铵盐类表面活性剂温拌沥青混合料性能 [J]. 公路交通科技, 2012, 29(8): 20-24.

[63] 美国运输研究所. 温拌沥青混合料配合比设计规程 [M]. 北京: 人民交通出版社, 2014.

[64] Zhou F, Im S, Hu S, et al. Selection and preliminary evaluation of laboratory cracking tests for routine asphalt mix designs[J]. Asphalt Paving Technology, 2016, 85: 77-108.

[65] Bonaquist R. Mix Design Practices for Warm Mix Asphalt[M]. Washington, D C: Trans-portation Research Board, 2011.

[66] 李正中, 魏如喜, 宋晓燕, 等. Evotherm 温拌沥青混合料两阶段设计方法应用研究 [J]. 重庆交通大学学报 (自然科学版), 2013, 32(4): 610-613.

[67] 王飞, 李立寒. 温拌沥青混合料配合比设计中若干问题的试验探究 [J]. 华东交通大学学报, 2010, 27(4): 22-25.

[68] 李彦伟, 王江帅, 黄文元, 等. 温拌沥青路面施工技术 [M]. 北京: 中国建筑工业出版社, 2011.

[69] 王春. 温拌沥青混合料技术特性研究 [D]. 西安: 长安大学, 2013.

[70] 魏建国, 王兆仑, 付其林. 温拌沥青混合料施工温度确定方法 [J]. 长安大学学报 (自然科学版), 2013, 33(6): 16-21.

[71] 马育, 何兆益, 何亮, 等. 温拌橡胶沥青的老化特征与红外光谱分析 [J]. 公路交通科技, 2015, 32(1): 13-18.

[72] 党正霞, 汪海年. 温拌沥青 $CO_2$ 减排效果的室内试验研究 [J]. 中外公路, 2012, 32(3): 300-304.

[73] 秦永春, 黄颂昌, 徐剑, 等. 温拌沥青混合料节能减排效果的测试与分析 [J]. 公路交通科技, 2009, 26(8): 33-37.